KB053597

독서, 나를 깨부수는 망치

독서, 나를 깨부수는 망치

지은이 | 지식공동체 Meta
펴낸곳 | 북포스
펴낸이 | 방현철
편집자 | 최명지
디자인 | 엔드디자인

1판 1쇄 찍은날 | 2020년 2월 14일
1판 1쇄 펴낸날 | 2020년 2월 21일

출판등록 | 2004년 2월 3일 제313-00026호
주소 | 서울시 영등포구 양평동5가 18 우림라이온스밸리 B동 512호
전화 | (02)337-9888
팩스 | (02)337-6665
전자우편 | bhcbang@hanmail.net

이 도서의 국립중앙도서관 출판시도서목록(CIP)은 e-CIP 홈페이지(http://www.nl.go.kr/ecip)와 국가자료공동목록시스템(http://www.nl.go.kr/kolisnet)에서 이용하실 수 있습니다. (CIP제어번호 : 2020002391)

ISBN 979-11-5815-062-4 03300
값 18,000원

| 지식공동체 Meta 지음 |

독서, 나를 깨부수는 망치

독서는 영웅의 여정이다.
익숙한 자기를 떠나 낯선 자기, 위험한 세계를 탐색하고 깨달음을 얻는 과정이 독서다.
영웅이 자기 안의 괴물을 죽이듯 독서가 이전의 자기가 가졌던 생각과 세계관을 철저히 깨부순다.
니체의 말처럼 독서는 망치가 되고, 카프카의 표현처럼 책은 도끼어야 한다.
나를 부수지 못하는 독서가 어떻게 나를 귀환시킬 수 있겠는가?

북포유

 책을 좋아하는 사람들이 모였다. 사람들이 모이는 이유는 뜻이 맞기 때문이다. 뜻이 맞는 사람들이 함께 읽고 이야기하고 배웠다. 한참을 공부하다 책을 써야겠다는 생각을 했다. 순전히 우연이다. 세상은 우연이 지배함을 새삼 깨닫는다.

 고대 그리스의 철학자 에피쿠로스는 우정을 '음모陰謀'라고 불렀다. 그는 자신의 집에 정원을 만들고 사람들을 모아 학교를 열었다. 이른바 정원학교다. 그의 정원에는 외국인, 노예, 여성 등 사회적 약자들이 신분의 차별 없이 입학할 수 있었다. 그곳에서 함께 공부하고 땀 흘리며 공동체적 이상향을 실현했다. 외부의 간섭을 차단한 채, 필요한 만큼만 일하고 최소한의 것으로 생활을 유지했다. 이 모든 것은 마음의 평정을 통해 행복에 이르기 위한 음모였다.

 이 책은 음모다. 함께 공부하고 깨달은 흔적을 세상에 새기기 위한 음모다. 인간은 자기에게 새겨진 흔적을 세상에 뿌리려 한다. 사람을 만나는 것도, 일을 하는 것도, 흔적을 남기기 위한 음모다. 작당한 이들이 모여 음모를 꾸몄다. 제목은 '나를 깨부수는 망치'다. 무기는 책이다. 책은 나를 깨부수고 새로운 나로 안내한다.

책을 좋아하는 사람들이 자기를 깨부순 흔적과 파편을 모았다. 처절하게 부서진 모습은 때로 희열이 된다. 부서져 본 사람은 안다. 자기 파괴가 주는 카타르시스를. 기실 독서를 꿈꾸는 사람들은 모두 자기 파괴자들이다. 무엇인가를 안다는 것은 기존의 자기를 부정하는 것이고 그런 부정이야말로 새로운 긍정으로 이어지는 길이다.

책을 통해 부서지는 경험을 나누고 싶은 분들을 환영한다.

저자들을 대표하여

안상헌

책을 내며 • 4

나는 아직도 세상이 낯설다 _ 안상헌

　나를 죽일 수 없는 책은 나를 크게 만든다 • 11

　나를 넘어 인간을 보다 • 19

　영웅에게 책읽기를 배우다 • 27

　나는 아직도 세상이 낯설다 • 36

책 너머 생각 너머 _ 김혜란

　나란히 가야 행복하다 • 45

　우리는 섬이 아니다 • 50

　책의 재발견 • 56

　두 여인의 힘 • 63

나는 아직도 학생이다 _ 민도식

　쇼펜하우어에게 글쓰기를 배우다 • 73

　나는 아직도 학생이다 • 78

　흔들리는 삶에서 빛을 줍다 • 84

　민주주의를 넘어서 • 90

인생은 해석이다 _ 박소현

습관은 그곳에 하루 한 번 갖다 놓는다 • 99

흘러가는 강물처럼 인생의 베일을 벗기며 • 105

가벼움과 무거움의 이중주 • 112

가는 곳마다 행복이었다 • 119

괄호의 세계 _ 양송

'다움'은 힘이 세다 • 129

너희가 잠언을 아느냐 • 136

www. 얼렁뚱땅 서평.com • 144

지금 여기로 가는 길 찾기 • 151

인생아, 안녕 _ 윤한나

슬픔도 내 삶이다 • 161

내 삶의 성석聖石을 찾아서 • 167

깃털이라는 욕망 • 173

인생은 살아지는 거야 • 179

낡은 서랍 속의 나 _ 이소연

지구별 동행자 • 189

인생은 해석이다 • 195

살고 싶었다 • 201

내 몸이 성하다 • 207

책에 나를 비추다 _ 이형준

내 안의 비상하는 갈매기를 찾아서 • 215

시작하기에 시작된다 • 222

인생의 비밀은 클리셰에 숨어있다 • 228

나를 뒤흔드는 타인 • 234

책이 다시 말을 걸어왔다 _ 정수란

삶의 모든 노력은 죽음으로 귀결된다 • 243

독서에 관하여 • 252

나 데리고 사는 법 _ 하주은

내 마음속 갈매나무 한 그루 • 269

하늘 바람이 춤추는 곳 • 276

사랑은 결여를 품고 • 283

노년을 기다리는 우리의 자세 • 290

독서의 수신修身 _ 홍순철

아름다운 나라의 영원한 부재 • 301

유토피아의 역설 • 308

마음의 균형이 무너질 때 • 315

독서의 수신修身 • 322

지식공동체 Meta 저자 소개 • 328

나는 아직도
세상이 낯설다

- 안상헌 -

세상은 낯선 곳이다.
익숙하지 않은 존재, 타자들이 존재한다.
삶이란 그 낯선 것들과 익숙해지는 과정인지도 모른다.
내게 책은 삶의 타자들을 익숙한 것으로 만들어주는 배움,
그 자체다.

| 참고한 책 |

프리드리히 니체, 『선악의 저편·도덕의 계보』, 김정현 옮김, 책세상, 2002.
조지프 캠벨·빌 모이어스, 『신화의 힘』, 이윤기 옮김, 이글리오, 2002.
레프 톨스토이, 『살아갈 날들을 위한 공부』, 이상원 옮김, 조화로운삶, 2007.

나를 죽일 수 없는 책은
나를 크게 만든다

나를 죽일 수 없는 것

"내가 믿는 건, 인간을 죽이지 않는 모든 것들은 인간을 이상하게 만든 다는 거야."

영화를 보다가 분명 어디선가 들었던 말인데 싶을 때가 있다. 영화 〈다크 나이트〉의 빌런, 조커가 던진 말이 그랬다. 익숙한데 뭔가 달라 진 느낌. 한참을 생각한 끝에 원본을 찾아냈다. 죽을 것 같은 고통이 인간을 성숙하게 한다는 니체의 명언이다.

나를 죽일 수 없는 것은 나를 더 강하게 만든다.

〈다크 나이트〉의 주인공 조커는 무질서, 혼돈을 상징하는 인물이다.

철학계의 이단아 니체 또한 인간이 만든 도덕과 질서를 조롱한다는 점에서 조커와 다르지 않다.

〈다크 나이트〉를 처음 봤을 때는 그저 재미로 본 것 같다. 악당 조커와 정의의 사자 배트맨의 대결이 화려한 액션과 함께 즐길 거리로만 보였다. 문제는 영화를 본 후에 뒤끝이 개운하지 않았다는 점이다. 어쩔 수 없이 영화를 다시 봤다. 잘 이해되지 않는 책을 두 번 세 번 읽듯이 〈다크 나이트〉는 이해를 위해 반복해서 봐야 하는 영화였다.

같은 존재 다른 길

다시 보니 조커는 단순한 악당이 아니었다. 배트맨 또한 선을 대변하는 인물이 아니었다. 영화는 선과 악이라는 이분법을 넘어있었다. 도대체 〈다크 나이트〉는 무엇을 말하고자 하는 것일까? 좋은 책이 의미를 숨기듯이 〈다크 나이트〉 또한 쉽게 본색을 드러내지 않았다. 다행히 영화는 힌트를 남기고 있었다.

"정해진 질서를 뒤엎으면 모든 것은 혼돈이 되지. 나는 혼돈의 화신이야."

인간이 만든 질서를 뒤엎어서 혼돈을 드러내는 존재가 조커다. 인간이 만든 제도와 사상과 도덕을 철저히 무시한다. 평범한 악당들은 돈을 위해, 자신의 이익을 위해 범죄를 저지르지만 조커는 오히려 돈을 불태운다. 그의 행동에는 특정한 목적이 없다.

"나는 그냥 본능적으로 저지를 뿐이야."

조커는 철저하게 본능을 따른다. 본능은 동물적이고 야만적이다. 한마디로 혼돈이다. 혼돈은 목적이 없다. 그래서 위험하다. 인간이 만든 질서는 혼돈에게 적이다. 조커는 인간의 질서를 무시하고 파괴하며 이를 통해 맹목적 혼돈을 드러내려 한다.

반면 배트맨은 조커를 저지하며 문명을 유지하는 쪽에 선다. 문제는 수단이다. 배트맨이 '다크 나이트(dark knight)'일 수밖에 없는 것은 질서를 지키기 위해 어둠의 힘을 사용하기 때문이다. 배트맨이 사용하는 수단은 폭력이다. 인간이 야만적이라고 치부하는 폭력이야말로 배트맨의 힘이다. 어둠의 힘으로 밝음을 지키려는 시도, 이것이 배트맨을 어둠의 기사, 다크 나이트로 만든다. 그것을 잘 아는 조커는 이렇게 말한다.

"저놈들에게 넌 괴물일 뿐이야. 나처럼."

그가 말하는 '저놈들'이란 질서를 상징하는 경찰과 인간의 문명을 긍정하는 이들을 가리킨다. 배트맨은 조커의 말을 이해한다. 하지만 그는 조커와는 다른 길을 선택한다.

선악의 저편

니체에게 세계는 힘의 바다다. 맹목적인 힘이 세계를 넘실거리면서 창조와 변화, 죽음을 반복한다. 우주에 목적은 없다. 당연히 질서도 없다. 목적도 질서도 없는 맹목적 세계가 우주의 본래 모습이다.

인간은 이런 세계가 두렵다. 맹목적 세계는 엄청난 두려움을 낳는다. 예측가능성이 없는 세계는 공포스러울 수밖에 없다. 다행히 이성은 인간에게 세상을 통제할 수 있는 힘을 주었다. 우주의 법칙을 발견하고, 안정된 사회를 위한 법률을 만들고, 윤리와 도덕으로 무장하여 세계를 이해하고 통제할 수 있는 것으로 만들었다. 덕분에 통제력이 가진 안정감 속에서 역사적 인간은 자신을 보존할 수 있었다. 이것이 그동안 철학자들이 이성에 대한 찬양을 그치지 않았던 이유다.

기존의 윤리와 도덕이라는 교과서에 익숙한 나에게 니체의 말은 이해의 영역 밖에 있었다. 읽을 수는 있어도 이해할 수는 없는 말이 니체에게서 흘러나왔다. '지금까지의 모든 도덕철학이 지루한 것이었으며 수면제였다'는 말을 읽으면서도 그가 무엇을 말하고자 하는지 의미에 닿을 수 없었다.

독서가로서 장점 하나를 피력하자면 건너뛸 수 있는 힘이 있다는 점이다. 이것이 장점인지는 정확히 알 수 없지만 지루하거나 이해할 수 없는 부분이 나오면 과감히 다음 단락으로 건너뛴다. 『선악의 저편』은 그렇게 건너뛰어 읽은 책이었다. 제대로 이해하지 못한 채.

〈다크 나이트〉는 『선악의 저편』을 다시 읽게 만들었다. 니체의 책이 나를 죽일 수 없다면 나를 강하게 만들어줄 것이었다. 다시 읽으니 다른 문장들이 눈에 들어왔다.

깊이 있는 사상가는 모두 오해받기보다는 이해되는 것을 더 두려워한다.

왜 깊이 있는 사상가들은 이해되는 것을 두려워할까? 대중에게 이해되는 책은 기존의 관념, 사상에 잘 부합되는 내용을 담고 있을 가능성이 높다. 새로운 생각은 대중을 불편하게 하며 이해되지 않기에 거부되는 경향이 있다. 새로운 것은 낯설다. 낯설고 익숙하지 않은 것은 내가 알지 못하는, 지금의 나보다 훨씬 큰 사유를 품고 있는 경우가 많다. 그런 점에서 낯선 곳으로 안내하는 책이야말로 내 생각을 키워줄 좋은 책이다. 깊이 있는 사상가들은 이해되는 것을 두려워하며 차라리 오해받기를 바란다는 말은 이런 의미일 것이다.

> 도덕적으로 판단하고 판결을 내린다는 것은 정신적으로 편협한 사람들이 덜 편협한 사람들에게 즐겨 쓰는 복수이고, 또한 그들이 자연에서 재능을 받지 못한 데 대한 일종의 손해배상이며, 결국 정신을 얻어 고상해지는 기회가 되기도 한다.

새로운 것을 발견하지 못하고 과거에 얽매인 '의무의 인간'은 기존의 도덕에 집착한다. 그것을 고수하며 보호하고 이를 바탕으로 고상한 존재가 되려 한다. "플라톤이 그렇게 말했어", "데카르트의 말이 옳아" 하면서 말이다. 기존의 도덕과 권위에 안주함으로써 고상해지려고 하는 정신이야말로 우리가 기뻐해 마지않는 태도다. 플라톤의 말을 외우고 설명할 수 있다는 것이 지식과 교양의 기준이 되는 세상이다.

다시 만난 『선악의 저편』은 기존 도덕이 가진 선악에 대한 관념들을 무너뜨리는 조커의 저지름으로 가득했다. 그렇게 니체의 마음에 조금씩 다가가는 듯 보였다.

선악을 넘어서

우주는 무질서, 카오스의 모습을 띤다. 인간은 그 속에서 질서, 코스모스를 추구한다. 인간이 발견한 법칙들, 이룩한 문명들은 인간의 생존 가능성을 확보하기 위한 몸부림과 다르지 않다. 조커는 우리가 올바르고 당연하게 생각하는 선악의 관념, 도덕을 무시한다. 그의 목적은 우리가 믿는 기존의 도덕과 관념의 파괴다. 우리의 정신을 지배하는 도덕을 파괴하면 숨겨진 본성이 드러날 것이고 그것을 직시할 때 자신에 대해서 냉정해질 수 있다.

조커를 보면서 불편함과 쾌감을 동시에 느낀다면 그가 익숙한 도덕을 깨부수기 때문일 것이다. 도덕에 대한 우리의 태도는 이중적이다. 도덕을 지루하게 생각하면서도 안정된 사회를 위해서 필요하다고 믿는다. 문제는 부지불식간에 선과 악에 대한 고정된 관념을 가지고 살아간다는 것이다. 거짓말을 하는 것은 나쁜 것이고, 북한을 원조하는 것은 빨갱이라는 징조이며, 사유재산제도를 부정하는 것은 반민주적이라는 생각이 우리를 지배하고 있다. 이런 관념들이 고착되면 다른 생각을 인정하지 못하는 편협한 사고로 인해 갈등을 유발한다. 뉴스를 장식하는 정치권의 다툼과 종교 간의 분쟁이 그것을 잘 보여준다. 직장 동료나 친구 사이의 사소한 충돌도 다르지 않다.

『선악의 저편』은 일종의 충격에 가까웠다. 니체는 인간이 만든 선과 악이라는 오래된 도덕이 고정되고 영원한 것이 아니며 인간의 본성과도 관련이 없음을 드러낸다. 선과 악은 우리가 타고날 때부터 가진 본성이 아니며 역사적 과정을 통해서 만들어지고 변해온 하나의 이데올로기라는 것이다. 하나를 배우고 그것이 다인 줄 아는 사람은 위험하다. 지식에 대한 확신을 가진 사람이 저지른 수많은 일들이 그것을 입증하고 있다. 괜찮은 사람이 된다는 것은 기존의 생각을 깨고 더 큰 사유의 세계로 나아가는 과정과 관련이 깊다. 독서는 그런 것이어야 한다.

영웅의 조건

조커와 배트맨은 그동안 인간이 무시하고 통제해 왔던 카오스, 혼돈, 폭력의 힘을 사용한다는 점에서 닮아있다. 하지만 둘의 선택은 다르다. 조커가 폭력을 통해 문명의 어두운 면을 들춰내려 한다면 배트맨은 같은 힘으로 문명을 유지하려 한다. 우주의 원리가 혼돈이라고 해서 인간 또한 그렇게 살 이유는 없다. 모든 것이 혼돈으로 돌아간다면 인간의 삶은 도대체 무슨 의미가 있단 말인가? 이것이 배트맨의 문제의식이고 고뇌의 결과였다.

현대 문명은 수많은 문제들을 안고 있다. 영화의 배경이 되는 고담 시처럼 소외와 폭력, 부의 불균형, 온갖 부정부패가 판을 치는 곳이 인간 문명의 현주소다. 이런 세상에 어떻게 대처할 것인가는 결국 우리의 판단에 달려있다.

괴물과 싸우는 사람은 그 과정에서 자신마저 괴물이 되지 않도록 조심해야 한다. 만일 네가 오랫동안 심연을 들여다보고 있으면, 심연도 네 안으로 들어가 너를 들여다본다.

고담시의 부패와 싸우는 사람들은 그 과정에서 괴물이 되기 쉽다. 부패한 경찰도 처음부터 그랬던 것은 아니다. 범죄와 싸우다 지치고, 다른 사람들의 변절을 지켜보면서 스스로 무너진 결과였다. 승산이 없어 보이는 괴물과의 싸움에 지쳐 자신도 괴물을 닮아간다. 독재정권과 싸우던 투사들이 어느새 독재자와 닮아가는 것을 우리는 심심찮게 보아오지 않았던가.

배트맨은 괴물이 아닌 자신의 길을 선택한다. 그가 히어로인 이유가 여기에 있다. 조커와의 대결은 괴물과의 싸움이 아니다. 자기와의 싸움이다. 자기 안의 조커와 대결하지 않으면 승리할 수 없다. 자기 안의 괴물과 마주하는 팽팽한 긴장감을 견디는 힘이야말로 영웅의 조건이다. 그런 의미에서 영웅은 성취가 아니라 상태다. 모순과 긴장을 견딜 수 있는, 선과 악을 포용하고 넘어설 수 있는 정신의 힘이다.

나를 넘어
인간을 보다

세상에서 가장 중요한 것

사람이 세상에서 가장 중요하게 여기는 것은 무엇일까? 바로 자기 자신이다. 기쁨과 슬픔을 느끼고, 사랑과 미움의 감정을 가진 나야말로 세상에서 가장 중요한 보물이다. 내가 없다면 세상의 평화도, 아름다운 자유도, 엄청난 부와 드높은 명예도 아무런 의미가 없다. 내가 있기에 평화가 중요하고 자유가 소중하다.

그래서일까? 사람들은 인간 종種에 대해서는 관심이 없다. 지구의 구석에 있는 멀리 떨어진 세상의 고통에 관한 이야기에도 관심이 없다. 나와는 아무런 관련이 없는 '인간'의 이야기일 뿐이다. 사람들이 중요시하는 건 오직 나의 감정, 나의 가족, 나의 친구, 나의 일이다.

아이나 청소년에게 '나'는 더욱 특별한 의미를 지닌다. 어린 시절은 나를 자각하는 시기이고, 청소년 시절은 나의 정체성을 찾아 헤매는 때다. 그래서 중요한 것이 나의 물건, 나의 친구, 나의 생각이다. 내가 소유하는 것, 내가 관계 맺는 사람으로 정체성을 찾아간다. 그렇게 우리는 나를 중심으로 세상을 이해하고 나를 가운데 놓고 가치를 판단한다.

어른이 된다는 것

나이가 들면서 나에 대한 집착은 강해진다. 나의 것, 나의 생각이라는 정체성이 굳어지면서 다른 사람의 일이나 관점에 대해서는 무관심해진다. 그러다 보니 시야가 좁아지고 판단력이 협소해진다. 어른 대접을 받을만한 어른은 못 되는 것이다.

아이들은 받으려고 한다. 필요한 것을 구하려면 얻는 방법밖에 없다. 반면 어른들은 주는 존재다. 자식에게 사랑을 주고, 친구에게 우정을 주고, 사회에 배려를 나누는 것이 어른이다. 어른이 되어서도 받으려고만 하는 사람이 있다면 진정한 어른이라고 보기는 어렵다.

내가 그랬다. 나이는 어른이었지만 생각은 아이에 불과했다. 나를 중심으로 일과 사람과 세상을 보았다.

"출장을 보냈으면 일을 할 수 있도록 지원을 충분히 해줘야 하는 것 아닙니까?"

"당신이 안 하니까 나도 안 하는 거잖아!"

"친구 사이에 그 정도도 못 해주나?"

직장과 아내와 친구, 세상 모두에게 요구하기 바빴다. 지금 돌아보면 옹졸하고 부끄러운 모습이었지만 그때는 그게 당연한 것 같았다. 인간이 아닌 나에게만 관심이 집중된 탓이었다. 책을 읽어도 자기계발 책만 눈에 들어왔다. 자기계발은 나의 성장과 발전과 관련이 있다. 나를 바꾸고, 나를 성장시키고, 나를 성공시키는 이야기들은 충분히 고무적이었고 쉽게 빠져드는 힘이 있었다. 덕분에 자기계발 책을 많이도 읽었다. 심지어 자기계발 책도 썼다.

'나는 왜 변화하지 못하는가?'

'생산적으로 책을 읽고 많은 것을 얻으려면 어떻게 해야 할까?'

'나를 발견하고 성공시키는 방법은 무엇일까?'

이런 주제에 사로잡혀 삼십 대를 '나'를 중심으로 살았다. 플라톤과 공자, 니체와 들뢰즈를 읽으면서도 감동은 없었다. 그들의 이야기는 지식으로만 다가왔다. 심지어 그들의 말을 자기계발로 이해했다. 나를 넘어 인간에 대한 관심을 가지는 것은 요원한 일이었고 남의 이야기 같았다.

개별자를 넘어서

'나'는 개별자다. 이 세상에 구체적으로 존재하는 한 개체다. 반면 '인간'은 보편자다. 나와 너를 비롯한 사람들을 묶어놓은 덩어리다. 나라는 존재에 집착하는 동안은 개별자에게 관심을 가질 수밖에 없다. 인간이라는 보편자는 나와 직접적인 연관이 없기에 무관심해진다.

.

내가 만난 모든 사람들은 어떤 면에서 나보다 우수한 사람들이며,
그 점에서 나는 누군가에게나 배운다.

_ 데일 카네기, 『카네기 인간관계론』

이런 말들은 귀에 잘 들어온다. 나와 직접 연관성이 있고 배움이 구체적으로 느껴지기 때문이다.

'어느 곳에서나 환영받는 방법', '첫인상을 좋게 하는 간단한 방법' 등도 마찬가지다. 나에게 도움이 되는 자기계발 메시지들은 쉽게 와닿는다. 그래서 책읽기에 익숙하지 않은 사람들이나 자기 발전의 동력이 필요한 경우라면 자기계발 책을 많이 추천한다. '나'에 집착해서 책을 읽어본 경험 때문이다.

반면 '인간은 사회적 동물이다', '인간은 욕망의 동물이다'와 같은 말들은 재미가 없었다. 당연히 감동도 없었다. '그래서 뭐, 어쩌라고?'라는 생각이 앞섰다. 보편적 인간에 대한 무관심은 그 후에도 오랫동안 지속되었다. 한참 뒤에 알게 된 것이지만 전체 인간에 대한 관심이 없는 사람들은 철학이나 문학 같은 인문학적 사유에 접근하는 것을 힘들어한다.

라로슈푸코

17세기 프랑스의 귀족으로 정치계에 투신했다가 반란에 가담하여 배신과 투옥과 추방을 경험한 후 인간에 대해 환멸을 느끼고 은둔하여

조용히 집필에 몰두한 인물이 있다. 그 주인공은 라로슈푸코다. 적나라한 인간 군상들의 참상을 지켜본 그는 인간 본성에 대한 독특한 시선을 드러내는 수백 개의 문구들을 담아 『잠언과 성찰』이라는 책을 내놓는다. 그는 글 쓰는 방식이 아주 독특한데 이름하여 아포리즘이다.

사람은 서로 속이지 않는다면 오랫동안 같이 사귈 수 없다.

사람은 서로 속인다. 친할수록 속이는 정도는 심해진다. 귀에 좋은 말을 해야 잘 지낼 수 있기 때문이다. 진실만을 말하는 사람은 갈등과 다툼이 많아질 것이고 오랫동안 사람들과 사귈 수 없을 것이다. 의심이 간다면 지금 친한 친구에게 전화를 걸어 그에 대해 느끼는 솔직한 감정을 이야기해 보자. 아마 손절하게 될 것이다.

사랑받는 사람을 향한 증오는 사랑받고 싶다는 욕망의 증거다.
사랑받지 못한 사람은 사랑받는 사람을 경멸함으로써 분노를 조금이나마 달래고 가라앉힌다.

질투는 사랑받는 사람에 대한 일종의 증오다. 내가 사랑받지 못했기에 상대방도 사랑받아서는 안 된다고 느낀다. 상대를 끌어내려 작은 보상이라도 받아야 기분이 풀린다. 잘나가는 사람들에 대한 혐오를 느끼는 것은 그만큼 우리가 스스로를 사랑하기 때문이다.
그의 적나라한 표현 앞에 무릎을 칠 수밖에 없었다. 그렇게 그의 팬이 되었다. 『잠언과 성찰』을 읽고 또 읽었다. 짧은 아포리즘이어서 시작과 끝의 구분도 없이 아무 페이지나 펼쳐서 읽어도 좋았다. 그는 '사람은', '우리는'이라는 표현으로 보편적 인간에 대해 묘사한다. 나를 넘어 '우리', '인간'을 접근하도록 자연스러운 도움을 주었다.

보편자를 보는 힘

사유의 힘을 상승시키는 것은 관점의 전환과 관련이 있다. 나의 관점에서만 세계를 보는 것과 인간 혹은 우주의 관점에서 세계를 보는 것은 차원이 다르다. 자아에 갇힌 사람의 눈에는 자신에게 도움이 되는 것, 이익이 되는 것, 관심이 있는 것만 보인다. 당연히 사람을 보는 시각이 좁고 세상의 다양한 면을 살필 수 없다. 좁은 시야와 함께 스트레스에 노출될 가능성이 높다는 것도 문제다. 손해 보지 않고, 나쁜 소리 듣지 않고, 피해되는 일도 없어야 한다고 생각하기 때문이다. 자아에 집착할수록 삶은 힘겨워질 수밖에 없다.

공자의 말처럼 '이익에 따라 행동하면 원한을 사는 일이 많아진다(放於利而行 多怨).' 이것이 작은 이익을 생각하며 사는 '나' 중심의 세계관이 가진 고달픔이다. 성현들이 이구동성으로 '나'를 극복하라고 하는 이유가 여기에 있다. 자아의 한계를 넘어 인간을 보고 세계의 눈으로 살피면 갈등이 줄어든다. '나'가 아닌 인간의 눈으로 세상을 보기 때문에 타인의 입장을 이해하고 우주의 관점을 수용할 수 있다.

여기서 고전의 중요성이 대두된다. 고전은 인간의 본성과 역사, 사유방식에 대한 거장들의 사유를 담고 있다. 개인의 삶이 아닌 보편적 인간의 큰 사유를 탐색하는 것이 고전이다. 한마디로 큰 생각이다. 나를 넘어 인간을 탐색하는 것이 고전의 특징이고 고전을 통해 우리는 인간과 우주라는 관점으로 지평을 확장할 수 있다.

고전 독법

'인간은 사회적 동물이다'라는 아리스토텔레스의 말은 너무 잘 알려져서 식상한 것이 아니라 '인간'이라는 일반명사에 관심이 없기 때문에 재미가 없다. 우리에게 부족한 것은 인간 자체에 대한 관심이다. 자기계발이 '나'라는 개별자를 중심으로 한다면, 인문학은 '인간'이라는 보편자를 다룬다. 인간이 어떤 본성을 가졌고 어떻게 사유했으며 어떤 과정을 거쳐 여기에 이르렀는지를 살피는 것이 인문학이다. 나를 중심으로 하던 사유를 인간이라는 보다 큰 범주로 옮겨놓는 작업이 고전과 인문학에 접근하는 자세다.

공자가 '자신이 하고 싶지 않은 일을 남에게 시키지 말라(己所不欲 勿施於人)'고 했던 것은 사람의 본성이 비슷하기 때문이었다. 내가 하기 싫은 일은 남도 하기 싫다. 내가 하기 싫은 마음을 통해 다른 사람, 곧 인간을 이해할 수 있다. 이것이 나를 통해 인간을 아는 일종의 상상력이다. 나를 아는 것이 타인과 인간을 아는 첩경이 될 수 있다. 그런 점에서 고전을 읽는 사람은 자신을 살필 수 있어야 한다. 고전의 문장이 나에게 적용되는지 살필 수 있다면 보편적 인간에 대한 감각을 얻는 것도 가능해진다.

　나는 독립된 개체지만 소속된 사회와 긴밀하게 연결되어 있다. 사회가 건강하지 못하면 나도 행복할 수 없다. 현대의 인간이 안고 있는 문제는 곧 나의 문제다. 인간의 역사와 미래를 생각하고 우주의 관점들을 얻기 위해 읽어가다 보면 이런 관점에 익숙해질 것이고 그 익숙함이 인간과 우주에 대한 지평들을 자연스럽게 열어줄 것이라고 믿는다.

영웅에게
책읽기를 배우다

위대한 영웅이 되는 낭만의 시간

신화를 읽기 시작한 때는 고등학교 시절이었다. 이유는 간단했다. 재미. 그 외의 다른 이유는 없었다. 재미로 읽다 보니 무협지로 눈이 갔다. 재미있다는 점에서 둘은 막상막하였다. 신화와 무협지는 여러모로 닮아있다.

앞을 가릴 수 없는 비가 쏟아지는 칠흑 같은 밤, 그 밤을 밀어내려는 듯 거대한 불길이 타오르고 있었다. 역사는 이 순간을 이백 년간 무림의 맹주로 시대를 호령했던 사마세가의 마지막 날로 기록하고 있다. 족히 수백은 넘어 보이는 흑두건의 무사들이 일사불란하게 일백 칸이 넘는 대저택을 둘러싸고 움직이는 모든 것을 남김없이 베어 넘겼다. 쏟아지는 빗방울도 이백 년의 영욕을 담은 대저택의 불기둥을 어찌할 수 없었고 이따금 번쩍이는 번개는 거대한 살육의 현장을 선명히 각인시켜 주었다. 칼과 활에 사람의 목숨이 갈바람 앞의 갈대처럼 쓰러지던 이때 저택의 뒷문으로 이어진 대나무 숲, 그 어둠을 틈타 사라지는 한 그림자 아니 가슴에 안고 있는 아이까지 두 그림자가 있었으니….

오래전 읽었던 무협지들은 대부분 이렇게 시작되었다. 무림을 대표하는 큰 세력이 이름 모를 암살자들에 의해 사라지는 순간과 그 후손 하나가 살아남는 이야기다. 아이는 어떻게 될까? 살아남은 아이는 아무도 알 수 없도록 시골 농부에게 맡겨지고 평범한 삶을 살다 특별한 사건을 계기로 집을 떠난다. 고난을 거듭하던 아이는 처지가 비슷한 친구와 조력자를 만나고 기연奇緣을 얻어 무림 최고수로 거듭난다. 물론 그 과정에서 아름다운 여자도 만난다(주로 여러 명인데 이게 무척 중요하다). 그렇게 성장한 아이는 출생의 비밀과 자신의 원수를 알게 되고 절대권력을 휘두르던 악의 세력과 건곤일척의 대결을 벌여 승리하고 새로운 무림의 맹주가 된다.

신화와 무협은 판타지의 세계였다. 시시콜콜한 세상에서 탈출하여 위대한 영웅이 될 수 있는 낭만의 시간이었다. 그렇게 십 대의 끝자락과 이십 대의 시작을 신화 속 영웅과 무협지의 주인공으로 책 속에서 살았다.

대학을 졸업하고 어렵게 직장을 얻었지만 고달픈 삶은 달라지지 않았다. 공부가 끝나는 곳에서 기다리는 것은 일로 채워진 고단한 하루였다. 지겨운 공부에 위안을 주었던 것이 신화와 무협이었다면 고단한 일을 위로해 준 것은 자기계발이었다. 목표를 세우고 계획에 따라 노력하여 자신을 변화시키면 환상적인 삶이 기다릴 것이라는 메시지가 나를 사로잡았다. 자기계발은 새로운 신화였고 현실의 무림 맹주가 되는 길이었다. 그렇게 시간은 흘렀고 서른을 훌쩍 넘겼지만 조력자는 찾을 수 없었고 기연은 남의 일이었다. 성공은 환상이었다.

테세우스 이야기

테세우스는 아테나이(아테네)의 왕자였다. 당시 아테나이는 크레타의 반식민지 상태였기 때문에 매년 일곱 명의 소년과 소녀를 미노타우로스라는 괴물의 먹이로 바쳐야 했다. 미노타우로스는 상반신이 소이고 하반신은 인간으로 사람을 잡아먹는 괴물이었다. 이 사실을 알게 된 테세우스는 자신이 직접 제물이 되어 크레타로 떠난다. 제물로 바쳐질 인간들을 보러 왔던 크레타의 공주 아리아드네는 테세우스의 모습에 반하게 되고 그를 죽음으로부터 지켜주기로 결심한다.

　미노타우로스가 갇힌 미궁은 한번 들어가면 절대 빠져나올 수 없는 곳이었다. 미궁으로 들어가는 테세우스에게 아리아드네는 실타래를 주면서 돌아올 수 있는 방법을 알려준다. 미궁의 입구에 실을 묶어두고 실타래를 풀면서 들어갔다가 그 실을 따라 나오라는 것이었다. 덕분에 테세우스는 미노타우로스를 죽이고 무사히 자신의 나라로 돌아올 수 있었다.

테세우스의 이야기는 판타지 소설 이상도 이하도 아니었다. 영감이나 깨달음 같은 다른 차원의 독서와는 거리가 멀었다. 그렇게 재미로만 읽었던 신화가 삶의 전형을 담은 상징으로 이해된 것은 한참 후의 일이었다. 그 과정에 도움을 준 사람이 조지프 캠벨이었다. 그의 대담집『신화의 힘』은 이야기에서 상징을 어떻게 읽어야 하는지 선명히 알려주었다. 덕분에 신화와 이야기 들이 새롭게 보이기 시작했고 다양한 의미를 발견하는 책읽기에 거침없이 나서게 되었다.

영웅의 여정과 인생

테세우스 이야기는 전형적인 영웅 신화다. 조지프 캠벨은 신화의 영웅들은 삶에서 일종의 모험 혹은 여정을 경험하는데 그 과정에서 출발-입문-귀환이라는 세 단계를 거치게 된다고 말한다.

출발은 자신이 살아오던 공동체에서 벗어나는 것을 의미한다. 어린 시절 아버지와 헤어진 테세우스는 그동안 몸담고 있던 곳을 떠나 새로운 길로 접어든다. 여기서 떠남은 새로운 도약을 위한 과거와의 결별, 여행, 홀로 됨, 자기만의 삶을 시도하는 것으로 이해된다. 아이들이 부모의 품을 떠나고, 정든 학교를 졸업하고, 익숙한 회사에서 벗어나며, 평생 해오던 일을 버리고 새로운 일을 시도하는 것과 관련된다. 삶의 특정한 시기가 오면 우리는 새로운 역할과 새로운 나를 찾아 떠나야한다. 멈춘 삶은 죽은 삶이다.

입문은 새로운 세계에서 겪게 되는 모험과 시련으로 이해된다. 집 나가면 개고생이라는 말처럼 낯선 곳에서의 삶은 고달프기 짝이 없다. 다행히 그곳에서 새로운 사람을 만나고 낯선 경험을 하는 과정에서 깨달음을 얻어간다. 세상에 대해 알고 사람을 이해하게 되면서 높은 차원의 영역에 눈뜨는 것이다.

테세우스는 수많은 고난을 경험하고 아버지를 만난다. 그리고 미노타우로스를 죽이는 사명을 떠안는다. 사람을 잡아먹는 괴물이 기다리는 미궁, 그곳은 낯설고 두려운 곳이다. 낯선 곳으로 들어서는 자에게 용기는 필수적이다. 그곳에서 기다리는 괴물, 미노타우로스는 자기 안의 두려움과 다름이 없다. 괴물을 죽인다는 것은 자기 안의 두려움을 죽이는 것이고 그 살해를 통해서 새로운 존재로 거듭난다.

영웅의 용기는 미궁으로 들어갈 힘을 준다. 하지만 그것만으로는 충분하지 않다. 용기와 함께 지혜도 필요하다. '용기를 좋아하되 배우기를 좋아하지 않으면 질서를 어지럽히게 된다(好勇不好學 其蔽也亂)'는 공자의 말처럼 지혜가 없는 용기는 세상을 혼란하게 할 뿐이다. 아리아드네의 실타래는 지혜의 상징이다. 아리아드네는 조력자다. 영웅의 용기와 풍모를 흠모하는 조력자들은 영웅이 과업을 완성하는 중요한 조건이다. 아리아드네의 실타래처럼 지혜는 용기가 가진 파멸의 힘을 재생의 힘으로 바꾸어준다.

조지프 캠벨을 통해서 다시 읽은 신화는 개안의 신선함으로 책을 잡게 했다. 이야기에 눈을 뜨게 된 것이다. 이 경험은 이야기를 읽고 상징을 풀어내는 재미를 알려주었고 깨달음을 추구하도록 자극하여 시들해진 책읽기에 불을 지펴주었다. 그 후 책이 달라졌다. 단순한 이야기에서 풍성한 의미로, 자기계발에서 자기성찰로, 개인의 경험에서 인간의 삶으로, 답을 찾던 독서에서 질문을 던지고 사유하는 경험으로, 세계를 알아보는 지식에서 세상 속으로 들어가는 여정으로. 나를 찾는 수단에서 나를 해체하는 체험으로.

카오스와 코스모스

서른 초반이었던 것 같다. 책과 거리를 두었던 적이 있다. 의욕적으로 시작한 직장생활도 시들해졌고 삶의 목적의식도 없이 어찌할 수 없는 인생에 대해 불만만 늘어갔다. 자기계발도 먼 이야기처럼 느껴졌고 '하고 싶다', '해야겠다'는 의지도 잠들었다. 끝없는 밥벌이의 지겨움을 이겨낼 힘이 없는 무기력한 자신이 싫었다. 방황의 시간은 예고 없이 찾아왔다.

　일과 사람과 삶에 대한 지겨움은 혼자라는 고독 속으로 들어서게 했다. 외출이 줄어들었고 혼자 지내는 시간이 늘어갔다. 자연히 집 안을 살피는 일이 많아졌다. 어느 날 책장을 정리하다 종이 뭉치를 발견했다. 대학 시절 긁적거렸던 시였다. 제법 양이 많아 한 권의 시집으로 묶어도 될 정도였다. 순간 예전에 글을 썼다는 사실이 떠올랐다. 자연스럽게 책상에 앉아 생각나는 대로 썼다.

　두서가 없는 글들이었다. 글을 쓰면서도 내가 무엇을 쓰고 있는지 모를 정도였다. 그래도 썼다. 딱히 할 일도 없는 터였다. 그러다 책이 쓰고 싶어졌다. 내가 알고 있고 경험한 것을 쓰면 될 것 같았다. 그동안 한 일이라고는 책을 읽은 것뿐이었다. 책을 읽은 경험들과 나름의 노하우를 담아보자고 결심했다. 그렇게 쓴 책이 『생산적 책읽기』였다.

나의 글쓰기는 삶이 교착상태에 빠진 지점에서 시작되었다. 출구가 보이지 않는 막막한 터널 속, 미궁이었다. 안타깝게도 나에게는 미노타우로스라는 목적이 없었다. 다행히 그 미궁 속에서 글을 쓰는 동안 나를 들여다볼 수 있는 기회를 얻었던 것 같다. 직장에서 의미를 찾지 못하고 돈벌이에만 집착하던 자신을 발견했고, 새로운 일을 찾아 떠나지 못하는 이유가 가난에 대한 두려움 때문이라는 것도 알게 되었다. 나를 옥죄고 있는 거대한 괴물은 내 안의 두려움임을 발견한 것이다.

나를 안다는 것은 타인을 아는 것이었다. 사람의 마음은 비슷한 법이어서 다른 사람들도 나처럼 방황한다는 사실을 알 수 있었다. 그렇게 변화에 대한 거부감과 두려움, 가능성에 대한 이야기를 글로 썼다. 그렇게 시작한 것이 쌓이면서 결국 책으로 출간되었다. 『CHANGE, 나는 왜 변화하지 못하는가?』였다.

되돌아보면 직장생활에 대한 권태와 의욕상실이 고독의 길로 이끌었고 글을 쓰게 했던 것 같다. 덕분에 책을 쓰는 저자가 되었으니 방황이야말로 새로운 길로 안내한 길잡이임을 깨닫게 된다. 테세우스의 미궁, 목표가 사라진 일상, 카오스 같은 하루가 코스모스의 조건이었던 셈이다. 물론 이 모든 것은 시간이 지나고 난 이후에 알게 되는 것들이다.

카오스와 코스모스를 넘어서

우리는 인생을 살아가면서 여러 번의 카오스와 코스모스를 경험한다. 길을 잃고 방황하는 상황이 카오스라면 목적의식으로 뭔가를 향해 달려나가는 것은 코스모스다. 갓 태어난 아이는 세상을 모르는 카오스 상태다. 자라면서 학습을 통해 코스모스의 세계로 접어든다. 청소년기에는 어른이 되기 위한 통과의례로 카오스를 경험한다. 대학을 졸업하고 사회에 익숙해질 때쯤 다시 카오스가 찾아온다. 돈벌이만 하며 살 수 없다는 자극이 카오스로 이끈다. 그렇게 삶은 카오스와 코스모스의 연속이다.

영웅의 여정도 다르지 않다. 자신이 누구인지 알기 위해 아버지를 찾아가고 모험을 통해 자신이 무엇을 할 수 있는지 알게 되고 세상에 필요한 역할을 해내는 과정이 그것이다. 그래서 영웅의 마지막 여정이 귀환이다. 영웅은 여행과 모험의 카오스를 통해 발견한 깨달음을 안고 시작했던 곳으로 되돌아온다. 되돌아온 영웅은 예전의 그와는 다른 존재다. 새로운 인식의 지평에 도달했고 왜소했던 자아에 갇혀 있지 않으며 공동체를 향해 열린 삶을 산다.

우리는 목적의식을 가지고 열정적으로 도전하는 삶을 찬양한다. 노력을 통해 성취하는 것이 유일한 삶의 방식처럼 여겨지기도 한다. 하지만 삶에는 목적과 성공만 있는 것이 아니다. 방황과 혼돈으로 점철된 무의미한 시간도 존재한다. 목적의식을 가지고 노력하는 질서 있는 삶도 나의 것이듯 방황하는 카오스의 시간 또한 나의 것이다. 신화를 통해 얻은 또 하나의 통찰이 이것이다. 카오스가 코스모스의 조건이라는 것, 카오스 또한 내 삶의 일부라는 것. 덕분에 혼돈을 넉넉하게 바라볼 수 있게 되었고 무의미한 시간도 받아들일 수 있게 되었다.

망치와 도끼처럼

독서는 영웅의 여정이다. 익숙한 자기를 떠나 낯선 자기, 위험한 세계를 탐색하고 깨달음을 얻는 과정이 독서다. 영웅이 자기 안의 괴물을 죽이듯 독서도 이전의 자기가 가졌던 생각과 세계관을 철저히 깨부순다. 니체의 말처럼 독서는 망치가 되고, 카프카의 표현처럼 책은 도끼여야 한다. 나를 부수지 못하는 독서가 어떻게 나를 귀환시킬 수 있겠는가? 삶이라는 미궁에서 책이 무기일 수 있음을 영웅의 삶을 통해 알게 된다.

나는 아직도
세상이 낯설다

쉰 즈음에

'저 때쯤이면 나도 세상을 다 알 수 있겠지.'

어린 시절, 어른들을 보면서 든 생각이었다. 쉰 살쯤 되는 어른들은 세상을 훤히 내다보고 사람들을 잘 이해해서 살아가는 데 아무 문제가 없는 것 같았다. 지금 생각해 보면 어이없는 상상이었지만 어린아이의 눈에는 분명 그렇게 보였다. 이제 어린 시절 올려다보던 그 어른의 나이가 되었지만 세상을 알기는커녕 욕망과 갈등에 혼란스럽기만 하다. 마흔이 되면 흔들림이 없고, 쉰 즈음이면 하늘의 명을 안다고 했던 공자의 모습은 어디에서도 찾을 수 없다. 오히려 나이가 들면서 더 고루해진 것 같다.

언제쯤 세상을 알 수 있을까? 언제쯤 고민과 갈등이 사라지고 넉넉한 눈으로 세상을 바라볼 수 있을까? 쉰의 나이에도 아직 세상은 낯설다.

배움의 이유

> 우리는 삶에 대해 배우기도 전에 이미 살고 있다. 그렇다면 선택은
> 한 가지뿐이다. 지금이라도 삶에 대해서 배우는 것.
>
> _ 톨스토이, 『살아갈 날들을 위한 공부』

우리는 아무런 준비 없이 태어난다. 세상은 무엇이고 어떻게 살아야 하는지 배우기도 전에 인생은 시작된다. 이것이 모든 사람들에게 공통적으로 주어진 조건이다. 이런 상황에 대한 톨스토이의 대답은 단순하다. 지금이라도 삶에 대해 배우라는 것.

우리에게 세상은 낯선 곳이다. 익숙하지 않은 존재, 타자들이 존재한다. 실패, 질병, 고통, 분노, 노동, 죽음은 우리를 낯선 상황으로 이끈다. 심지어 사랑, 성공, 쾌락 같이 좋아 보이는 것들도 만만치 않다. 이들은 우리가 세계를 살아가면서 만나야 하는 손님들이기에 함께 살아가는 법을 배워야 한다. 삶이란 그 낯선 것들과 익숙해지는 과정인지도 모른다.

우리가 세상에 익숙해지는 방법은 자신을 설득하는 것이다. 이때 사용되는 것이 지식이다. 세상의 지식을 섭렵하고 그것으로 자신을 설득하는 것이 공부다. 결국 공부는 말도 안 되는 세상을 말이 되도록 만

드는 과정이다. 그 과정에서 철학은 우리가 외부와 어떻게 관계를 맺어야 하는지를 판단하는 역할을 맡는다. 덕분에 우리는 조금 편안해지고 안심하며 잠들 수 있다.

인생을 배우다

인생에 대해 배우라는 톨스토이의 조언 덕분에 인생에 대한 책들을 읽게 되었다. 이름하여 인생론이다. 인생의 특정한 시기가 되면 그에 맞는 책을 만나야 한다. 철학이 시대의 문제를 해결하기 위해 등장하듯 한 사람에게 책은 그가 처한 상황에 따라 선택되는 법이다. 이때 다른 사람들의 목소리가 책을 고르는 데 방해가 되지 않도록 해야 한다. 베스트셀러 목록은 꼭 필요한 책을 만날 수 있는 기회를 빼앗을 수도 있다. 세상의 유행이 아닌 자신의 소리를 따라야 한다. 책을 읽는 사람은 안다. 한 권의 책이 다른 책을 불러오고 다음 책이 새로운 책으로 연결된다는 사실을.

톨스토이로 시작된 인생에 대한 배움, 인생론의 탐색은 쇼펜하우어로 이어졌다. 쇼펜하우어는 니체로 이어졌고 자연스럽게 소로, 에리히 프롬 같은 이들을 만났다. 한편으로는 소크라테스, 세네카, 마르쿠스 아우렐리우스 같은 고대를 훑었고, 공자와 장자, 정약용, 린위탕(林語堂), 왕멍(王蒙) 같은 동양의 인생론들도 살폈다.

이 과정에서 깨달은 것은 배움이 낯선 것을 익숙한 것으로 만들어준다는 것이었다. 책이 현실의 문제를 해결해 주지 못한다고 말하는 이도 있지만 내게 책은 현실의 문제에 어떻게 접근하고 어떤 태도를 취해야 하는지 선명하게 알려주었다. 병을 고치려면 의사의 진료를 받아야 하듯이 삶의 문제를 해결하려면 배워야 한다는 것을 실감했다. 고난, 고통, 질투, 좌절, 분노, 현실, 행복, 삶의 목적 같은 것들을 다루면서 그런 상황에 직면할 준비를 한 것이다. 읽고 생각하고 다시 읽기를 반복하다 보면 실제 좌절과 분노 같은 현실의 문제들이 찾아왔을 때 크게 당황하지 않게 된다. 덕분에 이기적인 세상의 모습에 감정적으로 대응하지 않을 수 있었고, 손해를 보는 상황이 와도 분노로 일관하지 않게 되었으며, 무엇보다 있는 그대로 세상을 인정할 수 있게 되었다. 배움이 삶의 타자들을 익숙한 것으로 만들어준 덕분이었다.

낯선 세상에서 늙어가기

가끔 공부를 많이 한 사람인데도 다른 사람들의 대화에 어려움을 겪는 경우를 본다. 그는 생각이 고착되어 자신이 옳다는 확신이 아주 강하다. 공부를 많이 했는데도 왜 이런 일이 생길까? 이유는 옳고 그름, 선과 악, 맞음과 틀림에 대한 지식에 집중했기 때문이다. 옳고 그름을 알려주는 지식은 선명하다. 무엇을 어떻게 해야 하는지 명확히 알려준다. 이런 지식은 명확해서 매력적이지만 깊이 있는 사유로 이끌어주지는 못한다. 세상은 명확하게 설명될 수 없는 것이 대부분이기 때문이다.

인문학 공부가 어렵다고 느끼는 이유가 이것 때문이다. 인문학은 분명한 답을 제시하는 학문이 아니다. 오히려 질문을 던지고 생각해 볼

것을 권한다. 그렇다 보니 공부를 해도 남는 것이 없어 보인다. 선명한 지식으로 각인되지 않기 때문이다:

세상살이에 분명한 답이 있다는 생각 자체가 이상하다. 사람의 개성이 다 다르듯 삶의 방식도 다르다. 삶에는 답이 없고 오히려 질문만 있다. 그 질문을 통해서 필요한 길을 찾아갈 뿐이다. 그런 점에서 나이가 들면서 배워야 할 것이 인문학이라고 믿는다. 인문학은 세상의 모습을 있는 그대로 바라보게 하고 마음의 욕망을 드러내서 받아들이게 한다.

인도의 경전 『바가바드 기타』에 이런 말이 나온다.

> 현인들은 욕망에 종속된 행위를 버리는 것을 포기로 알았고, 지혜로운 이들은 모든 행위의 결과를 바라지 않은 것을 단념이라 하였다오.

포기나 단념의 개념이 우리가 평소에 사용하는 것과 다르다. 포기는 욕망을 끊는 것이고 단념은 결과를 두려워하지 않고 행동하는 것이다. 경전은 포기와 단념의 참모습을 우리에게 보여준다. 고대의 지혜는 현대의 과학을 넘어있다.

고대의 목소리는 주어진 삶에 대해 '예'라고 대답한다. 자신의 신분에 대해, 부모에 대해, 주어진 과업에 대해, 길을 막는 괴물에 대해, 심지어 죽음에 대해 '예'라고 말한다. 현대의 우리처럼 마음에 들지 않는다고, 자기와 다르다고 거부하고 회피하지 않는다.

우리 앞에 닥친 것들은 내가 원해서 온 것이 아니다. 어쩌다 보니 그렇게 된 것이다. 내가 태어난 것도, 부모님이 돈이 없는 것도, 친구들이 욕심이 많은 것도, 해야 할 일들이 많은 것도 우연히 그렇게 된 것이다. 그것을 두고 싫다, 안 된다고 말하는 것은 부질없는 짓이다. 세상은 우연히 있을 뿐이고 그것은 내가 어떻게 할 수 없는 것이다. 내 존재가 그렇듯.

아킬레우스는 전쟁터로 갔고, 오디세우스는 집으로 돌아갔고, 소크라테스는 독배를 마실 감옥으로 향했다. 그들은 자신의 길을 거부하지 않았고 그렇기에 당당했다. 전사는 '예'라고 대답함으로써 자기 길을 간다. 낯선 세상에서 배운 것이 있다면 이것, 마땅히 해야 할 것에 대해 '예'라고 대답할 줄 아는 것이다. 『바가바드 기타』에는 이런 말도 있다.

그곳으로 가서 마땅히 해야 할 일을 하라. 그 결과에 대해서는 걱정하지 마라.

아직 세상은 낯선 곳이지만 크게 걱정하지는 않는다. '예'라고 할 준비가 되었기 때문이다. 이것이 책에서 얻은 것이라면 괜찮은 거래임이 분명하다.

책 너머
생각 너머

- 김혜란 -

책 속에 드러나지 않는
더 큰 생각을 찾아 책 속을 거닌다.
저자가 어떤 생각으로 글을 썼는지 생각하며,
다시 그 생각을 생각한다.

| 참고한 책 |

쉘 실버스타인, 『어디로 갔을까, 나의 한쪽은』, 이재명 옮김, 시공주니어, 2000.
　　　　　　　　『떨어진 한쪽, 큰 동그라미를 만나』, 이재명 옮김, 시공주니어, 2004.
칼릴 지브란, 『예언자』, 이동진 옮김, 해누리기획, 2000.
개브리얼 제빈, 『섬에 있는 서점』, 엄일녀 옮김, 루페, 2017.
메리 앤 섀퍼·애니 배로스, 『건지 아일랜드 감자껍질파이 클럽』, 김안나 옮김, 매직하우스, 2008.
막심 고리키, 『어머니』, 최민영 옮김, 석탑, 1985.
박서련, 『체공녀 강주룡』, 한겨레출판, 2018.

나란히 가야
행복하다

자주 술을 마시고 들어오는 남편에게 아내가 말했다.

"당신, 술값 좀 줄여!"

남편도 질세라 아내에게 말했다.

"사돈 남 말 하시네. 당신은 화장품 좀 그만 사!"

아내는 화가 났지만 꾹 참고 돌려서 말했다.

"내가 화장품을 사는 것은 당신에게 예쁘게 보이려고 하는 건데, 그 것도 안 돼?"

기지가 넘치는 남편도 지지 않았다.

"나도 당신을 예쁘게 보려고 술을 마시는 거야. 그러니 날 이해해 주 면 안 되겠니?"

부부는 자신들의 행동에 대해 각자 그럴만한 이유가 있다고 말한다. 자신의 행동이 자신만을 위한 이기적인 행동이 아니라 오히려 상대방을 위한 행동이라고 소리를 높인다. 일종의 핑계다. 세상에 핑계 없는 무덤이 어디 있겠는가?

부부생활이 갈등의 연속이듯 사회생활 또한 그렇다. '왜 이렇게 일을 했냐'고 따지면 이런저런 핑계를 댄다. 그 사람 입장에서는 그럴 수 있다. 단지 생각이 다를 뿐이다. 갈등은 '차이'에서 온다. 나와 다른 생각, 나와 다른 방식, 나와 다른 모습을 이해할 수 없을 때 억측이 작동한다.

인간과 인간 사이에서 생기는 갈등은 삶의 영원한 문제거리임에 분명하다. 이런 문제거리들은 늘 시와 노래의 대상이 되어왔다. 시와 노래는 우리가 세상을 보는 방식에 변화를 주고 삶의 태도를 바꾸도록 안내한다.

'배철수의 음악캠프'를 진행하고 있는 배철수 씨는 항공대학 시절, '활주로'라는 이름의 그룹사운드로 1978년 MBC 대학가요제에서 은상을 받고 데뷔했다. 그때 부른 노래가 〈탈춤〉이었다. 이후 지구레코드사에서 내놓은 첫 음반이 《활주로》였는데, 〈탈춤〉과 함께 실린 노래 중 한 곡이 〈이 빠진 동그라미〉다. 전형적인 그룹사운드 스타일 노래로 기타를 치는 배철수 씨가 삐죽하게 서서 별 표정 없이 불렀던 기억이 난다.

한 조각을 잃어버려 이가 빠진 동그라미

슬픔에 찬 동그라미 잃어버린 조각 찾아

데굴데굴 길 떠나네

…

한 조각을 만났으나 너무 작아 헐렁헐렁

다른 조각 찾았으나 너무 커서 울퉁불퉁

이리저리 헤매누나

저기저기 소나무 밑 누워 자는 한 쪼가리

비틀비틀 다가가서 맞춰 보니 내 짝일세

얼싸 좋네 찾았구나

기쁨에 찬 동그라미 지난 얘기 하려다가

아! 입이 닫혀 말 못하니 동그라미

생각하네 이런 것이 그렇구나

냇물가에 쭈그리고 슬퍼하던 동그라미

애써 찾은 한 조각을 살그머니 내려놓고

데굴데굴 길 떠나네

길 떠나네 길 떠나네 길 떠나네 길 떠나네

내 짝이 어디 있는지 열심히 굴러다니다가 딱 맞는 조각을 발견하고 좋아했는데, 그게 딱 맞는다고 제대로 된 짝이 아니었다. 고민하던 이 빠진 동그라미는 찾은 조각을 내려놓고 이가 빠진 채로 다시 길을 떠난다.

결혼생활을 하다 보면 서로의 차이가 크다는 것을 자주 발견하게 된다. 여자는 술 한 잔 들어가면 낭만적인 말을 쏟아내는 남편이 좋아서 결혼했을 수 있다. 남편은 아내의 아름다운 외모가 사랑스러워서 결혼을 결심했을 수 있다. 자신들 조건에 맞는 배우자를 만났다고 확신하지만 살아보니 그렇게 좋았던 상대방의 조건이 오히려 끔찍하게 불편한 것으로 다가오기도 한다. 상황이 변하면 원하는 것도 변한다.

〈이 빠진 동그라미〉의 가사는 쉘 실버스타인의 그림동화『어디로 갔을까, 나의 한쪽은』이 원작이다. 가사가 그림동화 대부분의 내용이고 저자가 직접 그린 그림 분량이 훨씬 많다. 그런데 노래를 듣고 책을 보면 궁금한 점이 생긴다. 길 떠난 동그라미는 지금쯤 어디에서 무엇을 하고 있을까. 영원히 혼자서 세상을 떠돌기만 하는 것일까. 혹시 새로운 누구를 만나지는 않았을까.

후속편을 찾았다.『떨어진 한쪽, 큰 동그라미를 만나』이다.『어디로 갔을까, 나의 한쪽은』보다 덜 읽힌 책이다. 앞의 책이 '굴러가는 동그라미'가 주인공이라면, 뒤의 책은 동그라미가 냇가에 떨구고 간 외로운 한 조각이다. 때로 맞지 않는 네모도 만나고 너무 큰 혹은 너무 작은 동그라미를 만나기도 하고, 동그라미가 너무 많아서 숨기도 한다. 예쁘게도 꾸며보고 멋지게 장식도 해보지만 무시당할 때도 있다.

그러던 어느 날 딱 맞는 동그라미를 만나서 한 몸이 되지만 이후 자신의 몸이 자꾸 커지는 것을 발견한다. 함께 있을 수 없었다. 결국 또 혼자가 되지만 다른 동그라미가 던진 말을 듣고 변화를 결심한다.

"혼자서도 굴러갈 수 있어. 한번 해봐."

조각은 스스로 굴러간다는 것을 한 번도 생각해 본 적이 없다. 궁하면 통하는 법, 조각은 스스로 굴러볼 것을 결심한다. 그렇게 구르다 보니 다치고 멍들고 깎여서 아프지만 어느새 둥글어진다. 그리고 작은 동그라미가 되어있다. 이제 큰 동그라미와 함께 서로 합치지 않고도 나란히 인생길을 굴러간다.

칼릴 지브란은 『예언자』에서 부부에 대해서 이렇게 썼다.

그대들이 함께 존재하기 위해서는 거리가 필요하다. 하늘에서 불어온 바람이 그 사이에서 춤출 수 있도록.

함께 서있으라, 허나 너무 가까이 서있지는 말라. 사원의 기둥들도 서로 떨어져 서있으니.

상대방을 자신의 뜻대로 맞추려고 할 때 갈등이 찾아온다. 행복하려면 거리를 두고 서있는 나무처럼, 나란히 굴러가는 동그라미처럼 각자로 함께 가야 한다. 우리는 각자로 하나다.

우리는
섬이 아니다

아일랜드 서점

"인간은 섬이 아니다. 한 권의 책이 하나의 세상이다."

앨리스섬에 있는 '아일랜드 서점'에 걸린 간판 속 글이다. '아일랜드 서점'은 개브리얼 제빈이 쓴 소설 『섬에 있는 서점』에 등장한다.

아일랜드 서점이 유지될 수 있는 것은 여름휴가 때문이다. 휴가철이면 사람들로 섬이 붐비고 서점도 매출이 꽤 오른다. 하지만 나머지 계절은 텅 빈다. 독서의 계절이라는 말도 섬에서는 통하지 않는다.

서점 주인은 아내를 먼저 보내고 쓸쓸히 지내는 남자다. 책이 좋아 아내와 함께 서점을 차렸다. 손님이 없어도 책 읽는 것으로 만족할 수 있는 사람이다. 요즘은 이런 사람이 드물다. 책이 좋아 서점을 운영한다 해도 어느새 경제적 이윤을 따지는 사람으로 변하고 만다. 책사랑을 놓친다. 그래서인지 주인공에게 마음이 간다. 그렇게 살고 싶은 마음도 든다.

새 식구

어느 날 서점 주인에게 놀라운 일이 일어난다. 새 식구가 생긴 것이다. 이름은 마야다. 누군가 서점 앞에 버리고 갔다. 자신에게 찾아온 생명을 거두는 것은 소설의 주인공들에게는 익숙한 일이다. 딸이 생긴 그의 삶은 생명력을 얻는다. 세상은 딸을 중심으로 돌아간다. 그만큼 딸 마야는 매력적이다. 마야가 가게의 크기를 재는 방법을 살펴보자.

> 가게 너비는 십오 마야, 길이는 이십 마야다. 이걸 아는 이유는 한 나절을 바쳐 누워 굴러가며 측정했기 때문이다. 삼십 마야가 넘지 않아 다행이었다. 측정 당시 마야가 셀 수 있는 숫자가 거기까지였으므로.

마야가 한 번 뒹군 거리가 한 마야다. 스무 번 뒹굴었으니 이십 마야가 된다. 일 미터, 십 미터 식으로 재는 우리와는 다른 기준이다. 마야는 자신이 세상을 재는 기준이다.

소설은 인생의 슬픔 혹은 비극을 중화시켜 준다. 찰리 채플린의 말처럼 '인생은 가까이서 보면 비극이고, 멀리서 보면 희극'이다. 어머니로부터 버려진 일은 슬픈 일이고 비극적 사건이다. 소설은 이것을 희극으로 만드는 과정을 보여준다.

마야는 어머니가 자신을 아일랜드 서점에 두고 갔다는 것을 안다. 하지만 어쩌면 그것은 일정 나이가 되는 모든 애들한테 일어나는 일일지도 모른다. 어떤 아이들은 신발 가게에 남겨진다. 또 어떤 애들은 장난감 가게에 남겨진다. 또 어떤 애들은 샌드위치 가게에 남겨진다. 그리고 인생은 어떤 가게에 남겨지느냐에 따라 결정되는 거다. 마야는 샌드위치 가게에서 살고 싶지 않다.

마야에게 서점은 희극을 위한 놀이터였다. 서점에 남겨진 마야는 서점 주인이라는 아빠가 생겼고, 서점 주인의 애인이라는 엄마가 생겼고, 책이라는 친구도 생겼다. 읽기와 쓰기는 인생이 될 터였다.

피쿼드와 퀴퀘그

서점 주인은 출판사 영업 사원에게 무례하게 굴었다가 후회를 한다. 그 후회는 곧 친밀해지는 계기가 된다. 자신의 행동을 사과하기 위해 영업 사원을 식사에 초대한다. 앨리스섬에 있는 유일한 해물전문식당이다. 이름은 '피쿼드'. 허먼 멜빌의 유명한 소설 『모비 딕』에 등장하는 포경선 이름이다. 그곳에서 그들은 칵테일 '퀴퀘그'를 여러 잔 마시고 친해진다. '퀴퀘그' 역시 『모비 딕』에 등장하는 식인종 작살수 이름이다.

"당신은 어떤 소설을 배경으로 한 레스토랑에서 저녁을 먹었으면 좋겠어요?"

"아, 어려운 질문이네요. 전혀 뜬금없긴 한데, 대학 다닐 때『수용소군도』를 읽고 있으면 그렇게 배가 고파지더라고요. 소비에트 교도소의 빵과 수프에 대한 그 온갖 묘사들 하며."

"당신은 어디가 좋을 것 같아요?" 영업 사원이 묻는다.

"이것 자체만으로는 레스토랑이 되진 않겠지만, 난 항상『나니아 연대기』에 나오는 터키시 딜라이트를 먹어보고 싶었어요. 어렸을 때「사자와 마녀 옷장」을 읽으면서 에드먼드가 터키시 딜라이트 때문에 가족을 배신할 정도라면 그건 진짜 어마어마하게 맛있을 거라고 생각했죠. 어느 핸가 아내가 크리스마스 선물로 한 박스를 사줬거든요. 근데 가루를 잔뜩 묻힌 꾸덕꾸덕한 사탕이더라고요. 내 평생 그때처럼 실망한 적이 없었던 것 같아요."

책을 좋아하는 사람들은 만나서 책 이야기를 한다. 그렇게 서로 통한다. 통하면 가까워지고 그러다 꿍짝꿍짝. 둘은 결혼한다.

우리는 섬이지만, 섬이 아니다

서점 주인의 삶은 바뀐다. 아내가 생겼고 입양한 딸도 생겼다. 그리고 늘 있던 책이 있다. 책은 그들의 연결고리이자 삶의 배경이다.

서점 주인은 뇌에 종양이 생긴다. 그래도 책은 놓지 않는다. 장편소설이 읽기 힘들어지면 단편소설을 읽는다. 천천히 오래 읽으며 느리게 생각한다.

> 우리는 혼자가 아니란 걸 알기 위해 책을 읽는다. 우리는 혼자라서 책을 읽는다. 책을 읽으면 우리는 혼자가 아니다. 내 인생은 이 책들 안에 있어. 마야에게 말하고 싶다. 이 책을 읽으면 내 마음을 알 거야.

같은 책을 좋아하는 사람의 마음은 같다. 누군가에게 책을 선물한다는 것은 자신의 마음도 함께 주는 것이다. 그의 마음은 그가 선물한 책의 내용이다.

임종이 가까워지면서 그의 뇌에는 통각세포가 없어진다. 아프지는 않지만 횡설수설한다. 한 단어로 설명할 수 있는 단순한 것도 이런저런 표현들을 늘어놓을 수밖에 없다.

> "마야. 지금 네가 여기 있으니 나도 여기 있는 게 기뻐. 책과 말이 없어도 말이야. 내 정신이 없어도, 대체 이걸 어떻게 말하지? 어디서부터 어떻게? … 중요한 말은 하나밖에 없어.
> 마야, 우리가 사랑하는 것들이 바로 우리야. 우리가 좋아하는 것들이 바로 우리다.
> 우리는 우리가 수집하고, 습득하고, 읽은 것들이 아니다. 우리는 우리가 여기 있는 한, 그저 사랑이야. 우리가 사랑했던 것들, 우리

가 사랑했던 사람들, 그리고 그런 것들이, 그런 것들이 진정 계속 살아남는 거라고 생각해. 한 단어가 되어야 한다면 한 단어로 하지 뭐."

"사랑?"

우리는 섬이 아니다. 각자 자신의 몸을 소유한 개체로 살아가지만 그것이 전부는 아니다. 우리는 연결되어 있다. 서점 주인은 그것을 말하고 싶었던 것이다. 비록 사방이 물에 갇힌 섬에 살지만 사람이 찾아오고 그 사람으로 인해 삶이 바뀐다. 결국 삶을 바꾸는 것은 찾아오는 사람에 대한 반응, 사랑이다.

다시 한 번 되뇌어 본다. 우리는 섬이지만, 섬이 아니다.

책의 재발견

사건이 된 독서

왜 책을 읽는지 자신에게 묻는다. 재미있어서 기분 좋아지려고 읽는다. 감동까지 주면 땡큐다. 지식이나 정보는 크게 중요하지 않다. 인문학을 만나면서 달라지긴 했지만 여전히 재미가 1순위다. 어려운 책은 싫다.

왜 책을 읽는지 다시 생각하게 만든 사건이 있다. 『건지 아일랜드 감자껍질파이 클럽』이라는 길고 황당한 제목의 책을 만났다. 미국 작가 메리 앤 섀퍼와 애니 배로스가 지은 『건지 아일랜드 감자껍질파이 클럽』은 읽고 나면 긴 제목조차 사랑스러워진다. 작가가 두 사람인 이유는, 한 작가가 초고를 쓴 후 건강이 나빠져서 조카인 다른 작가에게 마무리를 부탁했고 책이 나오기도 전에 한 작가는 세상을 떴다. 데뷔 소설이 유작이 된 작가로 기록되었다.

점령지의 독서클럽

2차 세계대전 당시 독일군은 영국 본토를 공격하기 위해 건지섬을 5년 동안 점령한다. 전쟁으로 점령당한 건지섬 사람들은 제대로 먹을 수 없었다. 가축도 기를 수 없었고 그저 감자 농사만 허락되었다. 물론 아주 드물게, 몰래 돼지를 키우는 사람도 있었다. 숨어서 돼지구이 파티를 하고 돌아가던 한 무리의 마을 사람들은 독일군의 검문을 받게 된다. 무사했다.

문학모임을 하고 가는 길이라며 급히 둘러댔고 그때 붙인 독서클럽 이름이 바로 책 제목이다. '건지 아일랜드 감자껍질파이 클럽!' 점령지에서 독서클럽 모임이 어떻게 가능했냐고? 독일군은 자신들이 비록 군사적으로 점령했지만 격조 있게 다스린다는 걸 세상에 보여주고 싶어 했고 그런 이유로 독서클럽은 허락되었다.

독일군 사령관에게 잡혀 감옥에 갈 것이 두려워 책을 골라 읽은 회원이 쓴 편지를 보자.

내가 고른 책은 『셰익스피어 선집』이었습니다. 나중에 나는 찰스 디킨스와 윌리엄 워즈워스가 글을 쓸 때, 나같이 무식한 사람을 염두에 두고 있었다는 것을 알게 되었습니다. 하지만 윌리엄 셰익스피어도 그러했다고 믿고 있습니다. 물론 내가 언제나 그의 마음을 처음부터 이해할 수 있는 것은 아닙니다. 하지만 나중에는 이해하게 됐습니다.

내가 가장 감탄하는 구절이 무엇인 줄 아십니까? '밝은 날이 다했으니 이제 어둠을 맞이하리라'는 겁니다.

독일군이 섬에 상륙하던 그날, 비행기가 연달아 군대를 실어 오고, 부두에 도착한 배에서도 군대가 쏟아져 나오는 것을 보고 있을 때, 바로 그 구절을 알고 있었더라면 얼마나 좋았을까요. 그때 내가 생각할 수 있었던 거라고는 '이런 망할 놈들, 이런 망할 놈들'을 되풀이하는 것뿐이었습니다. 만일 '밝은 날이 다했으니 이제 어둠을 맞이하리라'를 떠올릴 수 있었다면, 나는 어떻게든 마음의 위로를 받고 상황에 대처할 준비를 갖추고 있었을 겁니다.

그 엄중한 상황에서 '이런 망할 놈들, 이런 망할 놈들'이 당연한 말일 것이다. 그런데 '밝은 날이 다했으니 이제 어둠을 맞이하리라'라니? 황당하기도 하지만 얼마나 뼈 때리는 품격인가. 같은 상황에서도 어떤 표현을 떠올리느냐에 따라 최악의 상황을 받아들이는 마음이 달라진다. 시가 우리 삶에 필요한 이유다. 이렇게 책은 시의 힘을 알려준다.

여섯 달 후면 돌아갈 거라고 생각했던 독일군은 5년 동안이나 있었고 클럽 회원들은 영양결핍으로 핼쑥해진 상태에서 책과 친구에게 의존한다. '건지 아일랜드 감자껍질파이 클럽' 회원들은 먹을 것이 변변치 않고 자유라고는 없는 삶 속에서, 독서를 통해 사람들과 책으로 나눈 시간으로 새로운 세계를 발견한다.

세상을 보는 새로운 눈

독일군이 오기 전에 아이들을 잉글랜드로 보내는 장면이 있다. 됭케르크에 있던 배가 해협을 건너와서 아이들을 실어 간다. 한 아이는 아픈 엄마를 두고 떠나는데, 그 아이 이야기를 할아버지가 편지로 쓴다. 이 아이는 살아 돌아와 문학회원이 되었다.

아이가 다섯 살 때쯤이었는데, 어선이 들어오는 것을 보기 위해 걸어가고 있었습니다. 길 한복판에 캔버스 천으로 만든 수영 신발 한 짝이 놓여 있었습니다. 아이는 그 신발을 바라보면서 걸어갔습니다. 마침내 아이가 "할아버지, 저 신발은 한 짝뿐이에요"라고 말했습니다. 내가 그렇다고 대답했지요. 그러자 아이는 조금 더 그 신발을 들여다보고 나서 지나갔습니다. 잠시 후 아이는 내게 이렇게 말했습니다. "할아버지, 나는 절대로 저렇게 되지는 않아요." 나는 아이에게 물었습니다. "그게 뭔데?" 그러자 아이는 이렇게 대답했습니다. "마음이 외로운 사람."

신발 한 짝을 보고 '마음이 외로운 사람'을 떠올린 아이의 상상력에 감탄할 수밖에 없다. '이래서 문학회원이 되었군' 하는 생각이 들면서도 부러워진다.

사람 냄새가 나는 곳

이 책은 모두 편지글이다. 한 작가의 글을 읽고 다른 책도 보내달라고 쓴 편지가 매개가 되어 작가는 아예 건지섬을 찾게 된다. 문학모임 회원들을 만나고 취재를 통해 그들과 어울리고 숨은 사연들을 들으며 서로의 만남을 소설로 쓴 책이다. 독일군에 대한 이야기도 편지에 소개된다.

섬을 점령한 독일군은 악당들이었다. 섬 사람들의 표현을 빌리면 '상스러운 놈들'이었다. 노크도 없이 집에 들어와 행패를 부리며 자기들이 우세한 위치에 있다는 걸 즐기기도 했다. 이런 독일군이지만 섬 사람들을 수준 있게, 그러니까, 인간으로 대하기도 했던 모양이다. 그들의 상황을 이해하는 이들이 있었다는 뜻이다.

> 그들 중에는 고향에 있는 가족이 산산조각으로 폭격을 당하고 있다는 걸 알면서도 어쩔 수 없이 여기에 처박혀 있어야 하는 군인들도 있었는데, 그들을 보면 안타까운 마음이 들지 않을 수 없어. 그럴 때면 '누가 먼저 전쟁을 시작했냐' 하는 것은 문제가 안 돼. 어쨌든 나한테는 문제가 안 됐어.

같은 인간이기에 상대의 마음을 짐작할 줄 알았다. 사람 냄새가 나는 세상은 상대방에 대한 이해를 전제로 한다. 그런 세상은 저절로 되는 것이 아니라 서로의 상황을 절실하게 공감할 때 만들어진다.

독일군이 비인간적인 것만은 아니었다. 인간적인 나치도 있었다.

감자를 싣고 군대식당으로 들어가는 트럭 뒤에서 말을 타고 호위하던 군인들이 있었어. 아이들은 감자가 굴러떨어지길 바라면서 차 뒤를 쫓아가곤 했지. 군인들은 무시무시한 모습으로 똑바로 앞을 보고 가면서도, 손가락으로 감자더미를 건드려서 감자가 떨어지곤 했어. 물론 일부러 그런 거야. 오렌지를 싣고 갈 때도 그렇게 했어. 석탄 덩어리를 싣고 갈 때도 그랬고. 연료가 다 떨어졌을 때, 그 석탄 덩어리가 얼마나 소중했던지.

한번은 아들이 폐렴에 걸린 부인이 땔감도 없고 좋은 음식도 먹일 수가 없어 안절부절못하고 있었다. 어느 날 누가 문을 두드려서 열어보니 독일군 병원 간호병사였다. 병사는 집 안은 들여다보지도 않고 유리병에 든 술폰아미드(항균제)를 건네주고는 경례를 했다. 그러고는 무심하게 돌아갔다. 뒤에 안 사실이지만 그 항균제는 부인을 위해 군대 의무실에서 훔친 것이었다.

적군이라고, 나치라고 해서 다 악마인 것은 아니었다는 사실. 어머니에게 들었던 한국전쟁 이야기가 생각난다. 외할아버지와 외삼촌만 피난을 가고 어머니와 이모들, 만삭인 외할머니는 집을 지켰다. 인민군이 들어왔고 사범학교를 졸업하고 막 교사로 나가려던 어머니에게, 인민군은 오르간 연주를 부탁했다. 산모인 외할머니를 극진히 대했고 동네 주민들에게도 굉장히 부드럽고 신사적으로 대했다고 한다. 혹여 피해가 되지 않도록 군인들은 굶어도 주민들의 식량을 빼앗지 못하게 했다고도 한다. 사람들은 결코 모두가, 모든 순간에 다 잔인하지 않다.

전쟁이 사람을 그렇게 만들고 리더의 잘못된 판단이 그렇게 이끌 뿐.

함께 하는 책읽기

소설은 해피엔딩이다. 마음에 든다. 희로애락이 모두 섞여 있는 이야기지만 슬픔보다는 기쁨이 끝인 게 좋다. 전쟁으로 인한 고통과 굶주림, 적군끼리의 사랑이 가져온 비극적인 결말과, 그럼에도 보석처럼 유지되는 휴머니즘, 그 모든 일들을 책읽기와 독서클럽 회원들과의 관계로 극복하고 조화시키는 이야기들은 감동 그 자체다. 왜 책을 읽는지에 대해 다시 발견할 수 있는 기회도 준다. 재미는 물론, 인간 존재에 대해 새로운 시각을 갖게 한다. 힘겨운 세상살이지만 언제 어디서든 마음이 따뜻한 사람들이 있고, 그들로 인해 삶은 살만한 것임을 알려주니까.

　더 중요한 것은 '함께 하는 책읽기'다. 홀로일 때 정말 좋은 놀이였던 책읽기는 한 발 전진한다. 재미와 지식을 넘어 사람의 마음을 얻고 공감할 수 있는 관계망 속으로 뛰어드는 책읽기가 된다. 그래선지, 이후로 읽는 책은 나 혼자만을 생각하지 않게 한다. 작고 큰 독서모임들을 만난다. 함께 책을 읽고 사람들을 만나면서 외로움을 덜 것이다. 책을 통해 나누는 마음은 작은 내 정신과 가슴을 세계만큼 우주만큼 원대하게 만들어줄 것이다. 손에 쥔 것은 별것 아니어도 함께 하는 그들에게서 받아올 수 있다. 당연히 주기도 한다. 든든하다. 두려움이 사라진다. 책의 재발견, 함께 읽는 사람들의 재발견이다.

두 여인의 힘

이상한 시절

참 이상한 시절도 있었다. 선거철만 끝나면 가장이 찍으라는 후보를 찍지 않았다고 아내나 자식이 폭력을 당한 기사가 나던, 수십 년 전 대한민국 사회다.

자신의 신념이나 가치를 자유로이 말하거나 주장할 수 없는 상황은 불행하고 괴롭다.

정치나 이데올로기에 대해 "저는 여자라서 아무것도 몰라요, 홍홍홍" 하며 사는 것이 미덕이었던 엄혹한 삶이 존재했다. 직장에서는 물론, 연애를 해도 정치 관련 이야기는 여자에게 금기가 되던 시절이다. 남자들도 정치든 신념이든 할 말 다 하다가는 형사가 따라붙고, 쥐도 새도 모르게 남산 어딘가로 끌려가던 시절과도 겹친다. 지금은 신념이 달라서 다툴 수는 있을지언정 표현할 수 없는 상황은 많지 않다. 킬러나 조폭들에게 당할지 몰라도 적어도 국가기관에 끌려가거나 두들겨 맞지는 않는다고 믿으며 산다.

"여자의 신념은 여자의 신체만큼 나약한 것"이라고 말하던 교수도 살았다. 체육 담당이던가. 차라리 '몸이 건강하지 않으면 마음도 약해진다'고 하는 게 낫지, 왜 그랬는지는 지금도 이해할 수 없다. 캠퍼스에서 날마다 시위가 있던 때이기도 하다. 문을 나서는 자식에게 절대데모만큼은 하지 말라고 신신당부했던 부모들도 많았다. 한 번만 최루탄 냄새 묻히고 오면 머리를 빡빡 깎아서 집에 앉혀 놓겠다던 아버지 때문에 결국 역사 동아리를 포기했던 후배도 있었다. 여자의 신념은 결혼 전에는 아버지, 결혼 후에는 남편의 신념을 따르는 것이 옳다는 생각도 팽배했다. 백 년 전 조선시대도 아니고 답답해하던 시절 찾아온 책 한 권, 막심 고리키의 『어머니』는 작고 나약한 신념을 제대로들여다볼 수 있는 기회를 주었다.

1985년 도서출판 석탑에서 출판되었다. 표제는 죽남 이종하 선생의 글씨, 표지 그림은 홍성담의 판화 〈어머니〉이다. 지금도 책장에 꽂혀있다. 글자가 작아서 이제는 돋보기 쓰고도 잘 보이지 않지만 내게는 도끼 같은 책이다.

고통으로 동지가 되다

막심 고리키는 가명이다. '최고의 고통'이란 의미의 필명. 19세기 후반부터 20세기 초반까지 러시아의 썩어버린 정치와 막 떠오른 부르주아 계급의 욕망에 희생되던 동족의 삶을 문학으로, 행동으로 밝히고 바꾸려던 작가다. 노동자와 농민의 삶을 바꾸기 위해 얼마나 애썼는지 이름에서도 짐작할 수 있다.

고리키는 1905년 1차 러시아 혁명을 겪고 '피의 일요일'의 민중학살에 대한 항의 격문을 쓰고 투옥되었다. 전 세계 지식인의 항의로 석방되고 미국으로 망명한 상태에서 1907년 이 책을 썼다. 이후 이탈리아에서 살다가 2차 세계대전을 준비하는 파시스트에게 살해되었다고 전해진다. 레닌과 친했고 체호프와 동시대를 호흡했던 그는 하필 '어머니'라는 제목의 책을 통해 한 인간의 심장에 남았다. 어머니의 나약한 부분만 닮았다고 생각한 사람에게 번개처럼 찾아온 책이다.

제목은 '어머니'지만 구성상 아들 파벨이 주인공으로도 보인다. 조선공장에 다니는 노동자인 아들은 어떤 기회를 통해 자신과 세상의 모든 노동자, 농부들을 자유롭게 살 수 있도록 만들 신념을 발견하게 된다. 아버지의 죽음 이후 본격적으로 같은 생각을 가진 사람들과 소통하며 점점 더 신념에 대한 확신과 사랑, 소망을 키운다. 그 과정에서 어떤 사람들보다 더 철저하게 뜻과 행동을 같이하는 동지를 갖게 되었으니, 바로 다름 아닌 그의 어머니, 펠라게야 닐로바다. 고리키는 나약한 한 인간이, 자신이 정의라고 믿는 신념을 향해 어떻게 몸과 마음을 다해 일직선으로 행진하게 되는지를 숨쉬기조차 아까울 정도로 몰입하게 한다. 결국 아들이 민중 앞에 나서서 깃발을 들어 올린다. 새로운 세상을 선동해서 주동자로 투옥되고 유형이 결정된다. 그 과정에서조차 어머니 닐로바는 아들의 동지를 자신의 동지로 만들고, 혈기 방자한 젊은 피들이 가지지 못한 따뜻한 모성애와 천성인 듯한 초인류적 사랑으로 동지들을 돕고 싸운다. 마침내 거리에서 자신만의 목소리로 자연스럽게 선동도 가능한 투사가 된다. 닐로바의 세상을 향한 측은지심은 책의 끝부분, 자신을 때리고 목 조르는 군인들을 향해 말하게 한다. "불쌍한 것들, 가련한 것들⋯." 세상의 어떤 신념이, 자신을 해치는 인간들을 향해 불쌍하고 가련하다고 말할 수 있는지 깊고 낮게 고뇌하게 만든다.

당시 러시아의 정치사와 종교, 경제제도에 대한 비판과 견해가 책 전반에 깔려있지만 그런 것은 일정 부분 무시해도 상관없다. 신념을 향해 나아가며 '자신만이 아니라 세상의 같은 고통받는 노동자와 농민이, 그리고 여성이(내가 넣은 단어다) 모두 동지'라는 대목은 가슴을 후려쳤다. 지금도 무엇을 위해 어떻게 살아야 할지를 다시 생각하게 한다. 실화가 소재인 책인 만큼 기록 같은 느낌도 큰 공감을 주는 힘이다. 현실보다 큰 감동은 없다지 않은가.

순수하고 강한 용기의 맛

시간은 흐르다가 고장도 안 나는지, 30년도 훌쩍 넘어서 비슷한 충격을 주는 책을 만났다. 박서련 작가의 『체공녀 강주룡』이란 책이다. 작가가 처음 쓴 장편소설로, 2018년 한겨레문학상에 빛나는 작품이다. 도끼에 머리 맞는 느낌으로는 두 번째다.

한반도의 1931년으로 거슬러 올라간다. 노래 가사로만 만나던 평양 '을밀대' 지붕에서 평양 고무공장 노동자가 우리나라 최초로 고공농성을 벌이는 사진과 기사가 검색된다. 바로 여성 노동자 강주룡이다. 그 실화를 소재로 한 소설이 『체공녀 강주룡』이다. 간도 사투리와 간명하면서도 힘 있는 문장이 앉은 자리에서 단숨에 읽어 내려가게 만든다. 독립운동을 하겠다는 남편을 따라나서지만 결국 홀몸이 되고 고무공장 노동자가 된다. 태어날 때부터 용감하고 정의로웠을 것 같은 매력적인 인간 강주룡을 무한한 상상력을 더해 알려준 작가에게 감사하고 싶다. 나이 들고 연륜 있는 작가가 아닌 것이 더 놀랍기도 하다.

시가에서 못 배웠다고 구박받을 때 강주룡은 생각한다. '뿌리가 중한가. 저 이완용이는 쌍것의 씨를 타고나서 나라를 팔았다던? 나라에서도 중신 중의 중신이 아니었나. 양반님, 귀족님네나 되어서 나라를 팔았지 않네.'

남편을 여의고 시가와 친정에서 모두 외면받고 도망치다가 고무공장 노동자가 된 강주룡은 '모단 껄(모던 걸)'도 꿈꿔 본다. 고무공장 동료가 그 남편까지 협박하는 공장주 때문에 파업단에서 탈퇴하자 대신 가입하면서 인사말을 한다.

"왜 웃으십네까들? 근로하는 고무직공은 모단 껄 못하란 법이 있습네? 내 일 막 시작하였을 적에 우리 반장이 내 머리채 잡구 두

드러 패면서 그랬습네다. 모단 껄은 학생 아이면 기생이라고. 모단 껄 하려면 저하구 자유연애 한번 하자구. 여직공은 하찮구 모단 껄은 귀한 것이 아이라는 것, 다 같은, 사람이라는 것. 고무공이 모단 껄 꿈 꾸든 말든, 관리자가 그따우로 날 대해서는 아니 되았다는 것."

밑바닥에서부터 순수하고 강한 용기의 맛이 올라온다. 인간을 사랑하고 자신의 운명을 사랑한다는 것이 무엇인지 뜨겁게 다가온다.

강주룡은 세 들어 사는 집 딸 옥이에게서 신식 노래를 알게 된다. 윤심덕의 〈사의 찬미〉다. 얼마나 사랑하면 강물에 몸을 던지나 싶었지만, '자신도 그런 연애 한 번 했으면' 하다가 스스로 마음을 정리하며 말한다. "죽을만치 사모한들, 참말 죽으면 머이가 남네?" 허무하게 병들어 먼저 떠난 남편을 떠올렸기 때문이리라. 사랑도 허상이 아니라 현실이어야 옳다. 고통스럽고 죽을 만큼 지옥 같아도 과거에 살고 미래를 생각하는 사랑보다, 현실에 살며 사랑을 실천해야 진짜다.

강주룡은 고무공장 노동자들 시위 이후 평양 시내를 헤매게 된다. 마지막 남은 돈으로 광목을 끊어 을밀대 지붕에 올라간다. 그의 외침으로 공장주는 임금감하 철회선언을 했고 파업 참여자들은 복직됐지만 본인은 공장으로 다시는 돌아가지 못했다. 조선 최초의 고공농성자, 강주룡. 지금도 심심찮게 들려오는 고공농성 노동자의 소식을 들으며 강주룡을 떠올린다. 근대 초기 여성의 삶을 바탕으로 만든 소설이지만, 시간의 차이를 꿈결처럼 좁히고 지금인 양 읽히는 것도 놀랍다. 시원스럽게 흘러가는 '읽는 쾌감'을 넘어 정신에 찬물을 끼얹는, 영혼의 근육을 쫄깃거리게 하는 '사건'으로 다가온다.

책은 타임머신

책은 분명 지상에 존재하는 타임머신이 맞다. 막심 고리키의 『어머니』와 박서련의 『체공녀 강주룡』에서 도끼칼날을 체험했다. 책 속에 담겨있는 힘 덕분이다. 바로 '사랑'과 '용기'라는 이름의 힘이다.

비록 자식 같은 사람들에게 배우기도 하지만, 어떤 체제든 인간을 사람답게 살게 하는 것은 그 기본이 사랑이라는 것을 아는 어머니 닐로바다. 믿고 실천하며 용기를 내어 스스로의 힘으로 자기 인생의 새 지평을 연 어머니 닐로바다. 사랑이 무엇인지도 모른 채 결혼했지만 남편과의 관계, 독립군과의 관계를 통해 사랑을 알게 되는 강주룡. 개인 강주룡이 사랑하는 사람들은 빨리 사라져갔다. 하지만 그 사랑의 또 다른 얼굴은 자신처럼 힘없고 배고픈 사람들의 공동선, 인간애를 실현하는 일임을 깨닫는다. 강주룡은 목숨도 버릴 각오로 새 사랑을 쟁취하는 데 뛰어든다.

닐로바와 강주룡, 그들이 보여준 힘은 여성과 인간에 대해 가졌던 편견을 내려놓게 한다. 여성이며 동시에 인간이라는 사실에 자부심을 느끼게 해준 고마움은 표현하기 힘들다. 하긴, 작가 자신들만이 썼겠는가. 펜을 들고 앉으면, 컴퓨터 자판 위에 손가락을 얹으면, 어머니 닐로바와 체공녀 강주룡이 찾아왔을 것이다.

1907년과 2017년, 그리고 1985년과 2018년, 그 시간을 오가며 쓰고 읽은 책 두 권은, 한국에서 여성으로 살아가는 인간에게 니체가 말한 도끼가 되어 자꾸 무뎌지려는 영혼의 날을 갈아세우게 한다. 지금도 '두 여성의 힘'은 세상 만인의 정신을 깨워 책과 생각 너머로 안내하고 있으리라 믿는다.

나는 아직도
학생이다

- 민도식 -

지식노동자들은 남들이 다 아는 지식,
가지고 있으나 활용이 되지 않는 자격증으로
배움을 다했다고 여겨서는 안 된다.
미래를 앞둔 우리는 자기만의 배움을 통해 살아가야 하는
평생 학생의 신분이다.

| 참고한 책 |

아르투어 쇼펜하우어, 『문장론』, 김욱 옮김, 지훈, 2005.

『인생론』, 김재혁 옮김, 육문사, 2012.

『세상을 보는 방법』, 권기철 옮김, 동서문화사, 2005.

김형석, 『백년을 살아보니』, 덴스토리, 2016.

왕명, 『나는 학생이다』, 임국웅 옮김, 들녘, 2004.

『능가경 역주』, 박건주 옮김, 운주사, 2011.

린위탕, 『생활의 발견』, 박병진 옮김, 육문사, 2007.

레프 톨스토이, 『인생독본』, 신윤표 옮김, 산수야, 2004.

미셸 드 몽테뉴, 『수상록』, 손우성 옮김, 동서문화사, 2005.

헨리 데이비드 소로, 『시민불복종』, 이현주 옮김, 당그래, 2014.

에리히 프롬, 『불복종에 관하여』, 문국주 옮김, 범우사, 1996.

쇼펜하우어에게
글쓰기를 배우다

열아홉 살의 만남

좋은 글은 수많은 사람에게 감동과 영감을 준다. 생각을 글로 멋지게 표현할 수 있다면 얼마나 좋을까? 작가 수업을 할 때 감명 깊게 읽은 책이 있다. 쇼펜하우어의 『문장론』이다.

우리 시대의 저술가는 세 가지 그룹으로 나눌 수 있다. 첫 번째 그룹에 속하는 사람들은 생각하지 않고 글을 쓴다. 두 번째 그룹에 속하는 사람들은 쓰면서 생각한다. 마지막으로 세 번째 그룹에 속하는 사람들은 책상에 앉기 전에 필요한 모든 사색을 끝마친다. 그들이 남긴 저작은 오래 전에 자신의 머리 속에서 결론을 내린 확고한 신념의 결과이다. 그러나 안타깝게도 그 수는 극히 적다.

내가 쇼펜하우어에 관심을 갖게 된 것은 19살 때다. 대학생활에 적응하지 못했던 시절에 만난 쇼펜하우어의 『인생론』은 욕망과 은둔의 세계에서 가로놓여 방황하고 있던 내게 많은 위로가 되었다. 그 후 읽은 『문장론』, 『세상을 보는 방법』은 왜 쇼펜하우어가 위대한 철학자인지를 제대로 알게 해준 책들이었다.

쇼펜하우어는 헤겔을 중심으로 한 독일 관념론이 맹위를 떨치던 19세기 초반, 이에 맞서 의지의 철학을 주창한 생의 철학자로 유명하다. 유복한 은행사업가의 아들이었던 쇼펜하우어는 상속한 유산을 생활수단으로 삼아 평생 철학과 저술 활동에 전념했다. 작가였던 어머니 요한나와의 불화와 대립은 그가 여성을 혐오하고 멸시하게 된 하나의 원인이었고, 그의 작품 곳곳에 드러난다. 칸트의 인식론과 플라톤의 이데아론, 인도 베단타 철학의 범신론에서 많은 영향을 받은 쇼펜하우어의 사상은 독창적이었으며 니체를 거쳐 생의 철학, 실존철학, 인간학 등에 영향을 미쳤다.

쇼펜하우어의 『문장론』은 독서와 글쓰기, 그리고 사색에 대한 철학적 고찰의 정수를 보여준다. 적확한 표현방식과 비유를 통한 설명은 쇼펜하우어에 빠져들게 한다. 그는 이 책 전반에 걸쳐서 '진정한 사색가', 즉 '스스로 사색하는 자'가 되어야 함을 강조한다. 독서는 스스로 사색하는 자가 되기 위한 과정이며, 글쓰기는 사색의 결과를 언어로 옮긴 것이라고 말한다.

쇼펜하우어가 전하는 '책 읽는 이유'

> 독서는 어디까지나 개인적인 사색의 대용품에 지나지 않는다. 독
> 서는 사상을 유도하는 역할로 충분하다.

이 말처럼 쇼펜하우어에게 독서는 그 자체에 목적이 있는 것이 아니라 독서를 통해 주관적인 깨달음, 즉 사색을 할 수 있어야 한다는 것이다. 오늘날 우리는 하루 종일 정보 홍수에서 숨이 막힐 지경이다. 스마트폰에 대한 집착은 사색할 시간을 허용하지 않는다. 인공지능의 시대를 맞아 사람의 쓰임이 적어지고 있는 지금 150여 년 전 쇼펜하우어가 말한 책을 읽는 가치를 다시금 돌아보게 한다.

그렇다면 스스로 사색하는 자가 되기 위해서 우리는 어떤 책을 읽어야 할까?

"양서를 읽기 위한 조건은 악서를 읽지 않는 데 있다. 바보들이나 좋아할 법한 책들이 더 많이 팔린다는 사실에 주의하여 고전 작품을 선택해 읽는 습관을 반복적으로 연습해야 한다."

쇼펜하우어는 먼저 악서를 가릴 줄 아는 안목이 필요하다는 점을 강조한다. 그에게 악서란 저자의 사상이 모자란 책들이다. 그는 말한다. 악서란 길어야 1년 수명을 지닌 자극적인 반향을 일으키는 출판물들을 말한다. 따라서 사색의 깊이를 위해서는 그리스 로마 시대의 고전과 철학서에 대한 중요성을 강조한다. 아울러 다독의 함정에 빠지는 것도 경계하고 있다.

"다독은 인간의 정신에서 탄력을 빼앗는 일종의 자해다. 압력이 너무 높아도 용수철은 탄력을 잃는다. 독서는 사색의 대용품으로 정신에 재료를 공급할 수는 있어도 우리를 대신해서 저자가 사색해 줄 수 없다는 점을 기억해야 한다. 다독을 피해야 하는 이유가 바로 여기에 있다. 다시 말해 대용품, 즉 독서가 실제적인 사색을 방해할 수도 있다."

좋은 글을 쓰기 위한 세 가지 요소

쇼펜하우어에게 위대한 저술가란 사색을 통한 정신의 결과를 진실하게 쓸 수 있는 사람이다. 즉, 사물의 본질을 밝혀내기 위해 글을 쓰는 사람, 책상에 앉기 전에 필요한 모든 사색을 끝마치는 사람, 가능한 순수하고 명확하게, 간결하고 확실하게 자신의 사상을 표현하고자 노력하는 사람을 말한다. 이는 반드시 '주장해야 할 중대한 사상과 진실한 진리'만을 설파하는 사람으로 자신이 실제 주장할 수 있는 진실만을 글에 담기 때문에 항상 꾸밈없는 간결한 문체와 누구나 읽고 이해할 수 있는 명확한 표현을 구사하는 사람인 것이다.

좋은 글을 쓰기 위해서는 다음 세 가지를 기억할 필요가 있다.

첫째, 사색−깊이 생각하기다.

사색과 습득을 통해 얻은 지식이야말로 진정한 지식이다. 스스로 사색하는 정신은 나침반과 같다고 말한다.

둘째, 글쓰기−자신의 사색을 녹여서 쓰기다.

누구나 쉽게 이해하는 글쓰기처럼 어려운 것은 없다. 간결한 문체와 적확한 표현은 좋은 글쓰기의 첫걸음이다. 엉터리 글쓰기에도 문법, 논리, 수사라는 세 가지 기본 형태가 필요하다.

셋째, 독서—생각하며 읽기다.

올바르게 읽은 책은 독자의 몫으로 남는다. 독서의 진정한 가치는 읽고 생각하는 데 있다. 독서를 위한 독서는 생각하는 힘을 잃게 한다.

　좋은 글을 쓰기 위해서는 깊은 사유를 통해 다른 사람을 설득할 수 있는 사상을 가져야 한다. 그런 사상은 행동을 통해 일상에서 실천될 때 영향력을 가질 수 있다. 실천 과정을 거치지 못한 글은 타인에게 공감을 주기 어려울 뿐만 아니라 초점이 흐린 모호한 글을 쓸 수밖에 없다. 나도 글 쓰는 것이 두려울 때가 많다. 글을 적을 때 가끔 쇼펜하우어의 『문장론』을 들춰본다. 『문장론』은 내가 글을 써도 되는 사람인지를 돌아보게 한다.

　철학자 김형석 교수님의 『백년을 살아보니』를 읽으며 용기를 얻는다. '철학자 삼총사인 김태길 교수, 안병욱 교수와 자신의 가장 좋은 글이 65~75세에 완성되었다'는 내용이다.

　조급해야 할 이유가 없다. 밤이 깊으면 새벽이 밝아오듯, 새로운 지평이 열리면 그때 비로소 사람들의 고민에 위로가 되고 공감할 수 있는 글을 펼쳐도 좋으리라.

나는 아직도
학생이다

견월망지見月望指

"앞으로 미래를 위해서는 자기 수입의 10%를 재테크가 아닌 인테크 (人tech)에 투자해야 합니다."

대학 졸업 후 신입사원 교육 때 강사가 던진 이 말 한마디는 내게 큰 울림을 주었다. 오랜 시간을 지식노동자로 살아야 할 내가 견월망지 라는 굴레에 갇히는 계기도 되었다.

그날 이후 스승도 없이, 토론할 동료도 없이 마음이 가는 대로 무작 정 읽기 위한 여정이 시작되었다. 하지만 읽어도 깊이 있는 이해가 되 지 않았고 손에 잡히는 지식도 빈약했다. 견월망지見月望指란 대승불교 경전 『능가경楞伽經』에 나오는 말인데, '달을 가리키는 손가락을 보지 말고 손가락 끝이 가리키는 달을 보라'는 뜻이다. 현상이 아니라 본질을 꿰뚫어 보라는 의미를 담고 있다. 그러다 만난 책이 중국의 대문호 왕멍(王蒙)이 지은 『나는 학생이다』라는 책이었다.

> 인생에서 가장 중요한 것은 무엇인가? 하나는 '생존'이요, 다른 하나는 '배움'이다. 삶에 대한 걱정이 없는 인생은 인생이라 말할 수 없다. … 그러나 생존이라는 것은 단순히 산다는 의미가 아니다. 당신이 어떠한 일을 하느냐가 생존의 가치를 결정하기 때문이다. 이때 가장 중요한 것이 배움이다.

이 구절을 읽는데 정신이 번쩍 들었다. 막연한 두려움 때문에 미래를 위한 인테크를 하는 것이 아니라, 내가 살아가는 진정한 실존을 위해 배워야 한다는 새로운 관점을 깨닫는 순간이었다.

고난을 견뎌내는 힘, 배움

왕멍은 14세에 중국 공산당에 입당했으며 청년작가로 승승장구하던 중에 필화사건으로 16년간 신장 위구르에서 유배 생활을 했다. 1979년에 복권하여 작가협회를 종횡하며 문화부 장관, 부주석 자리까지 역임하는 등 극단의 영욕을 몸으로 겪었다. 100편이 넘는 중·단편을 비롯하여 수필, 시, 평론, 르포 등을 발표한 전설적인 작가이기도 하다.

시대적 굴곡을 겪었던 왕멍은 무려 4년에 걸친 깊은 생각 끝에 '자신의 인생에서 가장 중요한 것은 무엇이었는지'를 우리에게 들려준다. 우리는 이 책에서 생활과 학문과 역경, 노년과 교우, 초탈 같은 인생의 모든 면에 대한 하나의 경지를 만날 수 있다.

그는 16년간 유배되는 위기 속에서 어떻게 자살하거나 미치지 않고 견뎌냐는 질문에 그 어려운 시절을 견뎌낸 힘은 '배움을 통해 인생에 통달하고 향유하는 것'이 핵심이었다고 말한다. 자신의 정체성이 '학생'이라고 말이다.

왕멍이 말하는 배움은 반드시 책에서 배우는 것만을 뜻하지는 않는다. 우리는 언제나 새로운 문제에 부딪히고 백 점 답안은 영원히 없는 것이기에, 끊임없이 배워야 하는 '학생' 신분에 처한 지식근로자라는 것이다. 인생을 살아가는 동안 만나게 될 모순과 함정, 그 안에서 어떻게 자신의 해답을 구할 것인지에 대해 지혜로운 대답을 들려주는 책이다. 일견 엄숙하면서도 한없이 낙관적인 인생관이 마음을 울린다.

> 인생의 돛단배를 몰고 한바탕 즐거운 항해를 떠나라. 당신의 항해를 더욱더 맑고 즐겁게 하라. 지혜와 광명, 명랑한 지혜와 지혜의 명랑함이 당신의 삶에 영원토록 함께 하게 하라. 그런데 과연 지혜와 광명이 우매함과 어둠을 영원히 뿌리치는 것이 가능한 일일까? 이것이 바로 내가 이 책에서 논하고자 하는 바이다.

왕멍이 삶에서 가장 경계한 것은 용속庸俗이다. 용속이란 아무런 도전과 이상과 모험이 없는, 사고와 일탈마저도 없는 '죽은 물고기의 눈처럼 무미건조한' 삶을 말한다. 용속을 벗어나기 위해 우리는 무엇을 할 수 있을까? 왕명이 이야기한 것은 취미, 자연, 예술, 창작이지만 그 본질을 꿰뚫는 것은 '학습'이라고 할 수 있다.

> 학습은 나의 뼈〈구조〉이며 나의 살〈재료〉이다. 학습은 나의 정신
> 이며, 추구이며, 사명이며, 분투이다. 학습은 나의 쾌락이며, 게임
> 이며 지적 체조이다. 학습은 나의 기둥이자 영원히 차지할 수 없
> 는 교두보이다. 학습은 나에게 불패의 자리를 지키게 해주는 든든
> 한 원군이다.

감성이 경쟁력이다

우리는 배움의 효용에만 익숙해진 시대를 살고 있다. 그래서 당장 활용이 되는 자격증이나 실력을 높일 수 있는 책에 관심이 가게 된다. 하지만 그런 책들은 설탕과 초콜릿과 같이 당장 피로를 풀어줄 수 있을지는 모르지만, 근본적인 질문을 하지는 않는다.

많은 이들이 학교를 졸업하는 순간부터 배움의 길을 버리고 직장인의 삶을 열심히 살아가는 것을 보면, 배움에 대한 종합적인 인식이 부족하다는 생각도 든다. 그런데 이 시대는 주 40시간 근무가 일상의 패턴이 되고 다양한 근무 제도가 도입되고 있으며, 4차 산업혁명이라고 무인자동차, 인공지능이 대세가 되어 노동하는 인간을 강제로 퇴출할 태세다.

여러 가지 여건으로 남는 시간이 많아진 우리는 어떻게 시간을 보내야 할까? 골프, 낚시, 등산을 하고, 삼삼오오 모여 커피를 마시는 것으로 그 많은 시간을 보낼 수는 없다. 그리고 국가나 공공단체가 많은 개인의 요구를 들어주기도 어렵다. 결국 스스로 자신의 인생에 맞는 방법들을 오롯이 만들어야 한다.

태어나서 지금까지 할 수 있는 일이 공부인 사람은 뭘 가지고 생존을 책임져야 하는가? 결국 기계가 할 수 없는 인간적인 감성을 가지고 승부할 수밖에 없다. 감성은 기계가 흉내 낼 수 없는 인간이 지닌 고유한 특성이다. 소통을 위해서는 맥락이 필요하다. 맥락은 이야기와 사실, 수사학과 과학이 서로 뒤얽혀 발휘되는 인간만의 앞선 영역이다. 인간은 감성의 교류를 통해서만 실존을 확인받을 수 있는 존재다. 일본의 로봇 호텔이 최근에 로봇을 구조조정하고 다시 사람을 배치한 사례를 보면 그 사실을 알 수 있다. 이는 어떤 기계적 발전도 인간이 내밀하게 요구하는 감성 터치를 하기는 어렵다는 사실을 보여준다.

인간 내면의 감성을 자극하고 감정과 정서를 어루만지며, 기계가 감히 넘볼 수 없는 인간 고유의 상상력과 창의성이 발휘되는 직업들은 시대를 관통해 살아남을 것이다. 인간의 오랜 역사가 증명하듯이 우뇌의 창조성은 항상 좌뇌의 예상을 뛰어넘었기 때문이다.

배움에 대한 새로운 관점

감성을 높이고 창조성을 발휘하는 방법 중에 가장 중요한 것이 배움일 것이다. 하지만 지금까지의 배움이 기존의 지식을 외워 뱉어내는 훈고訓詁의 성격이었다면, 이제는 기존 지식에서 새로운 창의와 결합하는 새로운 것을 내놓아야 한다. 새로움(initiative)만이 새로운 세상을 여는 열쇠가 된다. 이것이 과거의 배움과 지금의 배움을 새로운 관점으로 받아들이고 실천해야 할 이유다.

이제 지식노동자들은 남들이 다 아는 지식, 가지고 있으나 활용이 되지 않는 자격증, 이수는 했으나 별 쓸모가 없는 졸업장으로 배움을 다했다고 여겨서는 안 된다. 미래를 앞둔 우리는 자기만의 배움을 통해 살아가야 하는 평생 학생의 신분이다.

이것이 아직도 내가 책을 읽는 이유다.

흔들리는 삶에서
빛을 줍다

어떻게 사는 것이 나다운 것인가

"동양과 서양의 성공방식 중 어떤 방식을 따라야 하나요?"

사람들에게 자주 받게 되는 질문이다. 서양의 성공은 물질적 성취에 가깝고, 동양의 성공은 정신적 여유에 가깝다.

대한민국은 가장 짧은 기간에 서양의 자본주의와 성공방식을 받아들여 꽃을 피운 나라다. 하지만 이 때문에 정체성의 혼란을 겪는다. 조상에게 물려받은 DNA는 공존을 위한 협력이 자연스럽건만, 사회의 주류 패러다임은 개인주의 중심의 경쟁과 성공이기 때문이다.

나 또한 오랜 시간 동서양의 문화충돌로 고통스러웠다. 서양의 성공방식을 맹목적으로 따르기엔 마음이 동하지 않고, 그렇다고 현실을 외면한 채 살아가는 것도 꺼림칙하긴 마찬가지였다. '어떤 생각과 자세로 사는 것이 나다운 것인가?'에 대한 답을 찾기 위해 배움의 길에 들어섰다. 그렇게 살다 보니 정작 나를 위한 삶은 잃어버렸음을 느꼈다. 삶의 지혜가 절실해진 시절 만난 책이 린위탕(林語堂)의 『생활의 발견』이다.

> 결국 인생의 예지란 필요 없는 것을 배제하는 데 있으며, 갖가지 철학 문제를 다음과 같은 몇 가지로 줄여버리는 것이다. 즉 가정의 즐거움, 생활의 즐거움, 인류 문화에 접촉하는 즐거움을 단순화하고, 다른 일체의 빗나간 과학적 훈련이나 무익한 지식 추구를 몰아내 버리는 것이다. … 삶의 목적은 어떤 형이상학적 실체가 아니라, 정녕 인생 그 자체인 것이다.

『생활의 발견』(원제는 Importance of Living)은 중국이 낳은 세계적인 석학 린위탕이 에세이 형식으로 쓴 생활 철학서다. 인생의 가장 근본적이고 가장 불가피한 문제, 즉 '한 번 주어진 인생을 어떻게 살아야 값진 삶이 되는가?' 하는 문제에 대한 답을 현실을 떠나지 않은 범주에서 이야기하고 있는 책이다. 이 책에는 많은 단편이 담겨있으며, 편한 문체를 사용하여 글을 기술했는데, 인생의 여러 측면을 동양적 사고에 기초해 서양적 사고를 비판하는 내용으로 정리하고 있다.

서세동점을 온몸으로 겪은 지식인의 외침

19세기와 20세기 중반은 중국인들에게 치욕적인 시간이었다. 서세동점西勢東漸으로 인해 중국인의 자존심은 바닥으로 떨어졌다. 그 시대를 온몸으로 맞으며 살았던 지식인 린위탕에게 현실은 큰 상처이자 극복해야 할 삶의 현장이었다. 좌절한 중국인의 생각을 고양하고, 서구 사회에서 잘못 해석하고 있는 중국을 알리기 위한 린위탕의 지식인으로서 사명이 이 책에 오롯이 담겨있다.

린위탕은 30년 넘게 미국에서 살았지만, 미국 국적을 취득하지 않고 집도 사지 않았다. "많은 사람이 내게 미국 국적을 취득하라 권했지만, 이곳은 내가 뿌리를 내릴 곳이 아니기 때문에 지금까지 집을 사지 않고 월세를 내며 살았다"면서 미국과 싱가포르, 홍콩, 대만 등에서 선조들의 위대함을 말하고자 평생을 유랑자처럼 살았다.

그는 맹목적인 국수주의에서 탈피해, 세계주의 즉 어느 민족에게나 공통된 보편적인 삶의 가치를 추구한다. 미래보다는 현실에 중점을 두는 그의 인생철학은 서정적이며 정통적인 것에 바탕을 두고 있다. 『생활의 발견』 전체를 통해 린위탕이 주장하고자 하는 바는 두 가지였다. 동양과 서양의 문화를 의식구조·관념·생활철학 등을 대비시켜 나가면서 그 장단점을 지적했고, 서구인들에게 아니 우리 모두에게 옛 중국 성현들의 삶의 지혜를 알려주고자 했다.

한적함과 중용의 지혜

린위탕은 가장 이상적인 삶의 방법을 중국의 옛 현인들의 생활신조였던 한적閑寂 생활과 중용의 길(中庸之道)에서 찾고 있다. 최근 우리 사회에 불고 있는 삶의 다양성과도 연관된다. 동양과 서양의 방식들이 공작새의 날개처럼 자기 것이 옳다고 뽐낼 때 자기다운 삶을 갖추기 위해서는 타자와 세상의 목소리에 귀 기울이면서도 된장처럼 숙성된 자기만의 삶의 방식이 필요하다는 것이다. 『생활의 발견』뿐만 아니라 톨스토이의 『인생독본』과 몽테뉴 『수상록』도 이상적인 삶의 방법에 대해 이야기하고 있다.

> 인간이 누릴 수 있는 행복은 모두 생물학적인 행복이다. 나에게 있어서는 행복이란 주로 소화가 잘 되느냐 여부에 달려있는 문제다. 내장만 제대로 움직이고 있으면 행복한 것이다. 움직이고 있지 않으면 불행하다. 문제는 다만 이것뿐인 것이다.

린위탕은 행복이라는 것에 대해 말할 때, 서양철학에서 말하는 추상적인 정신 중심의 행복론에 빠져들지 않도록 해야 한다고 당부한다. 그런 관점은 오감에 대한 감각적인 욕구를 하찮게 보게 되는 오류를 범할 뿐 아니라 하루를 폄하하게 된다는 것이다.

> 문명이란 거의 먹을 것을 찾는 일에 불과하며, 또 진보란 먹을 것 획득의 어려움이 점점 심해지는 일이다. 먹을 것을 얻는 일이 이토

록 어렵게 되어있지 않다면, 인간이 지금처럼 부지런히 일할 이유
는 절대로 없을 것이다.

이 책을 읽노라면 사는 것에 대해 새로운 지평이 열린다. 행복, 한적
한 생활의 가치, 가정의 소중함, 현재의 중요성 그리고 사물을 생각하
는 인간적인 사고방식을 돌아보게 된다. 린위탕은 동양적 전통사상의
가치로 현대인의 생활방식에 대해 새로운 방식을 제시하고 있다.
그는 미국의 세 가지 악덕을 말한다. 능률의 숭상, 정확성의 추구,
성공에 대한 욕망이 그것이다. 이것들은 자본주의국가를 점점 신경질
과 불행 속으로 몰아넣는 주범이다. 그 속에서 인간은 과학과 기계문
명의 창조자가 아니라 피해자가 될지도 모른다고 예견했다. 그렇다면
린위탕이 이 책을 쓴 지 70여 년이 흐른 지금, 그가 고민한 것들은 해
결이 되었는가? 지금 우리는 그의 예측이 현실로 드러난 시대를 산다.

상대적 빈곤을 이겨내는 길

이해 없는 지식, 감상이 없는 비판, 사랑이 없는 아름다움, 정이
없는 진실, 자비 없는 정의, 온정 없는 의례가 판을 치는 이 세상
은 얼마나 비참한 세상인가?

날이 갈수록 물질적으로 풍요롭지만 정신적으로 빈곤해지고 있다.

게다가 플랫폼화 된 세상은 보고 싶지 않은 세계의 모습까지 내 삶에 끌어들인다. 우리는 온전한 하루와 균형 잡힌 삶을 위해서 상대적 빈곤을 대수롭지 않게 여기는 삶의 태도에 관심을 가져야 한다. 이것은 곧 나아감과 물러남의 조화, 세상이 원하는 삶과 내가 원하는 삶의 균형, 서구의 방식과 동양의 방식의 하모니와 관련된 것이다.

> 자연계의 모든 생물은 빈둥빈둥 놀고 있는데, 인간만이 일하고 있다. 왜냐하면 문명의 진보에 따라서 의무나 책임·공포·구속·야심에 사로잡혀 인생이 어처구니없이 복잡해져 가기 때문이다. 그러나 이것들은 자연적으로 발생한 게 아니라, 인간의 사회생활에서 빚어진 것이다.

자본주의의 폐해가 가중되고 있다. 이럴 때 동양철학의 소박함과 은둔의 미, 중용 사상은 어둠을 걷어내는 새벽빛처럼 우리 곁을 지켜주는 희망이자 위로다. 왜 사는지 이유를 모를 때 이 책은 옛 친구처럼 읽는 이의 마음을 다독거리는 영혼의 쉼터와 같은 역할을 해준다.

지금 인생의 좌표를 잃고 방황하는 사람에게 린위탕은 책 곳곳에서 누구나 '자기다운 철학으로 오늘 하루 만족스러운 삶을 살 수 있다'며 따뜻한 위로를 건넨다. 아쉬운 것은 서양문명과 동양문명의 충돌로 세대 간의 갈등이 심한 지금, 한국인 중에도 린위탕 같은 인물이 많이 나와서 대화합의 해법과 미래를 통찰할 수 있는 지혜를 나눠주면 좋겠다.

민주주의를 넘어서

소로가 우리 삶으로 다가오는 시간

모든 투표는 장기나 주사위 놀이 같은 일종의 도박이되, 도덕적
색채를 약간 가미했을 뿐이다. … 선에 대한 의무가 이익을 추구해
야 할 의무를 능가하는 법은 없다. 정의를 위해 투표했다고는 하지
만, 결과적으로는 아무것도 하지 않은 것과 다름없다. 투표는 그
저 정의의 승리에 대한 개인적 열망을 무기력하게 표현하는 행위
에 지나지 않는다.

소로는 자신의 저서 『시민불복종』에서 이렇게 말했다. 우리는 의회
민주주의 제도가 최선의 것인 양 익숙하게 살아간다. 해방과 더불어

강제 이식된 자본주의와 의회민주주의의 한계를 지적하는 목소리가 높다. '1%의 탐욕을 99%가 막자', '정치권에서 돈을 몰아내자'라는 운동은 이와 무관하지 않다. 먹고살기 힘들다는 사람들의 외침은 초라하게 거리로 부서진다. 국민이 주인이어야 할 의회민주주의에서 국민이 원하는 방식의 삶이 사라진 지 오래다.

누구의 책임인가? 새로운 방식을 고민하고 대안을 마련할 때가 되었지만 아무도 불을 끄려고 나서지 않는다. 그사이 인간답게 살 수 있는 여건들은 갈수록 줄어들고 있다. 유의미한 변화를 위해 세상 곳곳에서 노력하는 사람들이 있지만 세상의 변화를 이끌기엔 미약할 뿐이다.

두 가지 삶

> 불의가 타인에게 또 다른 불의를 행하도록 요구한다면, 그 법은
> 지키지 말아야 한다. 그런 경우에는 스스로 그에 반대되는 행동
> 을 취해 조직의 움직임에 제동을 걸어라. 어떤 경우에도 스스로
> 비난해 마지않는 악을 지지하는 짓은 하지 말아야 한다.

사람들은 근본적인 시스템 변화에 도전하기보다는 시스템을 당연시하면서 두 가지 선택 사이에서 방황한다. 하나는 시대 상황을 긍정적으로 받아들인 채 성공을 위한 행동 중심의 삶을 사는 것이다. 경쟁과 도전을 목표로 꿈을 향한 끝없는 질주를 칭송하는 삶의 자세를 취

하는 것이다. 성공하지 못함을 온전히 개인의 노력 탓이라고 결론 내리는 태도다. 다른 하나는 현상에서 한 발 물러서 노장사상을 삶에 적용하거나 스콧 니어링 부부의 삶을 모델로 사는 것이다. 세상의 주류에 휩쓸리기보다는 자기만의 기준으로 삶을 있는 그대로 받아들이며 사는 방식일 테다. 다른 사람의 성공을 인정하면서도 부러워하지는 않는 태도다.

우리는 이 두 가지를 조화롭게 실천한 삶을 소로에서 발견할 수 있다.

민주주의를 넘어서

의회민주주의에서 국민은 선거제도를 통해 자신의 의사를 대변할 대표를 선출하고, 생업에 바쁜 자신을 대신해서 그들이 나의 요구를 실행해 주기를 기대한다. 하지만 돌이켜보면 제도는 언제나 권리를 위임한 대중을 이용해 왔다. 그런데도 우리는 정부에서 부과하는 세금을 충실히 내고, 그 체제 내에서 희망을 꿈꾸고 살아간다.

의회민주주의는 한계에 달했다. 현재와 미래에 희망을 줄 수 없는 제도가 낡은 유물처럼 시대를 속박하고 있다. 하지만 대중은 자본주의의 포로가 된 채 위험천만한 얼음 위를 걸으면서도, 당장 얼음이 깨져 물에 빠지지 않으면 다행이라 여기는 듯하다. 누군가 나서서 문제를 해결해 줄 것이라며 부질없는 기대를 품을 뿐이다.

제도를 바꿀 수 있는 행동, 불복종

지금은 자본주의 이후 시스템이 필요한 때이다. 그래서 『시민불복종』
이 우리에게 던지는 메시지가 더 깊게 다가온다.

> 법률은 도둑과 살인자는 단단히 옭아매는 반면에, 법률 그 자체
> 는 자유롭게 풀어놓는다는 점을 잊지 말아야 한다. 국가가 바라
> 지도 않는 보살핌의 대가로 세금을 내라고 했을 때, 나는 세금을
> 내지 않았다. 그러자 국가는 억지로 빼앗아갔다. 그리고 국가에서
> 널리 알려진 대로 힘써 자유를 말하자 나를 가두었다.

소로는 왜 불복종 행위를 했을까? 자신이 내는 세금이 노예제를 유
지하거나 전쟁을 벌이는 데 사용된다고 믿었기 때문이다. 이는 타인
에게 불의를 행하는 결과를 초래하기 때문이었다. 그의 불복종의 대
상은 불의에 참여하도록 요구하는 일체의 법과 정책이었다.

쪽지 예산에 대한 국민의 불만이 하늘을 찌르지만, 수십 년이 지난
지금까지 어느 것 하나 바뀐 것은 없다. 녹색성장을 위한 이상적 방향
은 효율 없는 태양광 사업으로 향했고, 자연과 도시 미관을 해치는 애
물단지로 남았다. 하지만 아무도 책임지는 사람이 없고, 책임을 묻는
시민도 거의 없다.

서양의 자본주의가 수많은 시행착오를 거쳐 현재에 이르렀고 민주
주의는 시민들이 오랜 세월 투쟁해서 얻은 것이라면, 우리에게 주어
진 자본주의와 의회민주주의는 그냥 강제 이식된 것임을 사람들은 애

써 외면한다. 이런 측면에서 소로가 전하는 시민불복종은 지금 우리 시대에 유효한 외침이 된다. 선거철에 한 표 던진 것으로 민주주의가 완성되어 대접을 받을 수는 없다. 결국 내가 나서지 않으면 사회시스템은 망가지는 것이다.

불복종이 주는 메시지

> 인류 역사는 불복종 행위에서 시작되었으며, 이제 복종의 행위로 인해 종말을 맞이하게 될 것이다. 역사상 이 시점에서 회의하고 비판하고 불복종하는 능력이야말로 인류 문명의 종말을 막을 수 있는 모든 것이리라.
>
> _ 에리히 프롬, 『불복종에 관하여』

　인류는 아담과 하와가 선악과를 따 먹음으로써 불복종의 역사를 열었다. 하지만 시민을 위한 조직인 국가는 무소불위의 권력이 되었고, 시민은 국가권력 앞에 복종하는 것이 습관화되었다. 더 나은 세상을 위해서는 시민들이 회의하고 비판하는 행동을 회복해야 함을 에리히 프롬은 충고하고 있는 것이다.
　이제 모든 시민은 준엄하게 감시자로 나서야 한다. 제도가 불합리하다면 힘을 모아 제도를 바꾸기 위한 불복종도 해야 하며, 더 나은 방법들도 연구해야 한다. 특단적인 시민행동에 나서지 않는다면, 인기투

표 하듯 국회의원을 뽑고 정당을 바꾸는 것은 히틀러의 권한을 후세인에게 전해주는 것과 크게 다르지 않다.

같은 역사를 반복하지 않기 위해 해야 할 일은 무엇인가? 이것이 우리가 소로의 불복종에서 배워야 할 행동의 메시지다.

인생은
해석이다

- 박소현 -

누구나 각자의 삶을 산다.
상황은 같아도 삶은 다르다.
상황에 대한 해석이 다르기 때문이다.
책을 읽어도 느낌이 다른 것은 해석이 다르기 때문이다.
내 글은 해석의 기록이다.

| **참고한 책** |

슈테판 볼만, 『책 읽는 여자는 위험하다』, 조이한·김정근 옮김, 웅진지식하우스, 2006.
서머싯 몸, 『인생의 베일』, 황소연 옮김, 민음사, 2007.
노자, 『도덕경』, 오강남 풀이, 현암사, 1995.
오쿠다 히데오, 『공중그네』, 이영미 옮김, 은행나무, 2005.

습관은 그곳에
하루 한 번 갖다 놓는다

무도회 이후

> 독서는 은밀하게 나 홀로 즐길 수 있는 고립의 시간을 준다.
> 책은 나를 빨아들이고, 마음의 먹구름을 지워준다.
>
> _ 미셸 드 몽테뉴

    라몬 카사스가 그린 〈무도회 이후〉로 들어가보자. 그림 속 여인은 그저 숨 쉴 공간이 필요하다. 무도회를 즐긴 뒤 지쳐서 잠시 소파에서 쉬는 것인지, 술기운에 몸을 가누지 못하는 것인지. 그녀의 손에는 읽다 만 책이 들려있다. 그녀는 '그들' 속에 있다가 다시 자기 자신에게로 가고, 다시 '그들' 속으로 가는 긴장감 속에서 살고 있다.

책은 세상 안의 보다 훌륭한 세상이다. 긴 잠에 들 때 나는 책을
베개 삼아 누울 것이다.

_ 알렉산더 스미스

〈무도회 이후〉 속 여인의 모습은 지금 내 모습과 다르지 않다. 관계
속에 사는 우리는 '그들' 속에 어울리다 문득 타인의 시선이 지옥 같다
는 것을 깨닫는다. 그럴 때면 '그것'으로부터 물러나 삶을 감지하는 시
간을 갖지 않을 수 없다. 물론 그것은 독서다. 독서는 피곤한 몸에 강
한 정신력과 의지를 돌려주는 치료제 같다. 영양제 이상의 에너지원
이다. 이렇게 회복 탄력성 지수를 높여 마음의 복원력까지 얻은 나는
다시 '그들' 속에 섞인다.

삶의 속도는 기술의 발전과 더불어 점점 빨라졌지만, 그럴수록 책은
여전히 내 주변에서 서성거린다. 말을 걸어주기를 기다리는 낯선 사
람처럼 버텨 선다. 세상의 번잡함에서 벗어나 책이 주는 작은 행복과
안락에 마음을 뺏기던 순간의 쾌락을 찾아, 습관처럼 그 방자한 자세
로 하루 한 번 나를 갖다 놓는다.

책 읽는 여자는 위험하다

'여자는 책을 읽는 남자를 사랑한다. 반면 남자는 책 읽는 여자를 좋아
하지 않는다', '책 읽는 여자는 위험하다'라고까지 말한다. 남자들에게
책 읽는 여자는 까다로울 수 있기 때문이다. '왜?'라고 묻는 존재는 부

담스럽고 거북할 수도 있다.

여자에게는 영혼을 살찌우는 성서와 기도서를 보는 것 외에 순수한 즐거움을 위해서 책을 읽는 것이 허용되지 않았다. 독서란 지적 능력을 지닌 특정한 남자의 영역이라는 생각이 오랫동안 서구를 지배했다. 여자와 교양이 없는 대중은 계몽의 주체가 아니라 계몽의 대상에 불과했다. 그 똑똑한 아리스토텔레스조차 여자를 이성적 능력이 떨어지는, 남자에 의해 통제되어야 하는 대상으로 인식했다.

남자는 여자에게서 핵심을 꿰뚫어 보는 능력을 원하지 않았다. 그 때문에 18세기까지 여전히 많은 소설의 표지에 실과 바늘이 끼워져 있었다. 여자의 본분은 책을 읽는 것이 아니라 가정의 질서를 유지하고 남자를 보조하는 것이었다.

책을 읽는 여자는 삶의 중요한 질문에 대한 답을 찾고 근거를 묻는다. 근거를 묻는 행위는 단단하게 맞물린 세상의 규칙을 파괴한다고 그들은 생각했다. 여자에게 책은 잠재된 위험이며, 가장의 의무를 지닌 남자는 그런 위험을 감지하고 예방해야만 했다.

> 진짜 위험한 책읽기는 전에 하던 일을 하지 않게 되는 것, 전에 하
> 지 않던 일을 하게 되는 것을 포함한다.
>
> _ 슈테판 볼만

책은 여성들에게 현실의 굴레를 벗어던지고 무한한 가능성의 세계를 갈망하게 만든다. '왜?'라고 물으며 현실에 반기를 들고 자기 길을

찾아 나서게 한다. 그래서 책 읽는 여자는 위험한 것이다.

책과 나 사이에 당신이 들어올 자리는 없다

> 우리는 편도 마차 승차권으로 한 번 여행이 끝나고 나면 다시는 삶이라는 마차에 오를 수 없다. 그렇지만 만약 당신이 책을 한 권 들고 있다면 그 책이 아무리 이해하기 어렵고 복잡하더라도 당신은 그 책을 다 읽은 뒤에 언제든지 처음으로 되돌아가 다시 읽음으로써 어려운 부분을 이해하고 그것을 무기로 인생을 이해하게 된다.

오르한 파묵은 『하얀 성』에서 책이 인간에게 엄청난 무기라고 말한다. 나약한 인간에게 책은 세상을 이해하고 자신의 길을 가게 하는 강력한 무기임을 부인할 수 없다. 우리가 책에 빠져드는 것은 그 무기가 너무도 매혹적이기 때문이리라.

피터르 얀센스 엘링아가 그린 〈책 읽는 여인〉은 어깨 너머로 펼쳐진 책을 들여다보고 싶은 욕망을 만들어낸다. 자신을 지켜보는 것도 모른 채 독서에 몰두하는 하녀의 모습은 멈춰버린 시간 속에서 고요한 햇살을 받으며 자신만의 세계를 탐독하는 매력적인 독서가의 일상을 보여준다. 우연히 여주인 방을 청소하다 들춰본 책, 그때부터 그녀의 위험한 책읽기는 시작되었으리라. 그녀는 중독 같은 독서에 다시 빠져들기 위해서 여주인이 집을 비운 시간을 이용하고 있다. 가사노동 의무를 수행하는 대신 자신만의 쾌락에 눈을 맡긴다.

그림 속 하녀의 모습은 우리의 모습과도 오버랩된다. 책에 사로잡혀 집안일도 팽개치고 자신의 세계에서 시간을 보내는 우리. 책을 읽느라 시간과 공간을 잊은 적이 있는 사람들은 모두 그림 속 하녀와 다르지 않다. 빨리 여주인의 책을 읽고 싶은 열렬한 욕구를 품고 있었던 하녀는 여주인의 신발일지도 모르는 널브러진 구두에 걸려 비틀거렸을지도 모른다. 가능한 한 여주인이 늦게 돌아오기를 바라면서.

나는 읽는다, 고로 존재한다

> 책을 읽는 것은 실존의 몸짓이고, 곧 닥칠 죽음을 앞에 두고도 여전히 지속되는 행위다. 이는 곧 단순한 자극이나 시간 보내기가 아니라, 자체 내에 진리를 담고 있는 행위인 것이다.
>
> _ 슈테판 볼만

안드레 케르테스가 찍은 사진 〈본 지방의 병원〉을 보면 주름 잡힌 흰 커튼 사이로 할머니가 침대 위에 앉아있다. 몸을 작게 웅크리고 침대에 앉아서 책을 보는 할머니의 모습은 연극 속 한 장면처럼 주변 세계와 격리된 것 같다. 무언의 의식 속에서 책을 읽다가, 손안에 든 책의 한 줄기 빛도 꺼지면서 영원히 커튼이 닫혀버릴 것 같은 느낌도 든다.

조만간 죽음을 맞게 될 자신의 침대 위에 앉아 기도하는 것도, 반항하는 것도 아니고, 책을 읽고 있다. 실존의 최상위에서 펼쳐지는 행위는 사유임을 보여주려는 듯이….

읽지 않으면 존재하지 않는 것 같은 사람들이 있다. 중독자들이고 미친 사람들이다. 그림 속 할머니와 다르지 않다. 이것은 누구의 의지도 아닌 평소에 하루 한 번 그곳에 갖다 놓은 습관임이 분명하다.

"죽으면 끝일 수도 있고, 아닐 수도 있어요. 하지만 삶이 이렇게 고귀하고 소중한데, 죽음도 고귀하고 소중하지 않겠어요. 숨 쉬는 동안은 내가 보고 싶은 책을 볼 거예요." 할머니는 이렇게 대답할 듯하다. 덕분에 용기를 얻는다. 나의 읽기가 어리석음과 시간 낭비가 아님을 확신한다.

독서는 어떤 의미인가

인생의 어떤 시점들에는 구멍이 있다. 그것을 채워야 하는 것이 인간의 숙명이고 독서는 그것을 가능하게 하는 탐색이다. 알고자 하는 욕망은 나를 인간이게 하는 근거이고 들고 있는 책은 앞으로 나아가려는 의지의 산물이다. 하루가 멀다고 쏟아지는 새로운 책의 홍수 속에서 살고 있지만, 그 속에서 헤엄치는 것을 배우고 질문을 익히며 앞으로 나아가는 삶은 아마도 계속될 것이다. 삶의 구멍은 메워진 적이 없지만 그럼에도 불구하고 멈출 수 없는 것이 삶임을 이제는 알기 때문이다.

오늘도 습관은 그곳에 하루 한 번 나를 갖다 놓는다.

흘러가는 강물처럼
인생의 베일을 벗기며

인생의 베일

> 오색의 베일, 살아있는 자들은 그것을 인생이라고 부른다.
>
> _ 퍼시 비시 셸리

우리 인생은 베일에 가려져 있다. 언제 어떤 일이 일어날지 알 수 없고, 어떻게 마무리될지 짐작하기도 어렵다. 그런 점에서 삶이란 시간이라는 베일을 벗기는 과정인지도 모른다. 안타까운 것은 베일을 벗기고 보면 어떤 것은 매우 아름답지만 어떤 것은 매우 혐오스러울 수도 있다는 것이다. 하지만 "우리의 인생길 반 고비에 올바른 길을 잃고서 난 어두운 숲에 처했었네"라는 단테의 『신곡』의 구절처럼 인간은 누구나 특정한 상황에 직면하고 가혹한 운명으로 내던져질 수밖에 없는 존재다.

서머싯 몸은 인생이라는 묵직한 주제를 다루는 재주가 있는 것 같다. 단테의『신곡』에 등장하는 피아의 이야기를 읽고 영감을 얻어 키티라는 주인공의 삶을 매력적으로 만들어냈다. 그의 역작『인생의 베일』은 1920년대를 배경으로 펼쳐지는 남녀 간의 사랑과 좌절을 담은 이야기로 지금 시대에도 꾸준히 사랑받는 작품이다. 자칫 스토리가 차를 마시면서 이스트를 넣어 한껏 부풀려 떠들어대는 막장드라마로 갈 수 있었으나, 등장인물의 치밀한 심리묘사로 인간의 기저에 깔려있는 다양한 군상의 내면을 들여다보게 하는 힘이 스토리의 진부함을 극복해낸다. 허영과 욕망이라는 인간의 굴레를 극복해 나가는 주인공 키티의 힘겨운 성장과 함께 우리의 내면도 조금이나마 들여다보게 하는 멋진 책이다.

미지의 세계를 찾는 영혼

주인공 키티는 체면치레와 허영심이 가득한 엄마와 근면하고 다정다감하며 명예욕이 전혀 없는 아버지 밑에서 자란다. 당연히 아버지는 엄마의 욕구를 채워줄 수 없었고 채워지지 못한 엄마의 욕망은 그대로 딸 키티에게 투영된다. 허영이라는 욕망에 사로잡힌 키티는 사교계 경험을 통해 세상을 배우고 세균학자인 남편 월터를 만나 도피하듯 결혼을 하게 된다.

하지만 정략적이고 의무적인 결혼은 오래가지 못한다. 전통적 가치관 아래 자란 여성이 결혼생활의 환상이 깨지고 무미건조한 삶에 직면할 때 가까이 다가온 것은 다름 아닌 남자였다. 우연히 모임에서 만난 남편 친구 찰스 타운샌드다. 그녀는 매력적인 유부남 찰스에게 매료되어 그의 정부가 된다. 하지만 영원할 것 같았던 그들의 불륜은 이내 밝혀지고 자신을 지켜줄 줄 알았던 찰스로부터 차디찬 외면을 당한다. 그 사실을 알게 된 남편 월터는 배신감과 증오심을 갖고 키티를 죽이려는 생각에 콜레라가 창궐하는 중국의 오지로 함께 떠난다.

시간과 공간을 초월한 그곳 오지에서도 두 사람은 제대로 화해하지 못한다. 게다가 아내를 사랑하면서도 용서하지 못하는 고통에 사로잡혔던 남편 월터가 죽게 된다. 모든 것을 잃어버린 키티는 용서라는 실마리로 죽음과의 사투가 창궐하는 오지에서 이방인 워딩턴과 수녀를 만나고 그들의 도움으로 정신적 치유를 시도한다. 하지만 어리석고 불완전한 인간의 영혼은 애써 찾아온 희망에 음울한 그림자를 던지고 이기적인 허영덩어리 찰스에게 여전한 애욕을 느끼며 정신적 혼란을 겪는다.

"아무것도 모르겠어요. 인생은 너무나 이상해요. 평생 오리 연못 근처에서 산 사람이 갑자기 바다를 구경한 것 같은 느낌이 들어요. 그래서 약간 숨이 차지만…. 살고 싶어요. 미지의 바다를 향해 출발하는 늙은 선원이 된 것만 같아요. 내 영혼이 미지의 세계를 동경하는 것 같아요."

한없이 나약한 인간의 한계와 사랑의 굴레 속에 자괴감마저 드는 시련의 아픔을 아버지에게 털어놓으며 참회를 한다. 이 결말은 심리학적으로 중요한 의미를 갖는다. 아버지란 존재는 여자의 일생에서 처음 만나는 남자다. 키티의 아버지는 가족을 위해 희생만 해온 사람이다. 키티는 원만한 관계 속에 서로 사랑하는 부모의 모습을 보지 못하고 아버지의 희생을 당연시하며 자랐다. 이러하듯 남편과도 상호보완적인 관계를 받아들이지 못하고 받기만 하는 일방적인 관계만 요구한 자신의 어리석음을 깨닫는다. 또한 늙고 지친 아버지를 보며 강함 속에 허약하고 애처로운 남성의 모습도 발견한다. 키티는 사랑의 상처를 깨달은 후에야 비로소 성장한 듯하다. 소원했던 아버지에게 사랑을 갚고 싶다는 심경의 변화와 함께 화해와 애정을 회복하면서 다시 살아갈 용기를 얻는다.

노력하는 자는 방황한다

"난 뭔가를 찾고 있지만 그게 뭔지 잘 몰라요. 하지만 그것을 아는 건 분명히 내게 무척 중요해요. 그리고 내가 그걸 알아내면 모든 게 달라질 거예요."
"도道. 우리들 중 누구는 아편에서 그 '길'을 찾기도 하고 누구는 신에게서 찾고, 누구는 위스키에서, 누구는 사랑에서 그걸 찾죠. 모두 같은 길이면서도 아무 곳으로도 통하지 않아요."

우리는 삶이 무엇인지 모르고 태어난다. 미래는 언제나 베일에 싸여 있고 인생은 참모습을 보여주지 않는다. 우리가 방황하게 되는 것은 삶이 가려져 있다는 것, 우리가 어디로 가야 하는지 모르기 때문일 것이다. '노력하는 한 방황한다'라는 괴테의 말처럼 답을 찾으려고 시도하는 순간부터 발을 헛디뎌 비틀거리는 것이 인생 아니던가. 사실 비틀거리는 것도 좀 더 잘 살고 싶은 인간의 욕망 때문이니 세상을 탓할 수도 없는 일이다.

> "그것은 '길'과 '길을 걸어가는 자'입니다. 그것은 모든 존재가 걸어
> 가는 영원한 길이지만, 어떤 존재도 그것을 만들지는 못합니다. 그
> 것 자체가 존재이니까요."

좀 더 잘 살아보자고 몸부림치는 우리에게 정신적 치유자인 워딩턴의 말은 울림이 크다. 정도의 길은 없다고, 단지 '길'과 그 '길을 묵묵히 걸어가는 자'만 존재한다고. 항상 삶의 의미를 찾아 불나방처럼 다니던 우리의 가슴을 뚫어주는 한마디가 아닌가. 계획을 세워도 뜻대로 되지 않는 게 인생사이기에 지금 앞에 보이는 이 길을 조심스럽게 설레는 맘으로 걸어갈 수밖에 없다. 가다 보면 길을 잃을 수도 방황하는 순간이 올 수도 있다. 길이 끝나는 곳에도 길이 있듯이 또 하루하루를 묵묵히 걸어갈 뿐이다.

언젠가 신화학자 조지프 캠벨은 인생의 의미가 무엇이냐는 질문을 받은 적이 있다. 이 질문에 그는 이렇게 대답한다.

"아무런 의미도 없습니다. 다만 우리가 거기에 의미를 부여했을 뿐이죠."

그렇다. 우리 삶은 아무런 의미가 없다. 의미란 우리가 그것에 부여하는 것이다. 아무것도 없는 인생에 이렇다 저렇다 가치를 매길 뿐이다. 그렇다면 인생을 살아가는 부담이 조금 줄어들 수 있을 것 같다. 꼭 뭔가를 이루어야만, 반드시 도달해야만 하는 무엇이 존재하지 않기 때문이다. 오늘도 좋고 내일도 좋고 아무튼 이래저래 좋은 것이 될 수 있을지도 모른다.

흘러가는 강처럼

진한 풍파에 빠져 허우적거리던 키티는 아주 천천히 흘러가는 강물의 모습에서 사물의 무상함과 애수를 발견한다. 모든 것이 흘러갔지만 그것들이 지나간 흔적은 어디에 남아있단 말인가? 모든 인류가 저 강물의 물방울들처럼 어디론가 흘러가지만 어디로 무엇을 위해서인지 알지 못한다. 서로에게 너무나 가까우면서도 여전히 머나먼 타인처럼, 이름 없는 강줄기를 이루어, 그렇게 계속 흘러 흘러 바다로 갈 뿐이다.

"모든 것을 흘러가도록 내버려두라고 합니다. 비천한 사람이 온전히 지속됩니다. 굽히는 사람이 똑바로 섭니다. 실패는 성공의 밑거름이고 성공은 실패가 도사린 함정입니다. 그런데 어느 누가 언제

전환점이 나타날지 짐작할 수 있을까요?"

『도덕경』은 '상선약수上善若水'처럼 살라고 한다. 가장 선한 것은 물과 같다. 물은 바위를 만나면 돌아가고, 웅덩이를 만나면 채우고 흘러가며, 다투지 않고 위에서 아래로 흘러 큰 바다가 된다. 물은 온갖 것을 섬길 뿐, 그것들과 겨룰 일이 없고, 모두가 싫어하는 낮은 곳을 향하여 흐를 뿐이다.

거대한 운명 앞에 산산조각이 난 키티는 과거의 욕망이 부질없다는 것을 깨닫고 미래를 관조하는 자세를 얻는다. 사방에 깔린 죽음의 공포와 싸우는 오지에서, 가장 낮은 곳을 찾아 흐르는 인간애로 완화된 수녀의 모습과 다양한 인간의 삶과 가치관을 체험한다. 그런 그녀는 '나를 눕혀 흐르는 물처럼' 살아갈 것을 생각한다.

그렇게 삶이란 인간의 굴레에 갇힌 채 어떤 상황 속에 내던져서 미래라는 수만 겹의 베일을 두근거리는 마음으로 들춰보며 나아가는 과정일지 모른다. 아련하게 덮고 있는 베일 속에 아름다운 희망도 있지만, 인생이라는 베일 너머로 아른거리는 알 수 없는 절망감과 두려움도 있을 것이다. 그렇게 우리는 발을 헛디뎌 휘청거리는 삶의 묘미 앞에서도 멈추지 않고 노력하면서 우아한 발걸음으로 한 발짝 나아갈 뿐이다.

인생의 베일을 벗기면서.

가벼움과 무거움의
이중주

　무거운 삶이 좋을까? 가벼운 삶이 좋을까? 물론 장단점이 있다. 무거운 삶은 배움과 의미로 넘칠 수 있지만 재미가 없다. 반면 가벼운 삶은 유쾌하고 즐거울 수 있지만 깊은 깨달음이 아쉽다. 그런 점에서 우리가 바라는 삶은 유쾌한 일상을 즐기면서 깨달음을 얻는 그 중간이 아닐까?

　현실은 어떨까? 반복되는 일상은 우리를 내려 앉히고 무거운 삶으로 기울게 한다. 이런 심각한 무거움이 찾아올 때 육중한 슬픔에서 벗어나 우리를 가볍고 자유로운 곳으로 안내할 조력자를 갈망하게 된다. 가끔 그런 조력자를 책에서 찾아낸다.

　현대 사회의 모순들을 유머러스하게 풀어내고 있는 오쿠다 히데오의 『공중그네』에 나오는 이야기는 불안하고 초조하고 무겁기만 한 현대인을 위로한다. 뾰족한 이쑤시개만 봐도 오금을 못 펴는 야쿠자 보스, 가발만 보면 벗기고 싶어 하는 정신과 의사, 걸핏하면 공중그네에서 떨어지는 베테랑 곡예사, 자신의 작품 줄거리를 기억하지 못하는 인기 작가 등. 강박증에 시달리는 환자들이 이라부 병원으로 찾아온다.

별난 인간들이 등장해서 한바탕 야단법석을 떨다 사라지는 슬랩스틱코미디 같지만, 자세히 들여다보면 이들은 모두 세상의 틈바구니에서 상처받은 이들이다. 주인공 이라부는 위트와 풍자로 무거워진 삶의 무게를 덜어내는 힘이 있다. 크고 작은 강박증과 우울증에 시달리고 있는 현대인들에게 "쫄지마, 애쓰지 마, 뭐 하러 그렇게 피곤하게 살아?"라는 울림을 준다.

1악장 여류작가

"소설을 쓰려고 하면 강박관념에 사로잡혀서 다 토해요. 점점 더 심해진다니까요."
"정작 토해내야 할 감정들을 쌓아두고 있으니까, 위 속에 든 음식이 대신 나와버리는 거잖아. 강박증도 그 연장선이지. … 그러니까 일단, 간판을 내리는 거야. 그럼 홀가분해질 텐데." 『내일』이 팔리지 않은 탓에, 점점 더 간판에 얽매이게 되었다. 모험을 하지 않는 것이다.

아이코는 여류작가다. 언제부턴가 연애소설만 써오던 그녀는 틀에 박힌 뻔한 내용에 질려버린다. 영혼을 흔들만한 휴먼드라마를 쓰고 싶었다. 그래서 몇 년 동안 심혈을 기울여 쓴 작품『내일』을 출간했다. 다행히 신문과 잡지 등 여러 지면에 소개됐고, 전문가들에게 호평을 받았다. 성취감도 맛보았고, 그걸로 자신도 변할 수 있다고 믿었다.

그러나 팔리지 않았다. 장사로 연결되지 않는 냉혹한 현실을 통감했다. 기존 독자들에게는 완전히 외면당한 것이다. 전열에서 벗어난 인간은 아무도 기다려주지 않는다. 그렇게 생각한 그녀는 자기가 쓴 스토리를 잊어버리는 기억 혼란과 강박증에 시달린다.

주인공인 정신과 의사 이라부의 처방인 약물은 미봉책이고, 말은 뜬구름처럼 가볍다. 하지만 이라부는 환자들이 켜켜이 마음속 깊이 쌓아둔 응어리를 깰 수 있는 해머를 들고 있다.

"어쨌거나 인간에겐 변화가 필요해", "당신의 문제는 이거야" 하고 콕 집어서 말해주지만, 절대 무겁지 않게 가벼운 위트로 말한다. 스스로 할 수 없는 것을 꺼내주고 겉과 속의 경계선을 남김없이 드러내어 본인 스스로 찾아가게 만든다. 아이코를 살려낸 것은 결국 자신의 독자와 자기 일에 대한 감사였다. 소설가는 말을 다루는 사람이고 그 말을 잘 다룰 수 있는 일을 하는 자신을 발견한 것이다. 자신이 쓴 소설이 성공하느냐 실패하느냐가 아니라 그 일에서 의미를 찾을 때 삶은 살아날 수 있음을 발견한다. 내가 하는 일의 소중함을 깨닫게 될 때 삶은 의미를 찾고 가벼워진다.

2악장 변화의 패러독스

책에 나오는 인물들의 이야기를 읽다 보면 오히려 모순이야말로 진실 같다는 생각을 하게 된다. 그들에게 정신과 의사 이라부가 던져주는 해법은 '삶의 본래 궤도는 없다'라는 단순한 진리다. 삶에 정해진 궤도는 없고 단지 스스로 본래 궤도가 무엇인지, 내 삶의 진짜 항로가 무엇인지 찾으려는 부단한 발버둥만이 있을 따름이라는 것이다. 정해진 궤도가 없다면 지금 궤도도 괜찮은 것이 된다. 우리에게 필요한 것은 정상으로 돌아가는 것이 아니라 지금을 잘 받아들이는 것이다.

어릴 적부터 부모님 프레임 속에 살아오면서 정체성의 혼란으로 방황한 시절이 많았다. 각자도생各自圖生이라고 불리는 사회 분위기에서도 부모님에 대한 의존이 강하다 보니 철저하게 의무적인 삶을 따랐다. 직장생활에서도 잘해야 한다는 끝없는 부담감과 지나친 책임감의 무거움은 나를 짓누르고, 신경성 위장염으로 음식만 보면 구토를 하기도 했다. 소설 속 여류작가처럼 가면 뒤에 있는 자신의 참모습이 정작 토해내야 할 감정들로 쌓여있었다.

한마디로 무거운 삶이었다. 해야만 하는 일들만 쌓인 일상, 무거운 짐을 지고 사막을 건너는 낙타의 모습이 내 삶이었다. 무거운 삶을 사는 사람은 잠이 들 때까지 작은 일도 섬세하게 감지한다. '내가 뭘 잘못한 것은 아닐까?' '왜 이런 일이 생긴 걸까?' '일이 잘못되면 어떻게 하지?' 이런 생각에 에너지를 배출하지 못하고 흡수만 한다. 그렇게 삶은 점점 무거워만 간다.

이런 성향은 모든 일에서 어떤 의미를 부여하는 성향으로 이어진다.

작은 일에서 원인의 의미를 찾고, 다른 사람과의 만남에도 의미를 부여하지 않으면 견딜 수 없다. 하루를 지내면서도 의미 있는 일을 하기 위해 쫓아다녀야 한다. 그야말로 참을 수 없는 존재의 무거움이다.

이런 무거운 삶을 살면서도 만나는 친구들은 가벼운 괴짜들이었다. 소설 속 정신과 의사 이라부 같은 친구가 좋았다. 그들은 나의 무거움을 덜어줄 수 있을 것 같았고 무엇보다 일상을 유쾌하게 해주었다. 가벼운 사람들은 자유롭고 창의적이고 남의 눈을 의식하지 않는다. 매사에 의미를 부여하는 나에게도 판단을 정지할 용기, 에포케(epoche)가 필요했고, 계산하지 않을 의지가 필요했다. 다행히 친구들은 매사에 예민하고 까칠함으로 무장한 나를 엉뚱하고 명쾌하게 해체해 놓았다.

이런 경험은 가볍다는 것이 '헤프다'라는 뜻과 같지 않음을 알게 해주었다. 무겁다는 것 역시 '듬직하다'라는 것과 일치하지 않음도 깨달았다. 덕분에 마음이 가벼워졌다. 상황에 따라 무거워질 수도, 가벼워질 수도 있으며 중요한 것은 적절하게 반응하고 대응하는 것임을 깨닫게 된 것이다.

3악장 지금 살아있기

아직도 나는 가벼움과 무거움 사이에서 방황하고 있다. 하지만 이제 안다. 중심을 갖기 위해서는 중심을 잃을 필요가 있다. 균형을 유지하려면 균형을 잃을 필요가 있다. 잃을 균형이 없다면 균형을 유지할 수도 없는 법이다. 중요한 것은 무거우냐 가벼우냐가 아니라 무거움과 가벼움 사이를 오갈 수 있느냐 하는 것이다. 그 점을 깨닫는 데 이렇게 시간이 걸렸다.

요즘 젊은 사람들은 새로운 기회를 찾기가 힘들어졌다. 정규직으로 취직을 하거나 자신의 꿈을 이루기 위해 도전할 수 있는 영역이 제한되고 있는 분위기다. 그러다 보니 'N포세대'라는 말도 등장했다. 취직, 결혼 등 기성세대들이 당연하게 여기던 것들을 포기해야 하는 시대적 분위기다.

이런 분위기를 무겁게 이해하면 고달파진다. 세상 사는 재미가 사라진다. 하지만 '그게 어때서'라는 가벼운 마음으로 보면 달라진다. 취직, 결혼, 이런 것들이 꼭 필요한가? 이런 질문을 던져보면 삶의 부담이 크게 줄어든다. 정규직으로 취직하기 위해 기를 쓰고 공부를 해야 할 필요도 없고, 결혼 준비를 하느라 스트레스를 받고 육아로 자기 삶의 많은 시간을 보내야 하는 의무감도 사라진다. 그만큼 삶이 자유로워진다.

가지려고 하면 그것이 욕망이 되어 삶을 짓누른다. '이 정도는 갖추고 살아야 한다'는 생각은 스스로 그것에 종속되게 한다. 그 정도를 갖추는 동안 자유와 여유는 사라지고 희생과 의무만이 가득할 것이다. 가끔은 중요한 것과 중요하지 않은 것을 혼동하면서 산다. 우리 힘으로 되는 것들로는 만족하지 못하는 것 같다. 뜻대로 안 되는 것을 뜻대로 하려 하거나 바꾸려고 하면 마음만 괴로울 뿐이다. 그런 점에서 포기할 수밖에 없는 상황은 우리를 자유롭게 할 기회이기도 하다.

중요한 것은 삶을 열어두는 것이다. 발을 멈추고 어떤 것이 중요하고 중요하지 않은 것인지를 생각해 본다. 현실적인 이유로 어떤 것을 좇고, 어떤 것을 피할 수는 있다. 그럴 때도 우아한 유연성으로 대처할 필요가 있다. 글을 쓰는 작가가 소설의 플롯을 바꾸듯, 작곡가가 음악을 변주하듯, 다양한 시선에서 바라볼 필요가 있다. 덕분에 문학과 철학, 음악과 예술의 세계에 발을 들여놓게 되었다. 그렇게 무거운 존재감을 조금 내려놓을 수 있었고, 밝은 심미안으로 읽음이 일상이 되는 삶을 꿈꾸고 있다.

> 우리가 삶을 깊이 체험할 때 삶은 깊어진다. 이는 깊이가 지어낸 것이 아니라, 자유 속에서만 존재하는 것이라는 징표다.
>
> _ 베르트랑 베르줄리

  중요한 것은 무거움과 가벼움이 아니라 현재를 체험하는 것, 지금 이 순간 살아있는 것이 아닐까?

가는 곳마다
행복이었다

시인의 하루

특별하지 않아서 특별하게 느껴진다. 이렇다 할 갈등도 없다. 잔잔한 일상을 통해 울림을 줄 뿐. 짐 자무시 감독의 〈패터슨〉은 그런 영화다. 한 사람의 일주일을 따라가 본다.

그의 하루는 자신만의 의식으로 시작된다. 알람도 울리지 않는 손목 시계를 들여다보면서 눈을 뜬다. 언제나 시곗바늘은 6시 10분경. 자는 아내 로라에게 모닝 키스를 하고 어젯밤 꿈 이야기를 들으며 깨어난다. 시리얼로 아침을 먹으면서 식탁 위에 놓여있는 성냥갑을 만지작거린다. 그가 아침을 먹는 동안 반려견 마빈(요주의!)은 그에게 관심이 없다는 듯 심드렁하게 소파에 턱을 대고 엎드려있다. 그는 아내가 싸 준 도시락 가방을 챙겨 들고 출근을 한다. 이웃 쌍둥이 어르신과 인사를 나누고, 거리의 아침 풍경을 맞이하면서 그의 의식은 시상詩想들로 깨어난다.

　그는 미국 뉴저지주의 소도시 패터슨시에 사는 버스 운전사 패터슨이다. 도시 이름과 주인공의 이름이 같다. 버스에 올라 비밀 노트를 끄적인다. 그만의 의식이다. 오늘 아침 만지작거린 성냥갑을 떠올리며 노트를 시로 채운다. 운행을 나가기 전 직장동료 도니가 다가와 가정사에 대한 불평을 시작할 때 그는 노트를 닫는다. 패터슨이 하는 대부분 일은 사람의 말을 들어주고 그들을 관찰하는 것이다. 진정 패터슨 시市를 품는 패터슨 씨氏다.

　패터슨의 버스는 23번이다. 매일 같은 노선이지만 그의 눈에는 조금씩 다른 것들이 보인다. 풍경이 다르고, 정류장마다 타고 내리는 승객도 다르고, 같은 옷을 입고 있는 쌍둥이도 조금씩 다르다. 버스 안에서 들려오는 이야기에 귀를 기울이는 것은 매일의 이야기가 다르기 때문이다. 그렇게 온몸은 그만의 촉수로 의미 있는 이야기를 만들어간다. 점심시간이면 그가 좋아하는 장소, 폭포가 있는 공원에서 점심을 먹고, 비밀 노트에 시를 써 내려간다.

영화와 시

　난 집 안에 있다./ 바깥 날씨가 좋다./ 포근하다./
　차가운 눈 위의 햇살/ 봄의 첫날/ 혹은 겨울의 마지막/

나의 다리는/ 계단을 뛰어올라/ 문밖으로 달리고/

나의 상반신은/ 여기서 시를 쓰네.//

_ 론 파젯, 「시」

시인 론 파젯은 영화를 만든 짐 자무시 감독과 친구 사이다. 영화에 자신의 시가 실리는 것을 마땅치 않아 했지만 영화의 시나리오를 보고 생각이 바뀌었단다. 시나리오를 본 파젯은 "내가 일시적으로 상상해 왔던 세계로 떨어지고 있다는 걸 알게 됐다"라고 말했다.

패터슨시에 살았던 시인도 등장한다. 윌리엄 카를로스 윌리엄스이다. 그는 과장된 상징주의를 배제하고, 순간의 포착과 관찰을 중요하게 생각하는 시인이었다. 과장 없이 일상생활의 주변 사물을 그대로 그려내고 시 속에 녹아있는 현실의 아름다움을 보길 원했기 때문이었다.

내가 먹어버렸어/ 그 자두/ 아이스박스 / 속에 있던 것/

아마 당신이/ 아침에 먹으려고/ 남겨둔/ 것이었을 텐데/

미안해/ 하지만/ 맛있었어/ 얼마나 달고/ 시원하던지.//

_ 윌리엄 카를로스 윌리엄스, 「다름 아니라」

도시락 가방에는 아내의 사진과 자신이 좋아하는 단테 사진도 들어 있다. 역시 시인의 가방이다. 일을 마치고 돌아오는 길, 항상 기울어져 있는 집 앞의 우체통을 바로 세우고 아내 로라와 저녁을 먹는다. 그러면서 그녀의 하루에 관한 얘기를 듣는다. 끊임없는 창작 활동을 하는 여자. 아내는 반복되는 일상은 참을 수 없는 그 무엇이다. 설렘과 기대감 속에 살아가는 그녀의 노력은 흑과 백의 반복된 패턴 속에서도 늘 새로운 것을 찾아내고자 한다. 일상이 예술가다.

아내는 남편의 시를 사랑한다. 남편에게 시가 담긴 비밀 노트 복사본을 만들자고 요구한다. 성격이 다른 부부가 서로를 존중하고 지지한다. 서로의 취향과 세계를 존중하면서 나누는 그들 이야기는 아내의 애완견 마빈이 질투할 정도로 사랑스럽다. 두 사람의 애정 행각이 불만인 마빈은 매일 집 앞 우체통을 기울여 주인을 귀찮게 한다. 일종의 복수다.

저녁 식사가 끝나면 그의 습관은 시집들로 가득 찬 자기만의 좁은 지하실 공간의 작은 책상에서 책을 읽고 글을 쓰는 것이다. 그는 물결같이 반복되는 일상 속에서도 매일 달라지는 변화와 특별함을 즐기기 위해 기록을 남긴다. 그만의 의식이다. 하루 일 중 마지막, 패터슨은 마빈을 데리고 산책하러 나간다. 산책을 마치고 돌아오기 전 언제나 들르는 바에서 맥주 한 잔을 마시면서 주인과 이야기를 나누고 귀가한다. 그러면 어김없이 다음 날이 찾아온다. 이것이 시인의 하루다.

오늘은 어제의 변주

"특별한 사건이 일어나지 않는 간결한 영화를 만들고 싶었다. 강렬한 드라마나 충돌, 액션이 포함되지 않는 그런 영화 말이다. '반복' 개념이 영화에서 중요하다고 말했는데, 나는 반복을 사랑한다. 더 정확히는 무엇인가 반복되는 가운데서 일어나는 변주에 흥미가 있다. 〈패터슨〉을 구상하면서, 이 영화의 구조를 일상의 메타포로 만들어보고 싶었다. 우리가 사는 하루하루는 그 전날의 변주이지 않나."

_ 짐 자무시

영화는 일상, 반복, 그 사이의 작은 차이에 귀 기울이고, 가만히 눈 맞추게 하는 고요한 호흡을 따라간다. 평일의 5일은 마치 반복되는 시구 같았다. 일상이 시詩로 변하는 것을 보여주는 영화다.

패터슨은 하나의 의식을 행하듯 정해진 시간에 정성껏 돌을 쌓는다. 일상의 섬세함을 포착하는 평범한 시간을 관찰자 시점으로 바라본 나에게 그것은 단조롭고 평화로운 충격이었다. 이벤트가 있어야만 즐겁고, 변화가 있어야 행복하다는 나의 메마른 감성을 꼬집는 것 같았다.

정해진 버스 노선처럼 단조롭고 규칙적인 생활, 그러나 온몸의 촉수를 열어 관찰하면 차창으로 내다보이는 다른 풍경을 찾고, 승객들의 대화에 관심을 기울이고, 매일 바에서 벌어지는 일들에 차이를 느낀다. 그가 자신의 비밀 노트에 매일 틈틈이 쓰는 시도 마찬가지다. 크게 달라진 것은 없지만 매일 조금씩 고쳐 쓰는 시, 패터슨에게 시는 반복과 작은 변주가 섞이며 완성되어 가는 삶과 닮았다.

영화 속에는 이처럼 비슷한 것들이 등장한다. 비밀 노트와 복사본,

사진과 그림, 어제와 오늘, 흑과 백, 쌍둥이들도 눈에 밟히게 등장한다. 얼핏 보면 이들은 똑같은 모습을 하고 있지만 말투나 성격, 신체의 특정 부위가 미세하게 차이가 난다. 이것이 곧 개별성을 보여준다. 같아 보여도 같지 않은 모습, 어디 사람과 사람 사이에만 해당하는 것일까? 쌍둥이의 닮음은 이 같은 차이에 대해서 생각하게 만드는 닮음이다.

잔잔한 변주의 물결에 파문이 일 때도 있다. 토요일 가장 큰 변주의 순간을 맞이하게 된다. 부부가 나간 사이 그동안 지켜보고 있던 질투의 화신, 아내의 애완견 마빈이 드디어 사고를 친다. 패터슨의 비밀 노트를 갈기갈기 찢는 사건이 일어난다. 이 영화의 가장 극적인 순간, 그러나 패터슨은 평정심을 잃지 않는다. "그냥 물 위에 쓴 말일 뿐이야."

갑작스러운 상실은 누구나 받아들이기 힘들다. 감정을 추스르기 위해서 늘 가던 공원으로 나간다. 그곳에서 패터슨시를 방문한 일본인 시인을 만난다. 좋아하는 '윌리엄 카를로스 윌리엄스'가 숨을 쉰, 이곳에 와보고 싶었다고 한다. "전 시로 숨을 쉽니다" 하면서 서로가 시에 대한 애정을 나눈다. 그리고 건네는 노트 한 권.

"가끔은 빈 노트가 많은 가능성을 주죠."

노트를 보며 버스 운전사, 아니 주인공은 깨닫는다. 자신이 바로 시인이라는 사실을. 비우고 나면 다음 것이 차오르듯, 또 그렇게 시가 생길 것이라는 것을. 그렇게 그는 새로운 일상을 채워나갈 것이다.

삶은 일상이다

짐 자무시 감독의 철학이 아름답게 표현된 영화 〈패터슨〉을 보고 나면, 삶이 다르게 보인다. 영화 속에서 일상의 가치를 발견하기 때문이다. 다양한 사람들이 평온한 일상을 이어가는 패터슨시. 그곳에서 자신만의 시를 쓰고 고치는 패터슨의 삶. 단조로워 보이는 그의 일상은 바쁜 현대인들에게 소박한 삶의 행복이 무엇인지를 그대로 보여준다. 단지 우리가 그것을 잊고 있었을 뿐임을.

일상이 모여서 삶이 되고, 삶은 예술이 된다. 매일 똑같은데 똑같지 않은 것. 어쩌면 우리 삶은 매일 똑같다고 생각하는 일상들 사이에 있는지도 모른다. 이런 삶의 차이를 발견하는 데 도움을 준 것이 책이다. 책을 읽고 글을 쓰는 이 반복적인 일상은 내게 특별한 의미가 있다. 하루를 쓰고 버리는 게 아니라 차곡차곡 쌓아가는 것임을 책을 통해 느낀다.

수많은 책이 있지만 같은 책은 없다. 같은 책을 여러 번 읽지만 그때마다 다른 느낌이다. 책은 하루하루가 변한다는 것, 어제의 나와 오늘의 내가 다르다는 것을 알려준다. 책에서 행복을 발견하는 것은 이런 일상의 차이를 느끼기 때문이리라.

해가 뜰 때 일어났다./ 행복했다./ 산책을 했다./ 행복했다./
엄마를 만났다./ 행복했다./ 숲과 언덕을 돌아다녔다./ 골짜기를
헤맸다./
책을 읽었다./ 정원을 돌봤다./ 과일을 땄다./ 집안일을 거들었다./

가는 곳마다 행복이었다./

행복은 어떤 것에 속해 있는 것이 아니라/

나 자신 속에 머물고 있었다.//

_ 장자크 루소

괄호의 세계

- 양송 -

괄호는 여유다.
생략되어도 좋은, 하지만 디테일의 세계다.
괄호 밖의 세계는 치열하다.
괄호 안의 세계는 수용되고 이해된다.
책에서 괄호의 힘을 얻었다.

| 참고한 책 |

오스카 와일드, 『도리언 그레이의 초상』, 윤희기 옮김, 열린책들, 2010.
브리야 사바랭, 『미식예찬』, 홍서연 옮김, 르네상스, 2004.
메리 셸리, 『프랑켄슈타인』, 김선형 옮김, 문학동네, 2012.
F. 스콧 피츠제럴드, 『벤자민 버튼의 시간은 거꾸로 간다』, 김선형 옮김, 문학동네, 2009.

'다움'은
힘이 세다

욕망하는 두 종류의 인간이 있다고 하자. 욕망을 승화시키는 인간, 욕망으로 파멸하는 인간. 전자는 자신의 한계를 넘어 각각의 분야에서 '탁월한' 본보기가 되겠지만 후자는 욕망의 추구 뒤에 오는 뻔한 '파국'이라는 공식으로 남아있는 것 같아 아쉬움이 크다.

욕망에 사로잡히는 것이 파멸을 초래한다 해도 한 번 사는 인생, 나는 기꺼이 그 뜨거움에 다가가고 싶다. 태양 마차를 끌다가 욕망의 정점에서 사라져버린 파에톤처럼. 단지 살아있기 위해 욕망을 억제해야 하는 박제된 삶보다, 기꺼이 욕망하는 삶의 역동으로 뛰어들기를 나는 소망한다. 라고 말하고 싶지만 내가 받은 교육은 금욕을 강조하며 차선으로 중용이라도 지키라고 호소한다. '보는 눈'들 때문에 욕망이 부른 파멸의 희생자가 되고 싶지는 않지만, 그러한 사람들의 삶은 엿보고 싶고 대리만족을 통해 카타르시스도 체험하고 싶다. 그렇기에 여기, 젊음의 아름다움을 영원히 소유하려는 매혹에 파멸하는 인간이 필요했었다고.

　"도리언 그레이? 그 젊은이 이름인가?"

　1891년에 발표한 오스카 와일드의 장편소설 『도리언 그레이의 초상』에는 감탄을 금치 못할 만큼 잘생긴 도리언 그레이, 주변의 모든 친구에게 나쁜 영향을 끼치는 헨리 워튼 경, 자기 안에 있는 모든 아름다움을 작품에 쏟아붓는 화가 바질 홀워드가 등장한다. 사실 이 세 명은 모두 작가의 분신으로, 되고 싶은 자신(도리언), 남들이 생각하는 자신(헨리), 실제 자신(바질)이라고 말한다. 이는 "모든 소설은 궁극적으로 자전적이다" 혹은 "작가는 자신의 작품을 창조하면서 자기 자신을 창조한다"라는 말과 닿아있는 듯하다.

　"얼마나 슬픈가! 나는 늙어 무섭고 흉측한 모습으로 변하겠지. 그런데 이 그림은 항상 젊은 상태로 남을 것이 아닌가. … 거꾸로 된다면 얼마나 좋을까! 나는 영원히 젊은 상태로 있고, 그림이 늙어간다면! 그걸 위해서라면—그럴 수만 있다면—무엇이든 다 줄 텐데! 내 영혼이라도 내줄 용의가 있는데!"

　이 책을 관통하는 소재이자 주제이고 와일드가 지향한 '삶 자체를 예술로' 승화시키고자 하는 탐미주의적 지향이 가장 잘 드러난 대목이라고 생각한다.

'예술가는 젊다'라는 말이 늘 새로운 것을 향해 도전하며 나아가는 그들의 정신을 비유했다면, 이 작품에서 도리언의 젊음이 영원하길 소망한 것은 아름다움을 추구하는 예술가의 정신이 지속되길 원하는 작가의 바람과 겹쳐 보인다. 잘 알려져 있듯이 오스카 와일드는 아름다움의 창조를 예술의 최고 목적으로 삼아 추구하는 유미주의를 주창한 대표적인 인물이다. 정신보다는 감각을, 내용보다는 형식을, 현실보다는 공상을 중요하게 생각했고 심지어 악恶에서도 아름다움을 찾을 수 있다며 교화적 요소보다는 미적 쾌락을 중시했다. '모양이나 색깔, 소리 따위가 마음에 들어 만족스럽고 좋은 느낌'이라는 '아름다움'이 도대체 무엇이길래?

'아름다움'이라는 권력

어느 커뮤니티 유머 게시판에서 이런 순위를 본 적 있다. '남자가 반하는 여자 순위.'

살펴보자면, 1위는 예쁠 때, 2위는 아무것도 아닌데 얼굴이 예쁠 때, 3위는 밥 먹고 밥풀 흘렸는데 얼굴이 예쁠 때…(하, 그만하자). 이 슬픈 유머(?)는 10위까지가 모두 기승전 '예쁜 얼굴이 최고'라고 하여 맥 빠지는 헛웃음을 짓게 한다. 이런 순위는 문체부 직원들이 정하는지, 성형외과 의사들이 정하는지, '좋은 유전자 가설'을 지지하는 생물학자들이 정하는지, 예쁜 여자와의 만남을 오매불망 기대하는 남자들이 정하는지, 예쁜 여자들이 스스로 투표해서 정하는지, 그게 더 궁금한 건 나뿐인 걸까?

"아름다움은 얼굴에 있지 않다. 그것은 내면의 빛이다"라는 말을 남긴 칼릴 지브란이 '남자가 반하는 여자 순위'에 투표하지 않았음은 명백하다. 행여나 믿음 뒤에 느낄 배신감은 나의 몫으로.

겉모습은 처음 만나는 사람을 가장 빨리 알려준다. 상대를 알기까지 그의 '마음'보다 '몸'을 먼저 만나는 우리는 외모에 따라 긍정적이거나 부정적인 인상을 받는다. 사람을 겉모습으로 판단하려는 이러한 경향 때문에 '남자가 반하는 여자 순위'가 이토록 슬퍼지고, "아름다움이란 어떤 소개장보다 나은 추천서"라는 아리스토텔레스의 말에 울며 겨자 먹기로 고개를 끄덕일 수밖에.

우리는 미디어의 발달로 연예인뿐만 아니라 정치인, 운동선수, 초등학생까지도 화장하는 '외모가 경쟁력'인 시대를 살아가고 있다. 이제, '같은 값이면 다홍치마'라는 속담이 외모에 적용되면 '내면의 빛'은 차치하고, '무조건, 어쨌든, 오직, 다홍치마'로 바뀌어야 할 것 같다.

예쁜 아이는 학교에서 더 많은 도움을 받아 더 좋은 성적을 받고, 외모가 매력적일수록 직장에서는 더 많은 임금을 받고 더 빨리 승진한다. 판사가 잘생긴 범죄자에게 더 짧은 형량을 선고하고, 연쇄 살인마는 얼굴이 잘생겨서 팬클럽까지 생겨났다(이웃이지만 멀기만 한 나라의 실화다)고 한다. 심지어 부모마저도 예쁜 자녀에게 더 많은 보살핌을 주며, 젖먹이들까지 예쁜 여자 얼굴을 더 오래 응시한다는 실험 결과에 짐짓 놀라는 척 하지 마시라. 우리는 이미 알고 있었다. 도리언도 인생을 살아가면서 '아름다움이라는 권력'이 주는 힘을 알고 있었기에 자기 대신 초상화가 늙고 추해지기를 바랐는지도 모를 일이다.

아름다움이 보편적이고 중요한 사회적 '권력'이 된 지금, 아름다움에 대한 고정관념은 사람을 대하는 태도로만 그치는 것이 아니라 취업, 승진, 연애, 결혼 등 다양한 삶의 장면에서 편견이나 선입견으로 작용할 수 있다. 이는 결국 외모에 대한 차별과 억압을 정당화할 수 있기에 경계해야 한다. 나는 아름다움을 찬양하는 쪽이지만 개인의 성품과 능력 등은 배제되고 외모가 그 사람의 전부로 평가받는 '외모지상주의'에는 반대한다.

얼굴 보고 첫눈에 반하는 많은 동화책 중에서 가장 이해가 되지 않았던 주인공이 있다. 피부는 눈처럼 하얗고 입술은 피처럼 붉다는 바로 그 공주다. 세 번이나 마녀에게 속았다가 왕자의 키스를 받고 깨어나는 장면은 어린 나를 속 터지게 했다. 처음이야 호기심에 낯선 사람을 믿고 문을 열어줄 수 있다 치고, 두 번째는 거절을 차마 하지 못하는 성격 때문이라면, 세 번째는? 그냥 바보 인증!

신뢰와 맹신은 다르다. 평소에 사람을 잘 믿어 낭패를 본 적이 많다면 실수를 통해 배웠어야 했다. 타인은 나에게 도움을 줄 수도 있고 피해를 줄 수도 있음을. 일어난 일의 관점에서 자신과 상황을 객관적으로 분석하고 앞으로를 대비했어야 한다. 내가 왕자라면 같은 맥락 3연타(허리띠, 빗, 사과)로 속는 '뇌순녀'와는, 그녀가 아무리 '남자가 반하는 여자 순위' 1위부터 10위까지를 석권했더라도 절대 결혼하지 않겠다.

'같은 값이면 다홍치마'가 '빛 좋은 개살구'일 수도 있기에.

오! 만 가지 아름다움

"음…. 그쪽 얼굴은 빠지는 얼굴은 아닌 것 같네요….."

"어머 진짜요…? 아 하하하, 고맙스ㅂ…."

"그렇다고 끼워주는 얼굴도 아닌 건 알죠…?"

"?????!!!"

남부럽지 않게 소개팅과 선을 많이 본 나는, 대화 시작 10분 만에 이런 평가를 받은 적 있다. 칭찬인지 욕인지 모를 대화에 잠시 현타(현실 자각 타임) 왔다가 주선자 얼굴을 생각해서 아무 말도 하지 않았다(잠시 코로 웃느라). 아니 말하지 않으려 했다(진심이다!).

"그쪽은 어디서나 빠지고 어디에도 낄 수 없는 건 알죠? 얼굴이랑 매너 둘 다!"

"?????!!!"

우리 부모님과 조카들, 우리 반 아이들에게 난 우주최강미녀는 아니라도 예쁜 얼굴이다(믿어달라!). 그리고 누구나 인정(?)하는 '태혜지(태희, 혜교, 지현)'와 비교하면 오징어 중에도 '대왕오징어'급일 것이다 (엉엉).

'일찍이 아름다움은 그 자체의 성질이라기보다 사물을 바라보는 사람의 머릿속에 존재하는 관념이며, 모든 사람은 아름다움을 서로 다르게 느낀다'는 철학자 데이비드 흄의 말은 '취향은 논박의 대상이 아니다'는 말을 뒷받침한다. 같은 대상이라도 아름다움에 대한 지각은 사람마다 다를 수 있기에 시비를 따지는 것은 의미가 없다는 뜻으로 이해된다.

태국의 카렌족은 어렸을 적부터 여성의 목에 링을 끼워 목이 길면 길수록 아름답다 여기고, 중국에서는 기형적으로 작은 발의 여자를 아름답다 여기며, 지금의 관점으로 본다면 고도비만의 여인일 뿐인 빌렌도르프의 비너스는 구석기 시대의 미인으로 추측된다. 즉, 개인의 취향과 문화, 상황에 따라 아름다움은 바뀌거나 상대적일 수 있다는 '제 눈에 안경' 사례들이다.

좋은 책은 정답을 주기보다 질문을 던지는 책이라고 믿는다. 『도리언 그레이의 초상』은 그런 의미에서 '아름다움'에 대한 나의 평소 생각을 느낌표에서 물음표로 확장해 주었다.

다른 사람의 눈에 얼마나 아름답게 보이는가보다, 스스로가 생각하는 아름다운 정도(주관적 미모)가 행복과 더 깊은 관련이 있다고 한다. 아름다움에서 '두 팔을 벌려 껴안은 둘레의 길이'를 뜻하는 '아름'을 빼면 '어떤 성질이나 특성이 있음'을 의미하는 '다움'이 남는다. 결국, 있는 그대로의 자신을 사랑하고, 자기만의 '다움'이 무엇인지 끊임없이 물음표를 던져보는 것, 그렇게 자기만의 '다움' 안에서 아름다움을 노래하거나, 자기만의 '다움' 안에서 더욱 힘이 세지는 행복을 발견하는 것이야말로, 오! 만 가지 아름다움이어라.

너희가
잠언을 아느냐

세상엔 많은 예찬이 있다. 청춘예찬, 신록예찬, 우신예찬, 걷기예찬, 침묵예찬, 솔로예찬…. 예찬을 사전에서 찾아보면 '무엇이 훌륭하거나 좋거나 아름답다고 찬양함'으로 되어있다. '좋은 음식을 먹는다'라는 뜻의 미식美食과 예찬禮讚이 만나면 개인의 취향은 편애의 즐거움으로 가득할 수밖에 없다.

『미식예찬』은 프랑스의 미식가 브리야 사바랭이(라는 할배가) 고대부터 자신이 살았던 1800년 즈음까지 식생활사를 총괄하고 음식에 얽힌 다양한 경험과 성찰 등을 기록해 미식의 경전으로 여겨진다. '잠언'과 미각의 정의, 생리현상과 미식법이 앞부분을, 식생활의 역사가 중간부를, 음식에 얽힌 일화 '모음집'이 끝부분을 이루고 있다. 특히 책의 맨 앞에 등장하는 '잠언'은 오늘날까지도 인용되는 유명한 경구들로 채워져 있다. 이 잠언에 대해 발자크는 "그의 격언들은 너무나 잘 만들어져 있어서 그 대부분은 곧바로 미식가들 사이에서 인용되는 속담이 되었다"라고 말했지만, 보들레르는 "미련할 정도로 현학적인 장황한 수다"라고 비웃었다. 이제 누구의 견해를 지지할 것인지 나와 당신의 취향을 알아보자.

잠언 하나_
생명이 없으면 우주도 없으며, 살아있는 모든 것은 양분을 섭취한다.

'인간은 신성한 권리에 의해 자연 전체의 왕이며, 지구는 인간을 위한 것들로 풍성하게 덮여있다'라는 저자의 선언은 인간 중심의, 인간의 우월성을 한 치도 의심하지 않는 오만한 폭력의 냄새를 풍긴다. 또한 '잡식성인 인간이 먹을 수 있는 모든 것은 그의 폭넓은 식욕의 희생물이 된다'라는 말은 어떤가?

음식을 먹는다는 것은 나의 생명 에너지를 얻기 위해 다른 생명을 취하는 동물적이고 본질적인 일이다. 과학기술과 문명의 진보로 예전보다 먹거리가 풍부해졌다(과연 그럴까?). 하지만 생산과정을 단축하고 유통기한을 늘리기 위해 각종 화학첨가제, 방부제, 성장촉진제, 항생제를 사용한 먹거리의 유해성 논란도 빠지지 않고 있다. 오늘 식탁에 오른 음식의 이력을 (까놓고) 생각해 보자. 아침에 먹은 '맑은 두부탕'의 두부는 생산량 증대에 기여하고 병충해와 내성에 강한 유전자변형 콩

이 사용되었을지도 모르며, '달걀프라이'는 성장호르몬과 항생제를 투여한 닭이 좁은 케이지에서 운동도 하지 못하고 낮과 밤이 뒤바뀌며 스트레스의 결과로 낳은 '알'일 수도 있다. 배추 겉절이에서 농약과 비료가, 생선 조림의 생선에서는 중금속과 미세플라스틱이 다량 검출되었대도 더는 놀랍지 않다.

'먹을 수 있는 모든' 먹거리가 우리의 식탁과 미래를 위험하게 채우고 있다. 인간과 지구를 살리는 지속가능한 삶의 방식을 고민하지 않을 수 없다. 너무 늦었지만 그래도 더 늦지 않게 "우리는 어떻게 먹을 것인가?"라는 질문에 대답해야 한다.

시인 김선우는 「깨끗한 식사」에서 '문제는 내가 떨림을 잃어간다는 것인데, 일테면 만년 전의 내 할아버지가 알락꼬리암사슴의 목을 돌도끼로 내려치기 전, 두렵고 고마운 마음으로 올리던 기도가 지금 내게 없고 (시장에도 없고) 내 할머니들이 돌칼로 어린 죽순 밑동을 끊어내는 순간, 고맙고 미안해하던 마음의 떨림이 없고 (상품과 화폐만 있고) 사뭇 괴로운 포즈만 남았다는 것'을 경계하며 '내 몸에 무언가 공급하기 위해 나 아닌 것의 숨을 끊을 때 머리 가죽부터 한 터럭 뿌리까지 남김없이 고맙게, 두렵게 잡숫는 법'을 잃지 말자고 했다.

우리의 한 끼는 결코 혼자의 힘으로 가능하지 않다. 음식의 이력을 생각해 보고 그 이력을 통해 내가 선택할 수 있는 행동을 적극적으로 실천하자고! (나는 동물복지 달걀만큼은 겨우 고집한다) 살아가는 동안 자원을 덜 소비하고, (간헐적 육식을 한다) 오염물질을 덜 만들어내자고! (가능한 친환경 제품을 구매한다) 이것이 살아있는 모든 것 중의 하나인 내가 '어떻게' 양분을 취할 것인지에 대한 대답이다.

잠언 둘_
당신이 무엇을 먹는지 말해달라.
그러면 당신이 어떤 사람인지 말해주겠다.

'천태만상 인간세상 사는 법도 가지가지'(뭔가 익숙하지 않은가?)라지만 지금도 TV를 포함한 각종 SNS에서는 인간의 낙樂 중에 먹는 낙을 최고로 여기고 '나 이런 사람이야' 하면서 온갖 음식 사진을 올리며 존재감을 과시하는 사람들이 있다. 에리히 프롬처럼 말해본다면, 이들은 자신이 가진 경험을 자신이 소비하는 것이라는 일종의 등식(나=내가 가진 것=내가 소비한 것)을 통해서 정체성을 찾으려는 일명 '소유형 인간'이라 할 수 있다. 타인에게 과시하고 싶은 자신의 이미지가 어느 정도 왜곡된 욕망을 드러낸다는 주장에 동의한다면 이 문제의 해결은 '존재 양식'에 대한 추구에서 실마리를 찾을 수 있을 것 같다. (얼럴러리여 ~~~이 노래, 눈치채셨는지?)

　프롬이 말하는 존재 양식의 본질적 특성은 능동성이다. '자기를 새롭게 하는 것, 자기를 성장시키고 흐르게 하며 사랑하는 것, 고립된 자아의 감옥을 초극하며, 관심을 가지고 귀 기울이며 베푸는 것'을 의미한다. 하지만 레스토랑에서 먹은 낯선 이름의 고급요리 사진을 과시용으로 올린다거나, '핫플레이스'란 해시태그를 달아 사진을 올리며 자신도 이 정도는 먹어봤다며 유행에 뒤처지지 않았음을 안간힘을 다해 증명하는 것은 '존재 양식'과는 멀리 떨어져 있다고 볼 수 있다.

사이버 공간에서 만들어지는 이미지는 타인에게 드러내고 싶은 부분들을 자신의 의도대로 편집할 수 있기에 실재와 거리가 있다. 이제 음식(뿐만 아니라) 사진은 삶의 기록이라기보다 소유와 욕망의 기록에 가깝다. 오늘도 업데이트되는 음식 사진 속에서 자신의 실재를 찾으려는 사람들에게 브리야 사바랭의 잠언은 아직도 유효하다. "당신이 무엇을 먹는지 말해달라. 그러면 당신이 어떤 사람인지 말해주겠다."

잠언 셋_
요리사의 가장 필수적인 자질은 시간 엄수다. 그것은 동시에 손님의 필수 자질이기도 하다.

오래전 좋아했던 드라마를 떠올려본다. 한예슬 양이 아이들에게 짜장면을 사준다고 했는데 아이들은 안 간다고 했다가 나중에 번복해 배고프다며 다시 짜장면을 달라고 졸랐다. 그때 짜장(?)난 한예슬은 이런 명대사를 읊었다. "이봐, 어린이들. 잘 들어. 니들은 이미 짜장면을 포기했어. 지나간 짜장면은 다시 돌아오지 않아. 인생은 그런 거야." (뭐 그런 거지.)

이처럼 지나간 짜장면도 다시 돌아오지 않는데 우리의 삶에는 놓쳐버리고 다시 돌아오지 않는 것들이 얼마나 많을까? 아찔하다. 모든 것에는 '제때'라는 것이 있다. 요리사의 제때는 음식이 가장 맛있을 때 손님들에게 맛보여야 하는 순간이며, 초대받은 손님은 제시간에 도착해야 하는 때이며, 요리의 재료들은 돋아나고 피어나고 열매 맺어 계절의 순환처럼 우리 곁에 약속처럼 찾아오는 때가 아닐까. 나는 지금 어느 때를 지나고 있는지 가만히 생각해 본다. 곁에 있는 소중한 사람들과 더 많은 사랑을 나누어야 하는 때, 그리고 더 많은 책을 읽어야 하는 때, 읽은 책에 대한 글을 한 줄이라도 써야 하는 때. 후회만 많고 깊은 반성과 실천이 결여된 때를 최소화하기 위해 다시 꿈꾸어야 하는 때를 지나고 있다. '시간 엄수'라는 '제때'는 요리사와 손님에게만 해당하는 '필수 자질'이 아니다.

잠언 넷_
친구를 초대하고 식사 준비에 아무런 정성을 기울이지 않는 사람은 친구를 사귈 자격이 없다.

"내일 우리 집에 점심 먹으러 와." 여우가 두루미를 집으로 초대했다. 다음 날 두루미가 "나, 왔어"라고 말하자 여우는 식탁으로 안내하며 두루미에게 음식을 내어준다. 그렇다. 여러분이 알고 있는 그 (망할) 납작 그릇에 담아서 말이다. 18(숫자를 좀 거칠게 읽어보자!). 잠언에 "친구를 초대하고 아무런 정성을 기울이지 않는 사람은 친구를 사귈 자격이 없다"잖는가. 주둥이가 긴 그릇 하나를 더 마련하는 '정성'만 있었어도! 이 개(여우) 새(두루미) 이야기는 훈훈할 뻔했다. 헛걸음한 두루미는 앙심을 품고 여우에게 크로스 펀치를 날리지는 않았지만 같은 방식으로 응징에 성공하여 훗날 복수의 전설이 된다.

사랑하는 사람을 위해 그(그녀)가 좋아하는 요리를 해준다고 가정해
보자. 무슨 요리를 할까? 여기서 가장 중요한 포인트는 그(그녀)가 무
엇을 가장 좋아하는지, 무엇을 먹고 싶은지에 따라 준비할 요리가 달
라진다는 점이다. '정성'의 첫걸음은 기호 파악이다. 관계에서 함께 가
는 법은 내가 좋아하는 요리가 아니라 그(그녀)가 좋아하는 요리를 우
선순위에 놓아야 한다는 것이다. 물론 가장 좋은 방법은 서로가 공통
으로 좋아하는 음식을 찾는 것이겠지만.

이것은 잠언이 아니다

음식을 세 가지로 분류해 본다. 먹었던 음식과 먹고 있는 음식, 그리고
먹게 될 음식. 먹었던 음식에는 '추억'이, 먹게 될 음식에는 해피엔딩
으로 기억될 '삶'이 담겨있으면 좋겠다. 그럼 지금 먹고 있는 음식에는
'무엇'을 담고 있다 말할 수 있을까?

나는 '무엇'을 누구와 먹는가보다, 무엇을 '누구'와 먹을지를 더 중요
하게 생각한다. 내가 매일 만나는 사람이 음식이고 그 사람들과 함께
하는 순간이 음식이라면 지금 먹고 있는 음식에는 이러한 '일상'의 풍
경이 소담하게 담겨있다고 말하고 싶다. 음식을 먹는다는 행위가 단
지 배를 채우기 위해서만은 아닌 것처럼 우리는 '먹고, 기력을 회복하
며, 이를 통해 자기 몫의 삶의 행로를 밟는다'는 저자의 바람도 함께 곁
들여서.

더불어 어떤 음식은 떠올리는 것만으로도 침이 고일 만큼 아주 좋아

하고, 어떤 음식은 떠올리는 것 자체로 손사래 치며 정색할 정도로 싫어한다. 또한, 좋아하다 싫어진 음식이 있고 싫어하다 어느새 좋아하게 된 음식도 있다. 중요한 건 '된장에 풋고추 박히듯' 고정된 것은 없다는 것이다. 음식이든 사람이든.

아, 참 '향연을 통한 친목의 정신'을 다지며 발자크와 보들레르를 논하자는 브리야 사바랭의 초대장을 내가 당신에게 전했던가?

www.얼렁뚱땅 서평.com

우리, 얼렁뚱땅 서평단의 정기 오프라인 모임에 참석해 주신 여러분을 환영합니다. 누군가 『프랑켄슈타인』이 책 어때?"라고 물어보면 뭐라고 하시겠어요?

ID: 간지 액션

와나, 이거 존나 핵노잼이에요. 괴물과 빅터는 만년설과 빙하를 배경으로 한 알프스에서 숙명의 현피 뜰 준비하는 거 아시죠? SF 블록버스터급 최강 액션을 기대했는데. 이게 뭐예요, 개실망! 다양한 공격무기도 나와 주고 피를 낭자하게 튀기면서 뿌슝빠슝!!! 현란한 몸싸움도 좀 해줘야지…. 기가 차서. 이 둘이 만나서 말싸움을 해요! 말싸움!

괴물이 자기는 원래 착했는데 박사 때문에 악마가 됐다고 징징거리고. 그러니까 박사가 빡쳐서 말로만 죽여버리겠다고 하고. 이게 말이 돼요? 에이씨, 저 같은 고딩이 써도 이것보다 격투씬은 잘 쓰겠네. 헉! 이 책이 200년 전에 나왔다고요? 대박! 헐… 작가가 열아홉 살에 책을 냈다고요? 존멋탱! 그 누나 예뻐요? 부심쩔겠네! 암튼 끝까지 보긴 봤는데… 우이씨. 고구마 백만 개 처먹은 것 같아요.

괴물이 농가 축사에 숨어서 변태처럼 '드 라세' 가족 덕후질하고… 그러다 어느 날 근자감으로 그 가족에게 갑툭튀하고… '드 라세' 가족들이 괴물 상판보고 혼비백산하니까 열 받아서, 그 집 불 싸지르는 방화범 되고… 방화범에서 여자 친구 만들어 달라 박사한테 협박하다가 안 되니까 괴물이 연쇄살인범 되는…. 괴물이 범죄자 되는 뭐…. 그런 내용이던데요.

하하하. 제가 원래 줄거리 요약, 이런 거에 진심 약해요. 그래서 지금 울 엄마가 논술학원 보내잖아요. 한마디로 정리하라고요? 아, 몰라~ 괴물이 괴물 된 건 자기 탓! 박사가 괴물한테 당한 것도 자기 탓! 아닐까요? 하하. 세상에 태어나서 이렇게 길게 썰 푸는 것도 처음이에요. 저, 개착해진 것 같아요. 우리 엄마가 서평 올리면 이번 주 게임시간 늘려준다고 해서 이렇게 쓰긴 썼는데…. "직접 읽고 쓴다. 괴물에겐 간지가 없다. 평점 별 다섯 개 준 놈들은 그냥 책 안 읽은 놈들이다."

(★★☆☆☆)

ID: 궁서체

"오, 프랑켄슈타인, 모든 이에게 공평하게 대하면서 나만 짓밟지는 말란 말이다. 나야말로 당신의 정의, 심지어 당신의 관용과 사랑을 누구보다 받아 마땅한 존재니까. 기억하라, 내가 당신 피조물이라는 사실을. 나는 당신의 아담이 되어야 하는데 오히려 타락한 천사가 되어, 잘못도 없이 기쁨을 박탈당하고 당신에게서 쫓겨났다. 어디에서나 축복을 볼 수 있건만, 오로지 나만 돌이킬 수 없이 소외되었다. 나는 자애롭고 선했다. 불행이 나를 악마로 만들었다. 나를 행복하게 만들어라, 그러면 다시 미덕을 지닌 존재가 될 테니."

제가 밑줄 그은 부분입니다. 아담의 입장인 괴물이 창조주인 빅터에게 자신만을 '짓밟지' 말라며 공감해 줄 것을 강력히 요구하는 장면인데요, 혹시 들어보셨습니까? '호모 엠파티쿠스(Homo Empathicus)', 즉 공감하는 인간.

세계적인 경제학자이자 문명비평가인 제레미 리프킨은 인간이 세계를 지배하는 종種이 된 것은 뛰어난 공감능력을 가졌기 때문이며, 인류 문명의 원동력은 공감 능력임을 강조했습니다. 다시 말해, 인간이 동물보다 위대한 점은 바로 상대의 마음자리에 가서 앉아보는 것, 그 마음을 상상해 보는 것이라 할 수 있겠습니다.

예를 들어 저와 함께 근무하는 동료는 자신이 처리하지 못하는 업무를 수시로, 특히 퇴근 시간이 가까워서는 당연하다는 듯 부탁합니다.

제가 파악한 업무는 기꺼이 도울 수 있지만, 저도 모르는 업무를 무턱 대고 부탁할 때는 무척 난감합니다. 두세 달이야 어떻게 물어물어 도와 주었지만, 횟수가 거듭되다 보면 화가 나고, 더욱 최악의 상황은 부탁 을 거절하지 못하는 저에게 오히려 그 화를 돌리기까지 한다는 것입니 다. 하지만 시간이 지나 그 동료는 치매 걸린 어머니를 돌보고 있고, 퇴 근 시간이 되면 늦지 않게 어머니를 모시러 복지관으로 가야 한다는 것 을 알게 되었습니다. 직장생활과 어머니 간병을 병행하는 바쁜 사정을 알고 공감되었기에 이제, 보다 가벼운 마음으로 동료의 부탁을 받아들 입니다. 그 사람의 사정을 이해하면 연민하는 마음이 생기고 결국 배려 하는 행동으로 이어질 수 있다는 것을 실감했기 때문입니다.

인간은 자기 안에 이기적인 면이 있는 만큼이나 강한 공감 능력이 있다고 합니다. 우리가 다른 사람의 입장에 서서 그 사람의 시선으로 삶을 바라볼 수 있다면, 더 나아가 그를 위해 적극적인 행동까지 취할 수 있게 된다면, 공감하는 인간으로서의 본질과 맞닿을 수 있을 것 같 습니다.

하지만 '자애롭고 선했던' 괴물은 자신의 창조주에게, 처음으로 다 가가고 싶었던 '드 라세' 가족에게 단 한 번도 공감받지 못했습니다. 바 로 이 지점에서 괴물과 인간의 경계가 생기는 것 같습니다. 공감이 부 재하는 곳에 언제든 괴물이 찾아와 자애롭고 선한 우리 자신을 죽이고 진정한 괴물로 변신할 수 있다는 메시지를 전해주는 책, 제가 읽은 '프 랑켄슈타인'이었습니다.

(★★★★★)

ID: 단디 해라

머라 카꼬…. 이름이 성격유형을 대표하는 머, 그런 책의 주인공들 있다 아입니까~. 이대로냐 아니냐, 그기 문제(To be or not to be)라며 맨날 고민하다가, 복수 빼고 머시든가 한다는 우유부단함의 대명사 '햄릿', 풍차보고 괴물이라꼬 일단 돌격하는 좌충우돌 또라이 '돈키호테', 간에 헛바람 쌔리 드가서 바람나고 재산 말아 묵고 결국 자살하는 망상병 환자, '보바리 부인'인가? 뭐 그런 거예. 아 문디. 내는 이 책도 주인공 이름이 '프랑켄슈타인'인 줄 알았쓰예. 근데, 알고 본께 괴물을 만든 창조자 이름이 '프랑켄슈타인'이데예. 하기는, 유전자를 인위적으로 결합시켜 만든 유전자변형식품을 '프랑켄푸드(frankenfood)'라고 한께 괴물을 연상시킨다는 점에서 까짓, 이름 헷갈리는 건 넘어가입시더.

　나누고 싶은 내용이라꼬예? 뭐… 먼저, 괴물이 자기를 맹글어놓코 생긴 게 끔찍하다꼬 버리삔 프랑켄슈타인 박사에게 복수하는… 방향성에 대한 불만이 억수로 커예. 안 그렇습니꺼? 복수를 할라꼬 하면 당사자에게 해야지, 왜 아무 죄도 없는 박사 가족이나 친구를 골로 보내는지 모르겠더라꼬예.

　지가 그리스 로마 신화에 나오는 '헤라' 여신인 줄 알았는갑다. 맞다 아입니까! 바람난 지 신랑부터 잡아야지 지보다 강한 제우스는 못 잡고 오히려 제우스한테 속은 여성들이나, 제우스가 낳은 자식, 아니면 아무 상관없는 사람들이나 황천 보내고… 신화소神話素라꼬예? 뭐 그런 어려운 건 모르겠고, 주인공 주위 죄 없는 사람들의 죽음에 숨통 터질라 하데예. 암튼 괴물 금마는 분명 사이코패스라예! 그리고 제가 보기에 더 나쁜 놈은 프랑켄슈타인 박사, 일마 고예!

지가 불법으로 괴물을 만들었다! 그 불쌍한 하녀는 지가 만든 괴물 때문에 억울하게 누명을 썼다! 와 말을 몬하는지. 억수로 비겁하데예. 그래서 하녀 이름이… 저스틴인가 유스틴인가 하는 애가 오히려 자기처럼 비참한 사람을 위로해 주러 와서 박사와 박사 약혼녀에게 고맙다꼬 하고 결국 죽는다입니까. 서양이든 동양이든, 옛날이든 지금이든, 우이씨. '유전무죄有錢無罪 무전유죄無錢有罪'는 변하지 않는 진리든데예. 뭐, 없는 놈만 억울하지예.

그라고 제가 한 십 년 전, 하롱베이로 여행을 갔는데… 유람선 구명조끼 나눠 주는 천지빼까리 알라들이 '라이따이한'이라꼬 안 합니까. 순간 속이 디비지고 쪽팔리고 미안하고. 베트남 파병 가서 자식 싸질러 놓고 그 아가 어느 날 "아부지~" 하고 한국에 찾아올랑가 싶어서 부들부들 떨고 있는 쫄보 아재들이랑, 지가 만들어놓고 생긴 게 혐오스럽다며 괴물을 방치하고… 찾아와서 해코지 할까 신경 쌔빠지게 닳은 박사랑 하나도 다를 게 없더라꼬예! 내한테 함 잡히면 똥방디를 콱 주차삐낍니더.

은자 내한테 '프랑켄슈타인'은 낯가죽의 기괴함이나 흉물스러움보다 내면이 더 괴물 같은, 책임지지 않는 인간의 추악함 같은 겁니더.

(★★★☆☆)

ID: 미치게 안, 친절한 철학자

질문:

괴물이란 무엇일까?

대답:

나는 내가 괴물에 대해서 모른다는 것을 안다. _소말크라테스

괴물은 그림자에 불과하다 _플랑크톤

괴물의 폭주에는 목적이 있다. _아리스토일텔레스

나는 책임지지 않는다! 그러므로 빅터 프랑켄슈타인이다. _데차르트

중요한 것은 괴물을 변혁하는 것이다. _목마르크스

괴물은 죽었다. _급체

무의식이 프랑켄슈타인을 지배한다. _프로이트럭

(★★★★☆)

얼렁뚱땅 서평단은 "이 책 어때?"라는 질문으로 네 분의 감상평을 만나보았습니다. 더불어 메리 셸리가 제시한 인간과 괴물의 다양한 해석은 오늘날 과학기술이 야기하는 사회 윤리적 문제와 맞물려 여전히 우리에게 프랑켄슈타인의 현재성을 확인해 주는 것 같습니다. 오늘 여러분도 '무엇이 인간을 인간답게 하는가?', '우리가 정말 두려워할 것은 괴물인가? 괴물이 되어가는 인간인가?'에 대한 물음에 자신만의 답을 찾아보는 시간 되셨으면 좋겠습니다. 감사합니다.

지금 여기로
가는 길 찾기

노인으로 태어난 아이

책을 읽고 나면 (가끔) 스스로에게 질문한다. 지금 이대로 괜찮으냐고. 내가 물어보고 (화들짝) 놀란다. 괜찮은지 아닌지 어떻게 알 수 있을까 난감하기 때문이다. 질문에 대한 답을 찾으려 고민 끝에 떠올린 책이 있다.

『벤자민 버튼의 시간은 거꾸로 간다』는 '슬프게도 인생은 최고의 대목이 제일 처음 오고 최악의 대목이 맨 끝에 온다'는 마크 트웨인의 발언에서 영감을 받아 창작된 피츠제럴드의 단편소설이다. 그중에서 거꾸로 가는 시간의 처음, 마크 트웨인의 발언이 변주되어 상징성을 갖는 부분을 읽어본다.

"어느 게 우리 아이죠?"

버튼 씨의 눈은 간호사의 손가락을 따라갔다. 그리고 이것이 그가 본 광경이었다. 넉넉한 흰 담요에 싸인 채 몸이 다 들어가지도 않는 요람에 억지로 끼어 앉아 있는 것은, 일흔은 좋이 되어 보이는 노인이었다. 성성한 머리는 백발이었고 뺨에는 흐린 잿빛 수염이 길게 내려와 있었다. 수염은 창문으로 들어오는 미풍을 받아 앞뒤로 우스꽝스럽게 물결쳤다. …

"댁이 내 아버진가?"

"당신은 도대체 어디서 온 겁니까? 당신 누구죠?"

"정확히 내가 누군지는 나도 모르지."

믿기시는지. 태어난 지 몇 시간밖에 지나지 않은 아기가 아버지로부터 자신의 정체성에 대한 질문을 받은 것이다. 물론, 육십 하고도 열 살은 더 먹은 아기(노인)로 태어나서 가능한 일이었지만. 과거에서 현재를 지나 미래로 향하는 단선적인 시간 개념으로 볼 때 벤자민의 인생 주기는 거꾸로 진행된다. 마치 로켓을 쏘아 올리기 직전부터 발사 순간까지 수를 거꾸로 헤아리는 카운트다운의 은유라고나 할까. 설정한 숫자가 줄어드는 방식으로 벤자민 버튼의 인생이 흘러가는 것은 스콧 피츠제럴드만의 감탄할 만한 상상력이다. 피츠제럴드의 작품들은 문학에 대한 순수한 꿈보다는 쉽게 돈을 벌어보겠다는 생각에서 쓴 글이 많다고 한다. 위대하고 숭고한 문학적 동기의 발현도 좋았겠지만 내겐 이렇게 매문賣文을 위한 동기가 오히려 인간적으로 와닿는다. 돈의 치명적인 아름다움은 그가 살았던 '재즈 시대'를 관통한 시대정신의 드러냄이었을지도 모르니까.

시간이라는 이름의 인생과 마주친다면

> "하지만 생각해 봐요. 다른 모든 사람들이 당신처럼 세상을 살면 어떻겠어요? 세상이 어떻게 되겠어요?" 이는 무의미하고 대답할 수 없는 논쟁이었기 때문에 벤자민은 아무 말도 하지 않았다.

세상에 가벼운 질문과 무거운 질문 두 종류만 있다고 가정한다면, 힐더가드의 질문은 후자에 속한다. 모든 사람이 점점 젊어지면서 세상을 살면 '어떻게' 될지는 벤자민도, 나도 모른다. 그렇기에 이 소설이 필요했던 거라고밖에는. '어떻게'라는 질문을 가볍고도 무겁게 던질 수 있을 때 '어쩌면' (아무 말이라도) 대답할 수 있을 것 같기도 하고. 그저 팔랑거리고 낄낄대고 좀 어처구니없는 이야기를 좋아하는 가장 큰 이유는, 나 역시 이런 성향을 남부럽지 않게 갖춘 인간이기 때문이다. 옮긴이는 '틀림없이 우스개인데 역자부터가 우습지 않아 막막하기도 했다'라고 하지만 나는 (틀림없이) 웃었다. 익숙한 관습을 거부하며 (흰 담요와 우유병 대신) 옷과 지팡이를 요구하는 장면을 읽어본다.

"여봐," 노인이 갑자기 선언했다. "내가 이 담요를 두르고 집까지 걸어갈 거라 생각한다면, 완전 잘못 생각한 거야."

"아기들은 늘 담요를 둘러요."

심술궂게 버스럭거리더니 노인은 조그만 흰색 포대기 옷을 들어 보였다. "봐!, 이런 걸 날 보고 입으라고 준비해 뒀더라고."

"아기들은 다 그런 걸 입어요." 간호사는 딱딱하게 말했다.

"음," 노인이 말했다. "그렇다면 이 아기는 이 분 뒤에는 아무것도 안 입을 거야. 담요는 가려워. 적어도 침대 시트를 갖다 줄 수도 있었잖아."

"입고 있어요! 입고 있어!" 버튼 씨는 허둥지둥 말했다. 그는 간호사를 돌아봤다. "제가 뭘 해야 하죠?"

"시내에 가서 아들한테 줄 옷 좀 사 오세요."

버튼 씨 아들의 목소리가 복도 끝까지 따라왔다. "그리고 지팡이도, 아버지, 지팡이 갖고 싶어."

태어나자마자 '(아기들은)늘'과 '(아기들은)다'에 맞추어 사회화시키려는 세상을 향해 날리는 벤자민의 유쾌한 협박은 피식거리게 되면서도 의미심장하게 다가온다. 또한, 14살에 입어야 하는 긴바지를 12살에 입고 싶다고 요구하는 모습은, 진정한 개인의 성장은 자신을 둘러싸고 있는 관습과 당위의 틀을 거부할 때 시작될 수 있다는 나의 믿음에 확신을 준다. 설정의 기발함에 감탄하고 우스꽝스럽고 장난처럼 진행되는 이야기의 끝에는 시간이라는 이름의 인생과 (결국) 마주

치게 된다.

리듬에 맞는 시간

'과거, 현재, 미래로 이어져 머무름이 없이 일정한 빠르기로 무한히 연속되는 흐름'을 시간의 사전적 의미로 상정한다면 시간은 무한하다. 하지만 인간은 유한하기에 여기서 시간의 역설이 생긴다. 정방향의 시간이든 벤자민처럼 역방향의 시간이든 변하지 않는 진실은 주어진 시간은 정해져 있다는 것이다. 그렇기에 시간을 생산적이고 효율적으로 써야 한다는 강박에 자신을 스스로 묶는 대신, 나만의 리듬에 맞춰 능동적으로 시간을 만들어가는 방향과 방법을 고민하게 한다.

발리에는 시간을 순환하는 바퀴로 보는 특유의 시간관이 있다. 파우콘(Pawukon)이라 불리는 달력은 시간이 얼마나 지났고 남았는지를 말해주는 대신, 지금이 어떤 종류의 시간인지 위치를 표시해 주는 역할을 한다. 사원에서 의식이 있거나 지역 시장이 열리는 등 중요한 일이 있는 날을 찬 날(full day)이라고 하고, 아무 일도 일어나지 않는 날을 빈 날(empty day)이라고 한다. 즉, 시간의 길이보다는 반복적으로 돌아오는 순환적 시간관을 중요하게 생각한다는 것이다.

내 짧은(?) 생을 돌아보면, 시간을 채 썰어 다지며 해야 할 일에 쫓기는 것을 스스로 대견해하거나 바쁜 시간은 '하늘을 우러러' 뭔가 부끄럽지 않기도 했다. 하지만 아이러니하게도 책을 읽거나, 차를 마시거나, 산책하거나, 아무것도 하고 싶지 않은 시간이 '해야 할 일'의 우선

순위에 (매번) 밀려나는 것이 왠지 구차하고 비루하게 느껴져 억울하기까지 했다. 나의 리듬과 맞지 않아, 가장 사랑하지만 가장 만만한 가족들에게 '한강에서 뺨 맞고 종로에서 화풀이' 하는 날이 많아지고 있었다. 시간에 쫓기며 분주하게 산다는 것은 내가 지금 어디에 서있는지, 왜 서있는지, 나를 돌아보고 살펴볼 겨를을 놓치고 있다는 뜻이기도 했다. 내가 보내고 있는 시간의 의미와 방향, 리듬을 재설정하지 않으면 소중한 '무엇들'을 모두 놓치게 되리라는 것은 자명했다.

지금이 화양연화

나뭇가지의 어느 부분을 선택하여 확대해도 전체 나무 모양과 거의 같은 모습이라는 브누아 망델브로의 프랙털(Fractal) 이론은, 부분과 전체가 닮은 모양을 한 자기 '유사성'과 단순한 기본도형이 끊임없이 반복되는 '순환성'이 전체 구조를 만든다는 것이다. 내가 보내는 어느 순간을 선택하여 확대해도 전체 인생과 비슷할 것으로 생각하니 '지금 이 순간'의 소중함이 더욱 절실해졌다. 매 순간이, 하루가, 일 년이 모여 결국 내 삶이 되기에 바로 지금을, 내 인생의 가장 아름답고 행복한 순간으로 만들어야 할 이유는 충분했다.

『벤자민 버튼의 시간은 거꾸로 간다』는 세상의 시간은 모두에게 같은 방향으로 흘러가더라도 개인으로서 '나만의' 시간은 특별한 의미와 순간으로 가꾸라는 의미로 도착한 책이다. 벤자민의 시간을 따라가다 보면 삶의 곁가지는 모두 떨어지고 고갱이만 남는다는 것을 알게 된다. 인생의 덧없음이 주는 서늘함과 환멸을 만날 때 무거움 뒤의 가벼움은 얼마나 홀가분한지. 그 가벼움이 얼마나 생을 환하게 밝혀주는지. 다만, 자주 잊었을 뿐이다. 붙잡고 싶거나 달아나고 싶거나가 전부일지도 모르는 시간 앞에서 다시, 처음의 질문으로.

지금 이대로 괜찮으냐고. 대답한다.

거꾸로 가든 바로 가든, 시간은 관념이 아니라 삶이다. 지금 이 순간이 내 삶의 가장 아름답고 행복한 화양연화花樣年華일지 모르는데 (앞에서든 뒤에서든) 아무렇게나 읽어도 좋은 '아 좋다 좋아'가 아닐 수 없다. 그렇기에 '앉은 자리 꽃자리' 만들고, 많이 사랑하고 더 많이 웃자고. 지금 여기로 가는 길을 찾는 나와 같은 모든 이에게, 태어나자마자 우리 모두에게 이미 시작된 주문을 외친다.

"…셋, 둘, 하나, 지금!"

인생아,
안녕

- 윤한나 -

결핍이 또 다른 축복이라는 의미를 깨닫기까지
수많은 이들을 만났다.
어려운 상황 속에서도 삶을 붙들고
끝까지 자신의 길을 걸어갔던 이들에게서 인생을 배운다.
울고, 웃고, 화내고, 화해하고.
나의 인생이 곧 스토리다.

| 참고한 책 |

올더스 헉슬리, 『멋진 신세계』, 안정효 옮김, 소담출판사, 2015.
볼프람 폰 에셴바흐, 『파르치팔』, 허창운 옮김, 한길사, 2005.
커크 월리스 존슨, 『깃털 도둑』, 박선영 옮김, 흐름출판, 2019.
최명희, 『혼불』, 한길사, 1997.

슬픔도
내 삶이다

소마를 먹는 일

"1세제곱센티미터만 들면 열 가지 침울한 기분이 물러간다는 걸 잊지 말아요."

그녀는 상대방이 짜증을 내자 어김없이 권했다. 늘 그래왔던 것처럼. 여기에선 기분이 우울해지면 이것을 먹는다. 그러면 어두운 기억은 사라지고 새로운 느낌이 든다. 이 물질의 이름은 '소마'이다. 이것만 있으면 불행한 일은 생기지 않는다. 대신 자신이 누구인지도 깨닫지 못한다.

올더스 헉슬리가 쓴 소설 『멋진 신세계』에 나오는 한 대목이다. 이 소설은 제목과 달리 디스토피아적인 내용을 다루고 있다. 사람들은 모체가 아닌 배양액에서 태어난다. 아니, 만들어진다는 게 더 정확한 표현일 듯하다. 미래의 직업군에 따라 두뇌의 총량, 외모, 계급이 결정된다. 철저히 계산된 수치에 따라 인생의 미래가 주어지는 것이다. 사람들은 왜 그렇게 살아가야 하는지 생각할 수 없다. 그냥 주어진 대로만 살 뿐이다. 의문을 제기하지도 않는다. 어릴 때부터 들은 반복된 목소리에 세뇌된 채로 길들여진다. 그래서 스스로 판단하고 생각하는 힘을 가지지 못하게 되었다.

그런데 단 한 사람, 그런 삶에 염증을 느끼는 존재가 있다. 이름은 버나드 마르크스. 다른 사람들의 눈에는 뭔가 불편하고 특이한 인물로밖에 보이지 않는다. 심지어 그는 남들이 흔하게 먹는 소마조차 거부하기도 한다.

억지로 잊지 않기

"그토록 철저히 어떤 다른 존재의 한 부분이 되기보다는 진정으로 나 자신다워진다는 거죠. 사회적인 집단의 세포 하나가 아니고요."

자신의 기분을 이해하지 못하는 레니나에게 버나드는 이렇게 항변한다. 소마를 먹으면 금세 기분은 좋아지지만 자신의 마음을 들여다볼 기회를 상실하게 된다. 버나드는 기쁨과 슬픔, 분노와 짜증 등 여러 가지 감정을 그때에 따라 느끼고 누리고 받아들이길 원한다. 모두가 모두를 공유하는 사회에서 자신으로서 온전히 살고 싶은 버나드의 소망은 쉽지 않은 것이다. 마치 AI에게 직관을 요구하는 것처럼.

이 소설을 읽으며 생각했다. '지워버리고 싶은 기억을 억지로 없애

버리면 온전히 행복해질 수 있을까?' '슬픔을 슬픔으로 대면하지 않고 억누르면 다시 기쁨을 회복할 수 있을까?' 기쁨도 슬픔도 내 안의 감정이다. 자신의 일부이다. 지금 당장 힘들다고 그것만 떼어버린다 해도 일상이 아무렇지 않은 듯이 돌아갈 것 같지 않았다. 슬픔이 찾아올 때 제대로 대응하지 않고 밀어내기만 하면 부작용이 생길 거라는 생각이 들었다. 어쩌면 버나드는 선택받은 인간이다. 다른 유형의 사람들보다 생각하는 능력을 많이 가지고 만들어졌으니까.

누군가는 이렇게 말한다. "잊으려 하는 것은 잊지 않으려 하는 것보다 더 어려운 일이다"라고. 그래서 억지로 잊으려 하면 더욱 생각나는 게 사람이니 자연스럽게 받아들이면 언젠가는 서서히 잊게 되는 거라고.

아픈 기억과의 대면

어느 날부터 비가 오는 날은 기분이 가라앉았다. 원래 비 오는 날을 좋아하지는 않았다. 그러나 예전과 다르게 비가 오는 날에 더 처지는 건 왜일까. 곰곰이 생각하니 아버지의 죽음과 연관이 있는 것 같았다.

평생 노름과 안일함으로 가족의 애를 끓였던 사람. 7시간의 대수술을 받고서도 나쁜 습관을 끊지 못했던 이의 죽음. 새벽부터 울려댔던, 여러 통의 부재 전화. 예고 없던 사망 선고. 태어났던 날과 죽은 날이 동일한 사람. 혼란스러웠고 죄스러웠다. 미운 짓을 많이 했다고 가족이 아닌 건 아니니까. 제대로 된 작별 인사를 못한 게 제일 마음에 걸렸다.

"여긴 걱정하지 마세요. 천국에 먼저 가 계세요."

이승에서의 마지막, 편안한 인사로 안심시켜 드리고 싶었는데. 그런 기회조차 놓쳐버렸다. 가까운 이의 죽음은 인생을 달리 보게 만든다.

아픈 기억을 잊는 것은 지혜입니다.

아픈 기억을 대면하는 것은 용기입니다.

신영복 선생님이 하신 이야기이다. 우리가 힘들 때 사람들은 보통 잊으라고, 털어버리라고 쉽게 말한다. 그런데 정말 힘들 때는 잊고 싶어도 잊을 수가 없다. 비우고 싶어도 비워지지가 않는다. 자기 마음과 생각을 마음대로 조종할 수가 없다. 잠들기도 힘들고 먹기도 힘들고 머릿속 생각은 둥둥 떠오르는 상태. 우울증으로 힘들어하는 지인들에게 가벼운 충고를 했던 나 자신이 얼마나 어리석었는지 슬픔과 대면하고 나서야 그들의 감정에 가닿을 수 있었다.

자신이 겪지 않은 일에 대해 함부로 이야기하는 것은 오만이 될 수 있다. 듣기 지겹다고, 이제 좀 그만하라고 쉽게 하는 말들이 슬픔에 잠긴 사람들에게 얼마나 큰 상처가 되는지. 차라리 섣부른 위로보다 적절한 침묵이 더 나을지도 모르겠다. 그럼에도 불구하고 슬픔을 피하지 않고, 소마를 먹지 않고 눈앞의 현실을 그대로 대면하는 일은 용기 있는 자가 할 수 있는 위대함이다.

결국은 사랑이다

영화 〈어벤져스〉에 나오는 생각하는 악당 타노스. 타노스는 이 지구를 정화하기 위해 절반의 인류를 날려버린다. 그런데 여섯 개의 강력한 '스톤' 중 하나인 '소울 스톤'을 얻기 위해서는 자신이 가장 사랑하는 것을 희생해야만 한다. 자신은 우주의 필연적인 존재라고 자처하며 딸까지 서슴없이 죽이는 아버지. 그의 모습을 보며 지구를 위한다는 명분이 조금 부족한 게 아닌가 생각했다. 우월한 타노스는 결국 딸까지 희생시키며 지구의 평화를 위한다지만 인류의 절반을 잃은 나머지 인류는 크나큰 슬픔에 잠겨 일상을 유지하기가 어려울 지경이 되었다.

이 시리즈의 마지막 영화인 〈어벤져스 엔드게임〉에서 동료를 잃은 나타샤는 실종된 가족과 친구들을 위해 기꺼이 자신을 던진다. 그리고 과거의 시간에서 다시 획득한 '소울 스톤', 그녀의 희생으로 어벤져스는 여섯 개의 '인피니티 스톤'을 다시 획득하여 사라진 인류의 절반을 되찾게 된다. 하지만 그 과정에서 나타샤와 유쾌한 천재 토니가 죽음을 맞이했다.

우리보다 특별한 영웅들조차 가족과 친구를 잃은 슬픔에는 어쩔 도리가 없었다. 자신만의 슬픔에 갇혀 일상도 엉망이 되고 짜증이 자주 솟구쳤다. 자신에게 남은 것이 더욱 소중하여 움켜쥐려고 하는 모습도 보였다. 그럼에도 그들은 자신들의 슬픔에만 갇혀있지 않았다.

"어떻게 하면 저들의 슬픔을 덜어줄 수 있을까?"

그 질문에 골몰하고 해결하고자 지혜를 모아 방법을 간구한다. 그것은 단지 자신의 위상을 높이고 정체성을 지키기 위함이 아니었다. 사랑. 함께 공유하고 느끼고 살았던 모든 순간들 속에 뿌려진 사랑 때문이었다.

소마를 먹으면 슬픔을 잊고 살 수 있다. 하지만 자신처럼 슬픔에 빠진 이들을 살펴볼 여력은 사라진다. 아버지의 장례를 치르고 가족을 잃은 사람들의 마음을 조금 더 이해할 수 있었다. 이런 기분이 들겠구나. 이 부분이 힘들겠구나. 동병상련의 힘은 가볍지 않다. 자식을 잃은 사람을 위로할 때 그렇지 않은 사람보다 같은 처지에 있는 사람들의 위로가 더 와닿지 않겠는가. 흔한 결혼식 주례사처럼 인생은 역동적인 과정, 그 자체다. 검은 머리가 파뿌리 될 때까지 어디 기쁨만 존재하겠는가. 슬픔도 우리 인생의 일부분이다.

앞에서 말한 신영복 선생님의 말씀처럼 '아픈 기억을 잊는 것은 지혜'이고, '아픈 기억과 대면하는 것은 용기'이다. 자신만의 '소마'로 슬픔을 잊는 것도 한 가지 방법이다. 또한 슬픔을 억지로 밀어내지 않고 자연스러운 삶의 과정으로 받아들이는 것 또한 훌륭하다. 어떤 태도로 슬픔을 대하든 그것은 그대의 몫이다. 단지 염려되는 것 하나. '소마'를 활용할 때는 중독을 조심할 것!

내 삶의
성석聖石을 찾아서

파르치팔

"만약 누구든지 기사도와 기사들에 관해 단 한 마디라도 하면 사형에 처할 것이다."

어느 날 여왕이 왕자의 주변 사람들에게 명을 내렸다. 기사도와 기사들에 관한 이야기를 하는 자는 사형에 처한다는 것. 이런 명령을 내린 이유는 세상물정 모르는 아들이 기사들의 모험담을 듣고 아버지처럼 집을 나갈까 염려했기 때문이다. 여왕의 남편은 집을 나가 돌아오지 않았고 그것은 젊은 미망인에게 트라우마를 남기기에 충분했다. 덕분에 아들은 우스꽝스러운 옷을 입고 시골에 틀어박혀 세상과 거리를 두며 살아야 했다. 아들의 이름은 파르치팔, 훗날 성석聖石을 찾는 주인공이 된다.

돌연한 출발

『파르치팔』의 저자이자 중세 궁중 서사시의 대가인 볼프람은 무려 총 16권 2만 4810행의 장편 운문 서사시를 만들어냈다. 정식 교육을 받지 않고 독학으로 저명한 작가들의 책을 탐독하고 자료를 모은 부지런한 사람이었다. 이토록 긴 서사시를 엄청난 노력을 들여 써낸 것을 보면 그에게도 바보처럼 우직한 파르치팔의 피가 흐르고 있음이 분명하다. 물론 그런 책을 묵묵하게 읽어낸 나도 마찬가지다.

어느 날 사냥에 나선 파르치팔은 우연히 세 명의 기사들과 만나게 된다. 평소 머릿속에서만 상상했던 기사들의 늠름하고 당당한 모습. 그 모습에 넋을 잃고 만다. 곧장 파르치팔은 자신도 모르는 어떤 힘에 이끌려 기사들을 따라나선다. 아들의 가출을 막고자 그토록 애썼던 어머니의 노력은 아무런 소용이 없게 된다.

아무런 준비도 없이 무작정 길을 나선 파르치팔은 숲속에서 마주친 공작부인의 보물을 강제로 **빼앗는** 무례를 범한다. 목적지도 정해지지 않은 길에서 만난 수많은 기사들과 창 겨루기를 통해 조금씩 자신의 재능을 드러낸다. 그러나 나이가 어려 사회적 경험이 없는 파르치팔은 창 겨루기 도전에 취해 혈육을 죽이는 큰 죄를 저지른다.

파르치팔의 삶은 우리의 모습과 닮아있다. 세상의 모든 엄마는 자식이 안전하기를 바란다. 엄마들이 친구를 잘 사귀고, 선생님 말씀 잘 듣고, 공부 열심히 하고, 공무원이 되라고 말하는 이유는 도덕적이기 때문이 아니다. 자식을 사랑하기 때문이다. 안전하고 건강하고 행복하게 살기를 바라는 마음이다. 하지만 그런 노력은 대부분 소용이 없다.

자식들은 때가 되면 자기만의 길을 찾아가기 때문이다.

모험과 스승

그러나 인간은 사회적 존재이기에 혼자서 모험을 완성하기 힘들다. 홀로 꿈을 이루기도 어렵다. 반드시 조력자, 즉 사회의 일원으로 잘 적응할 수 있게 도와줄 스승이 필요하다. 파르치팔도 삶의 여정에서 스승 구르네만츠를 만난다. 구르네만츠는 그에게 기사 교육과 궁정에서 취할 올바른 사교적 태도를 가르쳐준다. 때와 장소에 따라 말을 삼가라는 교훈도 알려준다. 어렸을 적부터 어머니의 엄격한 교육을 받아온 파르치팔은 스승의 말을 곧이곧대로 받아들인다. 사회적 경험이 부족하니 융통성도 부족할 수밖에.

"당신의 고통은 무엇 때문인가요?"

온갖 어려움을 이겨내고 수많은 시합을 치른 후 성석의 왕인 안포르타스를 만나게 된 파르치팔. 저 질문만 던지면 그는 성석의 주인이 될 수 있었다. 안포르타스는 성석 기사단의 규칙을 어겨 병을 얻게 된다. 그 병은 성석의 주인으로 정해진 자의 질문으로만 회복될 수 있었다. 그러나 모두의 기대와 달리 파르치팔은 스승의 가르침을 잘못 해석하여 아무런 질문도 하지 않는다. 적절한 질문을 해야 할 때, 융통성 없는 파르치팔은 그만 입을 다물어버렸다. 어릴 때는 어머니의 명령에 순응했고 자라서는 스승 구르네만츠의 가르침을 그대로 받아들였다. 하지만 스스로 판단이 필요한 결정적인 순간, 그는 아무것도 하지 못했다.

　우리는 태어나서 사회화를 거친다. 아리스토텔레스의 말처럼 인간은 사회적 동물이다. 사회화 과정에서 꼭 필요한 존재가 스승이다. 스승은 우리가 살아갈 때 필요한 지혜와 깨달음을 선사해 준다. 아버지의 부재, 어머니의 엄격한 통제 속에 유년을 보냈던 파르치팔도 스승을 통해 이 사회에 필요한 존재로 조금씩 거듭나게 된다.

　줄탁동시啐啄同時라는 말이 있다. 줄啐은 병아리가 부화될 때 안에서 쪼고, 탁啄은 어미닭이 그 소리를 듣고 밖에서 껍질을 쪼는 것을 가리킨다. 불교에서는 수행승의 역량을 바로 알아차리고 깨달음에 이르게 하는 스승의 예리함을 뜻하는 말로 사용된다. 파르치팔은 스승의 도움으로 질문의 중요성을 자각하게 된다. 질문을 할 수 있다는 것은 자신만의 판단력이 생겼다는 뜻이기도 하다.

질문의 가치

아이가 어른으로 성장하기 위해서는 자신만의 질문이 필요하다. 어릴 때는 권위자, 즉 양육자의 지도에 따라 순응적으로 살아간다. 그러다 사춘기에 접어들 무렵, 양육자의 지시만 따르기에는 불편한 순간과 대면하게 된다. 자신의 주장이 자라면서 보고 들었던 현상과 일치하는지 따지기도 하고, 의구심을 가지고 자신만의 세계로 탐색해 들어가기도 한다. 이때 진정한 자아와 만나게 해주는 통로가 질문이다. 인생에 질문이 없다면 진정한 성장도 어렵다.

"당신의 고통은 무엇 때문인가"라는 질문이 고통의 원인을 추적하게 만들고 안포르타스는 이 질문에 대답함으로써 성석 공동체는 평화를 되찾을 수 있는 것이다. 질문할 수 있는 기회를 놓침으로써 파르치팔은 다시 한 번 시련 속으로 걸어가게 된다. 우리 삶에도 이처럼 질문의 힘이 중요할 때가 있다.

"너처럼 조용한 성격으로는 세상을 살아가기가 힘들어."

어렸을 때 이런 말을 많이 듣고 자랐다. 그래서 주눅이 들곤 했다. 타고난 성향은 잘못이 아닌데 왜 이런 말을 들으며 살아야 할까 의문이 생겼다. 그러던 어느 날 생각했다.

'무조건 남들보다 돋보여야만 잘 살 수 있을까?'

이 질문에 대답하는 데 많은 시간이 걸렸다. 그리고 '그렇지 않다'는 대답을 얻었다. 방법은 조용한 나를 바꾸는 것이 아니라 장점을 찾아보는 것이었다. 말하는 것보다 듣는 것을 좋아한다. 앞에 나서기보다 옆에서 보조를 잘 맞춘다. 민감한 편이라서 남들의 이야기에 공감을 잘한다. 다른 사람의 내면의 변화도 쉽게 알아채는 편이다. 이런 생각을 하다 보니 기분이 좋아졌다. 그리고 잘 살 수 있다는 자신감도 찾아왔다.

의문이 질문을 낳았고 질문이 해답을 찾게 만든다. 이것은 파르치팔이 성석을 찾게 한 질문의 힘을 잘 말해준다. 성석은 영원한 젊음을 유지시켜 준다는 보물이다. 젊음이란 나이나 건강이 아니라 마음의 강인함이고 자신에 대한 믿음이다. 질문을 던지고 자신의 생각에 따라 살아가는 것이 건강하고 아름다운 삶일 수 있음을 『파르치팔』을 통해 배웠다. 덕분에 만나는 사람들에게 덜 상처받고 미래에 덜 주눅 들면서 자신 있게 살아갈 수 있는 비결을 발견했다. 질문에 대한 해답을 구하며 자신만의 길을 갈 때 파르치팔처럼 성석을 발견하는 날이 찾아올 것이다.

인생, 성석을 찾아가는 여행

우리의 삶도 파르치팔이 걸었던 길과 다르지 않다. 자신의 존재 근거를 알려주는 희열을 좇아 성석을 찾아가는 과정이 삶이기 때문이다. 세상은 우리 내면의 성석을 발견하기를 원치 않는 것 같다. '이렇게 살아라, 저렇게 살아라'라는 말로 우리 삶을 재단하고 조종한다. 하지만 평범한 일상을 살아가던 어느 날 마음을 흔드는 사건을 만나고, 우리는 새로운 곳으로 나아갈 기회를 얻는다. 그곳은 낯선 길이고 위험한 여정이다.

다행히 비슷한 길을 걷는 친구와 조력자를 만나고 지혜를 배우고 도움을 얻을 수 있다면 조금 더 수월할 것이다. 문제는 우리가 그들을 알아보지 못할 수도 있다는 점이다. 훌륭한 조력자를 곁에 두고도 알아보지 못한다면 길을 헤매게 될 것이 분명하다. 그런 점에서 자신의 주변을 둘러보는 일은 중요하다고 믿는다. 조력자를 만나고 모험을 통해 깨달음을 얻는 그날까지 나의 여행은 계속될 것이다.

깃털이라는 욕망

깃털에 집착하는 이유

> 1912년 타이타닉호가 침몰할 당시, 다이아몬드 다음으로 배에서
> 가장 값나가고 보험료가 높았던 물건도 바로 깃털 상자 40개였다.
>
> _ 커크 월리스 존슨, 『깃털 도둑』

'바늘 도둑이 소 도둑 된다'라는 속담도 있지만, '깃털 도둑'이란 제목
은 상당히 신선하고 생소했다. 깃털을 떠올렸을 때 연상되는 그림, 그
리스 신화의 이카로스와 다이달로스, 날아다니는 새, 그리고 나의 부
주의로 죽은 가엾은 애완용 새 한 쌍. '세상에 별 희한한 도둑질도 다
있네'라는 예측과 달리 사건은 보다 폭넓은 진실과 어두운 그림자를

드리우고 있었다.

　장래가 촉망되는 플루트 연주자, 180센티미터가 넘는 장신에 호감 어린 얼굴, 적당한 유머가 섞인 서글서글한 인상. 부족함은 없어 보였다. 이렇게 대담하고 황당한 일을 벌이기엔 고작 스무 살밖에 되지 않았다. 무엇 때문일까? 그가 그토록 깃털에 집착하는 이유는 전문가가 말한 아스퍼거증후군 때문인가, 아니면 남들은 모르는 그만의 예술혼 때문일까. 가장 친한 친구를 이용하면서까지 트링 박물관에서 200개가 넘는 표본을 훔친 이유는 그가 바로 세계적인 '플라이 타이어'이기 때문이다.

세계에서 가장 비싼 취미

'플라이 타이어'는 '플라이 타잉'을 하는 사람을 지칭한다. 보통 낚시를 할 때 물고기를 낚기 위해 낚싯바늘에 미끼를 끼워 강이나 바다에 던진다. 플라이 타이어들은 낚시를 위한 미끼가 아닌 예술과 자기만족을 위한 '플라이'를 만든다. 미끼와 비슷해 보이지만 이것은 물고기를 위한 것이 아니라 플라이 타이어를 위한 작품이다. 플라이를 만드는 활동을 '플라이 타잉'이라고 말한다.

　에드윈도 십 대 시절부터 혼자 깃털을 수집하며 플라이를 만들던 플라이 타이어였다. 다른 플라이 타이어들과 마찬가지로 값이 꽤 나가는 희귀 깃털을 사기 위해 알바를 하며 돈을 모았다. 스스로의 작업실에 틀어박혀 시간 가는 줄도 모르고 플라이를 만들었는데 대학 입학할 무렵에는 유능한 플라이 타이어로 조금씩 이름이 알려지기도 했다. 그들은 자신들의 네트워크를 형성해서 깃털을 매매하기도 하고 정보를 공유한다.

그들 세계에서 우위를 차지하려면 남들이 갖고 있지 않은 깃털을 소유하는 게 중요하다. 물론 값이 꽤 나가지만 빛깔이 곱고 특이한 깃털이 있어야 플라이의 예술적 가치도 높아지는 것이다. 에드윈이 트링 박물관에서 200개가 넘는 새 표본을 훔친 이유도 고급스런 플라이 재료를 남몰래 손에 넣기 위함이었다.

선악을 초월한 사랑

이 사건을 황당한 일로 넘기기에는 에드윈이라는 실존 인물이 가진 게 너무 많았다. 호감 어린 외모, 명석한 두뇌, 철저한 계획성, 집요한 노력과 끈기, 타고난 재능 등 다른 이들이 흠모할 만한 요소가 넘치는 사람이다. 에드윈의 잘못은 법이 심판할 것이고, 『깃털 도둑』에서 주목한 점은 이 질문이다. 왜 플라이 타이어들은 플라이 타잉에 미친 듯이 빠져드는가?

사랑에 의해 행해지는 것은 언제나 선악을 초월한다.

프리드리히 니체가 한 말이다. 선악을 초월한 사랑. 에드윈을 비롯한 전 세계 플라이 타이어들은 플라이 타잉이라는 행위 자체를 지독하게 사랑한다. 그들에게 그것은 삶의 의지이고 생존 목표이다. 그 일을 안 하면 죽을 것 같고, 자꾸 생각나서 미칠 것 같으니까. 지금껏 살면서 저토록 애타게 무언가를 그리거나 이루고자 한 일이 무엇이었는지 슬며시 고민도 되었다.

사랑에 빠진 연인들은 주변 사람들에게도 숨길 수 없고 언젠가 표가 나듯, 무언가에 몰입한 사람들도 마찬가지다. 사람들은 자신을 행복하게 하고 만족시키는 일에 점점 빠져든다. 처음에 세발자전거만 타도 재밌어 하던 아이가 나중에 바퀴를 하나 떼고 두 발로 옮기면 그 성취감은 이루 말할 수 없다. 그러다가 한 발 자전거를 배워 묘기를 부리기도 한다. 아예 자전거에서 오토바이로 옮겨 가는 경우도 있다. 오토바이를 타고 요란한 소리를 내며 도로를 달리는 승차감은 맛본 자들만이 느낄 수 있는 희열일 것이다.

사람들이 흔히 즐기는 기호품도 그렇다. 술, 담배뿐만 아니라 커피나 초콜릿도 중독성이 꽤 강하다. 먹으면 먹을수록 더 먹고 싶고 익숙해지고 더 큰 자극을 필요로 한다. 플라이 타이어들은 그 세계에 한번 입문하면 누구나 할 것 없이 깃털에 집착하는 경향을 보인다. 플라이타잉을 할 때 기본적인 재료가 깃털이기도 하고 이들은 남들보다 더멋지고 예쁘게 만드는 예술성을 중요시하므로 뛰어난 작품을 위한 희귀한 깃털은 필수적이다. 선악을 초월한 사랑, 그것은 무서운 취미이자 삶에 대한 에너지이다.

집착, 생生의 다른 이름

내게는 독서가 그렇다. 처음에는 책을 읽으면 힘든 순간을 잊을 수 있어 좋았다. 책을 읽는 동안은 복잡한 문제들에 대한 생각을 잠시 내려놓을 수 있다. 마음이 쉼을 누리는 거다. 그렇게 한 권의 책을 읽다가 저자가 인용한 책이나 본문에 나온 책 중에서 읽고 싶은 책이 생긴다. 학원에서 아이들을 가르치다 보니 예전에는 청소년 심리에 관한 책을 많이 읽었다. 그러다가 독서 모임에도 참여하게 되었다. 모임에서 선정한 책을 읽으면서 평소 관심을 두지 않는 분야의 책도 접하게 되었다. 이런 식으로 읽는 폭이 커지고 다른 사람들과 교류도 서서히 넓혀갔다.

음악도 마찬가지다. 처음에는 끌리는 곡이나 자신이 좋아하는 가수의 노래만 주로 듣게 된다. 하지만 음악을 접하다 보면 노랫말이 주는 의미에 끌려 위안을 받기도 하고 시원한 록밴드의 보컬에 마음속 응어리가 풀리는 기분이 들 수도 있다. 자신이 좋아하는 곡 외에 다른 이들이 추천하는 노래를 들으며 음악의 경계가 풀리고 예술을 대하는 지경이 넓어지기도 한다. 무언가를 뜨겁게 사랑하는 것은 집착이 될 수도 있지만 생生을 이끌어가는 하나의 이유가 되기도 한다.

심한 우울증에 걸리면 매사에 의욕이 없어진다고 한다. 즉 삶에 대한 의지가 적어지는 것이다. 하고 싶은 것도 없고, 먹고 싶은 것도 없고, 아침에 일어나도 아무런 기대도 되지 않는 삶은 참 서글프고 막막할 것이다. 물론 스토커처럼 남의 인생에 지나치게 개입하여 피해를 주는 집착은 예외로 두고. 무언가에 매달리고 그것 때문에 살고 싶고,

내일이 기대된다면 우리 삶이 조금 더 행복해지지 않을까?

소금으로 절인 배추에 고춧가루와 갖은 양념을 넣은 김장 김치처럼 집착은 더 깊은 맛을 우려내는 삶의 에너지로 전환될 수 있다. 모든 것을 버리고 오로지 깃털에만 꽂혀 트링 박물관으로 달려갔던 에드윈처럼. 자신의 욕망이 단순한 집착이 아닌 삶에 활력을 주는 변환점이 되기를 기대해 본다.

인생은
살아지는 거야

계급투쟁의 역사

"저는 본래 배운 것도 없고, 가진 것도 없고, 타고난 것도 없는 천
하 불상놈이올습니다. 허나 이런 놈도 한번 살어보고 싶은 시상
은 있어서 뜻을 갖꼬 맘을 갖고 주먹을 쥐어보는디요."

_ 최명희, 『혼불』

　본인의 말대로 천하의 낮디 낮은, 천하고 천한 놈이 감히 '꽃 한 송
이'를 탐하였다. 서슬 퍼런 매안 종갓집 작은아씨, 강실과 연을 맺어
자신의 주홍글씨를 벗겨낼 수 있다면 얼마나 좋을까 싶어서. 천하 불
상놈은 다름 아닌 거멍굴(천민부락) 춘복을 말한다. 모국어를 목숨처럼

값지게 사랑한 소설가 최명희의 장편소설 『혼불』은 양반과 상민, 상민과 노비의 처절한 인생을 그리고 있다. 숨죽인 채 타고난 핏줄을 어찌할 수 없어 그저 숙명이려니 살아가는 속. 남몰래 파부침주破釜沈舟의 결기로 자신의 운명을 뒤바꾸고자 한 이가 있었다.

초나라의 항우가 군사들에게 외쳤다.
"취사병들은 지금 당장 솥단지를 깨뜨려라!"
뒤이어 다른 명령이 내려졌다. "배를 모조리 가라앉혀라!"
조만간 진나라 장한의 군대가 개미떼처럼 들이닥칠 모양이었다.
항우는 죽음을 각오한 전투를 치를 작정이다. 어차피 죽을 목숨,
그 기세로 싸우리라 단단히 마음먹는다.
"여기서 물러서면 더 이상 갈 곳이 없다. 우린 죽기 살기로 싸운다!"

지금 춘복은 항우나 된 듯이 달을 본다. 자신의 운명을 뒤집어보겠다고 눈에 힘을 주고 주먹을 불끈 쥐어본다. 배운 것도, 가진 것도, 타고난 것도 없어 서러운 인생. 이런 춘복을 보니 슬며시 떠오르는 철학자가 있다. "인간의 역사에서 가진 자가 스스로 자신의 것을 내놓은 적이 있었던가?"라고 말했던 마르크스. 모든 역사를 계급투쟁의 역사로 본 마르크스의 정신이 춘복에게 전해졌는지도 모르겠다. 지금 우리는 무엇을 위해 투쟁하며 살아가고 있을까?

떡 하나와 물 한 잔

그런 춘복을 뒤에서 받쳐주는 인물이 옹구네이다. 『혼불』에서 옹구네는 남의 눈치나 시선에 아랑곳없이 철저하게 자신의 욕망에 충실한 사람이다. 목적을 위해 잠깐의 자존심을 누를 줄도 알고, 뒷담화와 이간질도 서슴지 않는다. 그녀는 어느 날, 춘복의 아기를 가진 강실 아씨를 납치하여 자신의 집에 데려다 놓는다. 남편은 일찍 죽고 총각 춘복을 욕심내어 거멍굴 내에서도 모두가 꺼리는 인물이다. 춘복이가 양반댁 아씨의 핏줄로 천민의 계보를 벗으려고 하자, 자신은 한 걸음 더 나아가 강실을 자신의 아래에 두고 본처 구실을 하고자 한다.

> "말로 치자먼 내가 몬야 살기 시작했잉게 내가 큰마느래고, 지가
> 나중 들옹게 지가 작은마느래지. 가가 소실이여 긍게."

우리는 살아가면서 자신의 욕망보다 남의 이목에 집중할 때가 많다. 예전 양반들이 그랬고, 오늘날 기득권층이라고 크게 벗어나지 않는다. 오죽하면 '허생'의 아내가 책만 읽고 가정 경제는 관심 없는 남편에게 도둑질이라도 해 오라고 구박했을까? 몇십 평대의 아파트에 사는지, 무슨 차를 타고 다니는지, 어떤 옷을 입는지 등 겉모습만 보고 쉽게 판단하는 사회. 우리가 사는 모습을 보았다면 고대 그리스 철학자인 에피쿠로스는 이렇게 말했을지도 모른다.

"내가 떡 하나와 물 한 잔을 주면 제우스 신과 행복을 다투리라."

_ 에피쿠로스, 『쾌락』

옹구네는 여인으로서의 정숙함, 조선시대 아녀자들이 갖춰야 할 덕성과는 거리가 먼 인물이다. 자신이 좋아하는 남자를 향해 저돌적으로 전진한다. 타자의 시선, 사회적 이목, 양심 따위는 그녀에게 거추장스런 부속품일 뿐이다. 그녀에게 떡 하나와 물 한 잔은 춘복이와의 사랑, 그 이상도 이하도 아니니까. 사랑이라는 욕망을 위해 거침없이 돌진하는 그녀의 마음은 애련하기까지 하다. 우리들은 행복을 위해 돈을 벌고 여행을 다니고 가족과 시간을 보낸다. 누군가의 말처럼 '사랑하는 사람과 함께 밥 먹는 것, 그것이 행복'이라면, 옹구네는 그 행복을 위해 파부침주하는 것인지도 모르는 일. 옹구네를 보며 나의 행복은 무엇일까 책을 내려놓고 잠시 생각해 보았다.

여자의 인생

신랑과 딱 삼 일, 그게 전부였다. 혼례 전 잠깐 인사로 연하의 남편과 얼굴 보고 인사한 게 다였다. 꽃가마 타고 최고로 축복받고 기쁨이 절정으로 치달아야 할 혼례일, 무슨 일인지 어린 신랑은 급사한다. 청상과부가 된 종갓집 큰며느리 청암 부인. 그녀는 삶을 이렇게 말한다.

"어쩌든지 있는 정성을 다 기울여서 목숨을 죽이지 말고 불씨같이 잘 보존허고 있노라면, 그것은 저절로 창성허느니. 마음을 잃어버리면 한 생애 헛사는 것이야."

스물을 갓 넘긴 이른 나이. 가난한 집안, 입 하나 덜어내는 셈 치고 할머니는 어머니의 결혼을 서둘렀다. 부모님 체면 생각해서 원치도 않던 시집을 울면서 갔던 어머니. 어릴 때는 그런 어머니를 이해할 수 없었다. 결혼이란 중대사를 부모 때문에 한다는 게 납득이 되지 않았다.

만삭의 몸으로 막달까지 손수 시부모님 진지 차리고, 온갖 집안일에 손에 물마를 날 없던 시집살이. 그러던 어느 날, 의사는 충격적인 말을 한다.

"태아가 거꾸로 자리 잡았어요. 틈틈이 체조를 해서 위치를 바꿔야 해요."

그러나 어머니는 심한 입덧과 가난한 살림에 제대로 된 영양 섭취도 못하고 첫 아이를 다리부터 출산했다. 위험한 상황이었다. 하늘이 도운 탓인지 다행히 산모와 아이는 무사했다. 할머니로부터 그 이야기를 듣고 고생한 어머니가 안쓰러워 마음이 아팠다. 평생 노름으로 애를 먹인 남편과 힘든 생활에도 시댁에 충성해야 한다는 생각을 놓지 않았던 어머니를『혼불』에 나오는 여자들의 삶을 통해 조금씩 이해하게 되었다.

'그 시절에는 오늘과 달라서 여자들이 마음대로 표현하고 주장하고 권리를 내세우지 못했구나. 부모님 속상하실까 걱정하여, 속은 제대로 내보이지도 못하고 많이도 썩히며 살았겠구나.' 왜 그렇게 사셨느냐고 반문하고 따질 게 아니라 아픈 자리, 상처들을 가만히 보듬고 위로해 드려야겠다, 깨닫게 되었다.

시집와서 의지할 자식도 없이, 남편부터 잃은 청암 부인은 얼마나 막막하고 두려웠을까. 어린 나이에 시집와 고생만 하던 우리 어머니가 살던 세월이 그 속에 녹아있었다. 힘들고 서글퍼 모든 걸 놓고 싶어도 이 땅에 생명 주신 부모님 생각해서 참고 또 참았을 순간들. 그녀의 발목을 잡고 늘어졌을 사회적 관습의 벽은 또 얼마나 높았을지. 가부장적 제도에 갇혀 오로지 '순종, 헌신, 희생'의 타이틀에 길들여진 여자의 인생. 그녀들의 삶이 이 책에 녹아있었다.

불씨 같은 목숨 보존하기

『빙점』을 쓴 일본 소설가 미우라 아야코는 '사명'이란 글자는 '생명을 사용한다'는 뜻을 가지고 있다고 말한다. 그녀에게 소설 쓰기는 사명이기 때문에 생명을 소비하는 일이지만 멈출 수 없는 일이라고. 생명이란 죽음을 향해 소비하는 과정인지도 모르겠다. 눈을 뜨고 잠을 자고 수없이 반복되는 일상 속 우리의 생명은 점점 닳고 낡아버린다. 그렇기에 이 귀한 생명을 아무렇게나 놔둘 수가 없는 것이다. 하루하루 소비되는 생명을 그냥 손에서 놓아버리지 않고 불씨처럼 보존하는 일, 그게 인생인지도.

인생은 잘 살아야지 한다고 잘 살아지는 게 아니다. 잘 살아야지 마음먹어도 변수가 생기고 내일 일은 내일밖에 알 수 없다. 그런 의미에서 인생은 살아가는 게 아니라 살아지는 것이다. 오늘은 힘들지만 하루가 지나면 또 하루가 다가온다. 힘들다고 하루를 저버리면 내일은 아예 없다. 세상에 내가 있어야 전부가 있는 것이다. 자신이 존재하지 않는 누리가 꽃으로 뒤덮여도 무슨 소용인가. 살아있어야 모든 것을 누릴 수 있다.

더운 여름, 투덜거리며 길을 걷다 무심코 불어온 바람이 얼마나 상쾌하던지. 그 바람 하나로도 기분이 새로워졌다. 거창한 삶이 아니어도 좋다. 바람을 느끼며 감사할 수 있는 순간이 좋다.

낡은 서랍 속의
나

- 이소연 -

글을 쓰기 시작하며 제일 먼저 떠오른 오래된 나.
책을 봐도 결국엔 내가 보인다.
오래된 나를 보고 나서야 자유가 왔다.
이제야 내가 제대로 보이기 시작했다.

| 참고한 책 |

앙투안 드 생텍쥐페리, 『어린 왕자』, 김미성 옮김, 인디고, 2015.
박노해, 『그러니 그대 사라지지 말아라』, 느린걸음, 2010.
헤르만 헤세, 『데미안』, 전영애 옮김, 민음사, 2000.
엘리자베스 퀴블러 로스·데이비드 케슬러, 『인생 수업』, 류시화 옮김, 이레, 2006.
홍자성·김성중, 『채근담』, 홍익출판사, 2005.
나혜석·김일엽·김명순, 『경희, 순애 그리고 탄실이』, 교보문고, 2018.
구본형, 『깊은 인생』, 휴머니스트, 2011.
탈 벤 샤하르, 『해피어』, 노혜숙 옮김, 위즈덤하우스, 2007.
무라카미 하루키, 『해변의 카프카』, 김춘미 옮김, 문학사상사, 2003.

지구별 동행자

마음대로 할 수 있는 사람

"나도 빨리 어른 되면 좋겠다."

사춘기를 겪고 있는 아이가 진심을 담아 하는 말이다. 이것저것 엄마랑 충돌이 생기니 얼른 간섭 없는 자유를 얻고 싶어 어른이 되고 싶다 한다. 책임이 뒤따른다는 건 전혀 생각지 않고 오직 자유만 보이는.

아이에게 어른은 그런 의미다. 마음대로 할 수 있는 사람.

처음으로 하고 싶은 일이 생긴 적이 있다. 어느 날 갑자기 모델이 되고 싶단 생각을 했다. 주목받는 거 싫어하고 뒷자리 구석 자리를 좋아하던 내가 그냥 갑자기 모델이 되고 싶었다. 어릴 때부터 모은 용돈을 털어서 미용실 가서 머리하고 화장하고 동네 사진관 아저씨 불러서 프로필사진도 찍었다. 사진을 잡지사 몇 군데 보냈더니 면접을 보러 오란다. 사진까진 혼자 찍었는데 서울까지 면접을 보러 가는 건 너무 무서웠다. 아빠한테 얘기했다. 고등학교 2학년, 한참 수능에 집중할 시기였다. 말 꺼내자마자 '안 된다'였다. 몇 달을 준비해서 면접을 보러 오라는데 가보지도 못하고 끝날 판이다. 단식을 했다. 그래도 아빠는 반응이 없었다. 마음을 접고 학교생활에 익숙해질 즈음 다시 생각이 났다. 다른 곳에 보냈더니 또 서류는 통과. 다시 면접. 다시 단식. 그때 협상이 들어왔다. 일단 수능만 치자. 성격도 안 맞고, 그 세계가 너무 험하니 수능 치고 연기학원 보내줄 테니 그때도 생각이 변하지 않으면 적극적으로 밀어준단다. 결국, 협상에 졌다. 단식도 끝내고 공부에 열중했지만, 딴생각에 빠져있다 돌아온 지 얼마 안 돼 수능도 엉망이었다. 그렇게 처음으로 하고 싶은 일은 한 장의 사진 속 추억으로만 남았다.

　그때의 아빠는, 어른은 너무 답답한 존재였다. 처음으로 한번 해보겠다는데 '내 길 막는 사람'이 그때의 나에게 어른이었다. 내 생각이 틀렸다는 걸 아는 데는 오래 걸리지 않았지만, 어른이 되면 말 통하는 사람이 되고 싶었다.

어른의 조건

20살부터 어른이라면 어른이 된 지도 20년이 되어간다. 그런데 내가 생각했던 어른의 조건에 딱 맞지 않는 사람이 되어있다. '소통' 한 가지였는데 그게 아이랑 안 된다.

"어른들은 혼자 힘으로는 절대 아무것도 이해하지 못한다. 그렇다고 해서 어른들에게 설명을 해주자니 그건 어린이에겐 너무 피곤한 일이야."

"어른들은 새로 사귄 친구에 대해 이야기할 때 본질에 대해 질문하는 법이 결코 없다."

『어린 왕자』의 비행사는 모자 속의 보아뱀을 알아보지 못하는 어른을 보고, 새로 사귄 친구에 대해 목소리가 어떤지, 좋아하는 놀이가 무엇인지 물어보는 대신 아버지가 뭐 하시는지, 나이가 몇 살인지 물어보는 어른에게 실망하고 어른을 포기해 버린다.

아이가 포기하는 어른이 되어가고 있다. 아이가 부모를 포기하면 세상을 포기해 버린다는 말을 들은 적이 있다. 아이에게 전부인 부모를 포기하면 아이에겐 세상도 마찬가지란 의미다. 그런데 지금 나는 아이가 포기하는 존재가 되고 있다.

"학교 갔다 온 지가 언젠데 아직 교복도 안 벗고, 핸드폰만 만지고 있어?"

"핸드폰 그만 보고 공부 좀 해. 누가 너보고 빨래하라고 하니, 밥을 하라고 하니?"

아이에게 자주 하는 말이지만 어른인 내가 들어도 답답한 말이다. 아이는 아이의 역할을 충실히 하고 있다. 학교 다니고 친구랑 잘 어울리고, 엄마를 철들게 하려고 고통도 줘가면서 말이다. 하지만 엄마 눈에는 고구마를 통째로 한입 가득 문 것처럼 답답하기만 하다. 이 답답함은 소통이 전혀 안 된다는 의미다. 물론 남의 아이라 생각하며 관객이 되어보면 다 보인다.

'친구랑 잘 지내고 있으니 왕따는 아니구나.'

'아, 공부를 안 하고 싶은 게 정상이지, 저렇게 삐딱하게 말하는 게 정상이랬지.'

'자아를 탐색 중이니 방황하는 게 정상이랬지. 건강하게 잘 크고 있는 거구나.'

그건 관객의 시각일 때 가능한 것들이다.

소통이 가능한 어른이 된다는 건 그런 것 같다. 아이를 관객으로 바라볼 수 있는 것. 감정을 빼고 한 걸음 물러나 한 박자 쉬고 바라볼 수 있어야 할 것 같다. 어른이 되어보니 공부하는 게 제일 쉬운 걸 알겠고, 돈 버는 게 어려운 걸 알겠고, 친구랑 노는 것보다 그 시간에 공부하는 게 맞다는 걸 알겠는데, 그 나이 땐 모르는 게 당연하다는 걸 잊고 있었다. 잊고 아이를 대하려니 10대의 아이와 40대 어른의 소통은 될 리가 없다. 이것이 『어린 왕자』 속의 비행사가 말했던 본질이 아닐까?

거꾸로 가는 삶

니체는 인간에게 세 가지의 삶이 있다고 했다.

주어진 대로 충실히 맡은 바 임무를 수행하며 살아가는 낙타.

자유를 쟁취하려고 임무를 거부하는 사자.

순진무구하고, 긍정의 삶을 살아가는 아이.

니체는 아이의 삶이 가장 이상적이라 했지만 우리는 거꾸로 가는 것 같다. 어릴 때는 초긍정 아이처럼, 사춘기를 겪으면서는 부모와 충돌하며 살아가는 사자처럼, 어른이 되어서는 묵묵히 임무를 수행하며 살아가는 낙타처럼. 이렇게 되어가는 것도 문제지만 더 큰 문제는 아이에게도 이런 삶을 강요하다 보니 아이의 모습을 제대로 지켜봐 주지 못하는 것이 아닐까.

다시 삶의 단계를 어른으로 비유해 보면 낙타는 묵묵히 희생하며 언젠간 알아주길 기다리는 것이고, 사자는 아이들의 세계는 전혀 보려 하지 않고 내 기준으로 닦달하는 것, 아이는 아이들의 세계까지 푹 빠져들어 같이 봐줄 수 있는 것이 아닐까 싶다. 아이에게 나는 어떤 모습으로 곁에 있는가?

믿음의 침묵으로 지켜보기

참을성을 길러야 해. 우선 내게서 좀 떨어져서 풀밭에 앉아봐. 난 널 곁눈질해 볼 거지만, 넌 아무 말도 하지 말아야 해. 말은 오해의 근원이거든. 그리고 넌 매일 조금씩 다가와 앉으면 돼…

_ 생텍쥐페리, 『어린 왕자』

아이 모습의 어른이 되기 위해 여우가 어린 왕자에게 알려준 인간관계의 비밀이다. 참을성을 가지고 지켜보며 천천히 다가가는 것. 사자의 모습으로 아이 옆에 있는 나에게 꼭 필요한 부분이다.

　그리하여 나는 그저 내 아이를
　'믿음의 침묵'으로 지켜보면서
　이 지구별 위를 잠시 동행하는 것이었다.
　　　　　　　　　　_ 박노해, 「부모로서 해줄 단 세 가지」

　어른과 부모는 다른 것 같다. 다른 아이에게는 객관적일 수 있고 아이의 모습으로 기다려줄 수 있을 것 같지만 내 아이에게는 감정이입이 100% 되어버리는 경우가 많다. 그래서 더 사자 같은 모습으로 머무르고 있고 아이의 모습이 될 자신이 별로 없다. 그래도 욕심을 부린다면 박노해 시인이 말하는 '믿음의 침묵으로 지켜보면서 이 지구별 위를 잠시 동행해 줄 수 있는 사람'이었으면 좋겠다.

인생은 해석이다

꿈의 해석

"야. 하지 마. 그만해!"

내 앞엔 투명 유리가 있고 유리 너머에는 나를 보며 큰소리로 웃고 있는 그녀가 있다. 소리를 지르고 싶지만, 목소리가 나오지 않는다. 유리를 깨고 주먹을 날리고 싶지만, 유리는 손에 닿지 않는다. 유리 너머에 있는 그녀는 그렇게 한참을 웃고 있다. 그렇게 나오지도 않는 소리만 지르다 울면서 잠에서 깬다.

20년 가까이 괴롭히던 꿈이다. 실제 그런 일이 있었던 것 같지도 않은데 참 오랫동안 따라다녔다. 덕분에 제대로 잠을 자본 적이 별로 없다. 이유가 뭘까 생각해 본 적도 없다. 성격이 별나서 악몽을 잘 꾸는 편이라고 생각했다.

큰아이를 키우며 나와는 너무 다른 아이와의 관계가 힘들어 병원을 찾았다. 병원에서 상담을 받던 중 자주 꾸는 악몽은 없는지 물어왔다. 그때 생각난 그 꿈, 병원 가기 전날에도 꿨던 꿈이다. (원인은 꾹꾹 눌러 참는 성격 때문이었다.)

"너는 혼자 뭐든지 잘했어. 여덟 살 때도 손님 오면 커피를 타 오고 과일을 내와서 다 너를 칭찬했어. 네 머리 한 번 묶어준 적 없다. 그만큼 넌 네가 알아서 잘하는 의젓한 딸이었어."

큰아이 키우는 게 힘들어 나도 그랬냐고 물으니 엄마가 해준 말이다. '의젓하다. 혼자서 잘한다.' 칭찬으로 들었던 그 말들이 크면서 투정을 못 부리게 했고 요구를 할 수 없게 해버렸다. 넉넉하지 못한 살림에 무용했던 동생 덕에 책값을 받아갈 때도 한참을 망설였었다. 그래서 지금 책을 원 없이 사들이고 있는지도 모른다. 그렇게 마음을 털어놓지 못하고 지내다 보니 그런 꿈이 나를 쫓아다녔던 것 같다.

두 세계

아주 많은 사람이 영원히 이 절벽에 매달려 있다. 돌이킬 수 없는 지나간 것에, 잃어버린 낙원의 꿈에, 모든 꿈 중에 가장 나쁘고 가장 살인적인 그 꿈에 한평생 고통스럽게 들러붙어 있다.

_ 헤르만 헤세, 『데미안』

『데미안』속 주인공 싱클레어는 두 개의 세계를 가지고 있었다. 하나는 부모님이 속해있는, 대부분의 사람이 향해가는 '밝은 세계'이고, 또 하나는 낯설고 무시무시한, 양심의 가책과 불안을 주는 '어두운 세계'이다. 싱클레어는 친구들이 학생이 할 수 있는 영웅적인 나쁜 짓을 자랑처럼 떠벌리자 자신도 황당한 이야기를 지어내 진짜처럼 이야기해버린다. 과수원에서 비싼 품종의 사과를 훔쳤다는 것이 그것이다.

그 이야기가 진짜가 되어버리자 프란츠 크로머는 2달러를 주지 않으면 주인이든, 경찰이든 이르겠다고 협박을 한다. 그때부터 싱클레어는 프란츠 크로머를 벗어날 수가 없다. 돈을 훔쳐서 가져다주기도 하고, 그가 시키는 나쁜 짓을 하기도 하고, 누나를 데려오라는 말을 따라야 할 지경까지 갔다. 꿈에서까지 시달리던 싱클레어는 데미안이 나타나면서 그 협박에서 벗어나지만, 프란츠 크로머의 일은 싱클레어에게 절대 잊을 수 없는 일이 되어버렸다.

싱클레어에게 그 일이 그림자처럼 따라다닌 것처럼 내 삶도 작은 상처들이 그림자가 되어 따라다녔다. 어두운 세계와의 만남은 피할 수 없는 운명이었다.

부치지 못한 편지

7살 즈음, 유치원에 안 가는 날이면 항상 부산 외가로 쫓겨 갔다. 문구점을 했던 엄마는 나와 동생을 보살필 수 없었다. 동생은 엄마 곁에, 나는 외가로 가는 게 당연했다. 동생도 외가에 맡겨진 적이 있는데, 그

때 동생은 엄마 손을 놓는 그 순간부터 밤까지 울었다. 달래도 혼내도 통하지 않아 엄마는 일을 마치고 버스를 타고 동생을 데리러 왔다. 그날 엄마는 내 손에 돈을 쥐어 주며 동생만 데리고 가버렸다.

이런 일들은 버려질 두려움으로 다가와 꾹 참는 버릇으로 정착했다. 꿈은 그렇게 시작되었다. 병원에서는 참지 말고 풀라고 했지만, 눈앞의 상대는 작고 약한 아이밖에 없었다. 게다가 주장이 너무 강했던 아이는 나를 그냥 내버려두지 않았다. 그날은 어김없이 악몽을 꿨다.

벗어나고 싶어 택한 방법의 하나로 종이에 하고 싶은 말을 무조건 썼다. 욕을 쓰기도 했다. 어차피 누가 볼 거 아니니까 참을 필요가 없었다. 실컷 쓰고 찢어버리면 속이 조금 풀리기도 했다.

남편에게는 술을 마신 척하며 평소 못 하던 하소연도 했다. 속에 있는 말을 한참을 쏟아냈다. 술 취한 사람한테 대꾸해 봤자 소용없으니 남편은 듣고만 있었다.

엄마한테는 직접 말하지 못했다. 그러면 엄마가 너무 미안해할 것 같았다. 그래서 편지를 썼다가 찢어버리기도 했다.

잘한 일도 있었다. 내 안의 아이에게 마음을 도닥여주는 것이었다.

"소연아, 힘들었지. 엄마 사랑도 받고 싶었고, 투정도 부리고 싶었구나. 괜찮아. 잘 해냈으니까…. 이제는 네가 하고 싶은 말도 하고, 하기 싫으면 싫다고 해. 정말 싫은 일은 안 해도 돼."

거울 보고도 얘기하고 편지를 쓰기도 했다. 그렇게 천천히 그 꿈에서 해방되어 갔다.

인생 수업

그간의 노력으로 지금은 아이를 편하게 대한다. 예전의 일들도 웃으며 얘기할 수 있게 되었다. 얼마 전 엄마랑 저녁을 먹으며 돈 쥐어 주고 동생만 데려간 얘기를 했더니 엄마는 당황하며 몰랐다고 그럴 수밖에 없었다고 한참을 이야기하셨다. 그전 같으면 원망도 하고 눈물도 흘렸겠지만 이젠 마음의 여유가 생겼는지 '이젠 괜찮아 엄마' 했다.

> 당신이 아름다운 정원에 앉아있다면 당신은 아무것도 배우지 못한다.
>
> _ 엘리자베스 퀴블러 로스, 『인생 수업』

지금 하는 공부는 그렇게 시작되었다. '나처럼 마음 아픈 사람 없는 세상이었으면 좋겠다.' 이런 마음에서 시작해 사회에 보탬이 되는 사람이 되어보기로 했다. 예전에는 '왜 행복한 가정에서 좋은 부모 아래 자라지 못했나' 하는 생각이 들기도 했다. 평범한 집안이었고 좋은 부모님이었지만 철이 없었다. 심할 때는 부모님 원망도 했다. 부모님도 정신없이 바쁜 삶을 보내셨고 아직도 딸에게 그런 아픔이 있는지 상상도 못 한다.

마음이 좋아졌다고 하지만 아직 갈 길은 멀다. 아이와 남편과 끊임없는 부딪힘이 있을 때마다 '나는 자격이 없어' 하며 무너질 때가 많다. 그럴 때면 같이 공부하던 목사님의 말씀에 힘을 얻기도 했다.

"공부 잘했던 선생님은 공부 못하는 학생이 왜 못하는지 몰라요. 부딪힘이 생길 때마다 그걸 해결하면 실력이 늘고 있다고 생각하세요.”

정말 그랬다. 가끔 남편에게 아이 일로 속상하다고 얘기하면 ‘당신 성격이 이상해서 그래, 왜 그런 걸 이해 못 해’라는 대답이 돌아온다. 아이와 함께 하는 시간이 적은 남편은 알지 못하는 구석이 많았다.

다행히 내게는 책이 있었다. 마음이 힘들 때마다 펼쳤던 것이 책이었다. 아픈 가슴이 나를 책으로 안내했다.

> 일이 뜻대로 되지 않는 불우한 처지에서는 주위의 모든 것이 나를 단련시키는 좋은 침과 약이 되어, 저도 모르는 사이에 지조와 품행이 닦여진다.
>
> _ 홍자성·김성중, 『채근담』

여전히 쉽지 않은 문제들이 나를 찾아온다. 그럴 때마다 ‘왜 하필 나한테…’ 하는 생각이 들다가 금방 ‘지금 나에게 이 일이 온 이유가 있을 거야’로 바뀐다. 모자란 부분을 채워주려고 주어진 일이라 생각한다. 아이가 힘들게 할 때도 철이 덜 든 엄마를 사람 만들어주는 중이라 이해한다. 공부하며 느끼는 좌절도 아직 많이 부족한 현실을 깨달으라는 뜻으로 해석한다. 그러면 포기하지 않고 한 번 더 해보게 된다.

살면서 아무 일 없이 지금까지 왔다면 행복했을까? 한 번씩 궁금해지기도 하지만 문제가 있다는 것이 나쁜 것만은 아닐 것이다. 문제가 있건 없건 인생은 자신이 어떻게 해석하느냐에 달렸음을 이제는 알기 때문이다.

살고 싶었다

경희

> 경희도 사람이다. 그다음에는 여자다. 그러면 여자라는 것보다 먼
> 저 사람이다.
>
> _ 나혜석, 『경희』

1918년에 발표된 나혜석의 『경희』. 이 시대의 여자라면 시집가서 아
들딸 낳고 시부모 섬기고 남편을 공경하면 그만이었다. 하지만 경희
는 달랐다.

일본 유학 중이었던 경희는 공부를 많이 해서 잘난체한다고 할까 싶
어 그 시대 여자들이 하던 일들은 누구보다 잘 해냈다. 그런 경희도 아

버지의 혼인 재촉에는 고민한다. 공부했다고 좋은 혼처 자리를 놓치게 될까, 남자도 잘 않던 일본 유학을 하는 것이 잘하는 것인지 고민을 한다. 하지만 경희는 결론을 내린다. 여자이기 전에 사람이길 원했던 그녀. 경희는 사람을 택한다.

경희는 사람으로 살기 위해 여자로서의 삶을 미뤄두었다. 미뤄둔 것이 될지 포기한 것이 될지 알 수 없지만, 여자의 삶보다 사람의 삶을 선택하고 용기를 달라고 기도를 하며 소설은 끝난다.

사람다운 삶

사람으로 사는 삶이 뭘까?

경희가 생각한 사람은 보이지 않는 험한 길을 찾고 산정에 올라 내려다볼 수 있는 사람이었다. 그런 의미에서 보면 사람으로 살고 있지 않은 사람이 훨씬 많은 것 같다. 우리는 쉽게 살고 싶어 한다. 즐기고 누리고 쉬며 살고 싶어 한다. 경희가 말했던 사람으로 살아가기 위해 치러야 할 것들, 포기해야 할 것들이 많은 탓이다. 대가를 치르고 포기해도 이루기 힘든 세상이 되어가니 더더욱 그런 것 같다.

경희가 사람이기보다 여자의 삶을 선택했다면 쌀이 곳간에 쌓이고 돈이 많고 귀염도 받고 밟기도 쉬운 황톳길, 가기도 쉽고 찾기도 어렵지 않은 탄탄대로였겠지만 경희는 그것을 금수의 삶과 달리 보지 않아 포기한다.

"엄마, 내가 다시 태어난다면 동물원 안의 새가 되고 싶어!"

"왜?"

"동물원에서 살면 때 되면 밥도 주고 위험하지도 않고 좋잖아."

아이와의 대화였지만 이 말을 듣고 걱정했던 건 경희가 생각했던 것처럼 사람으로 살지 못하는 것이었다. 내가 생각하는 사람다운 사람은 마음이 이끄는 대로 사는 것이다. 발이 이끄는 삶이 현재 나를 먹여 살리고 있을지도 모르지만, 미래의 나를 희생하며 사는 거라면 제대로 살고 있다고 할 수 있을까? 지금과 미래가 모두 행복할 수 있어야 한다. 사람답게 산다는 건 하고 싶은 일이 있어서 그 일을 해내느라 용기를 낼 수 있는 삶이다. 그 삶을 살아내려고 하루하루가 설렐 수 있다면 그거야말로 경희가 말하는 사람이 아닐까 생각한다.

2년 전 아침

세상의 생각 대신 자기 생각을 가진다는 것은 위험한 일이다. 그 것은 고독이라는 대가를 치러야 한다. 외로움이란 바로 자신의 생 각에 빠져들고 세상에 이미 알려진 상식적 삶에 질문을 퍼붓는 것이기 때문이다.

_ 구본형, 『깊은 인생』

우리는 평범함에서 벗어나는 것을 두려워한다. 다르게 바라보는 그들의 시선이 불편하고 세상의 기준에 맞지 않는 것 같은 내 모습 때문이다. 그래서 그냥 그 평범함 안으로 들어가 버린다. 그러면서도 아예 포기하지도 못하고 꿈으로만 안고 살아간다. 그 꿈을 선택하는 사람은 용기 있는 자가 되기도 하고 철없는 사람이 되기도 한다. 그래서 내 삶을 살아간다는 것은 외롭다. 고독이라는 대가를 치를 각오가 끝났을 때 용기를 낸다.

2년 전의 나는 아침이 기다려지지 않았다. 낮 동안 속이 상한 날이면 먹지도 못하는 술을 마시고 잠이 들어 뒷날은 더더욱 일어나기가 싫었다. 그런 생활을 한참을 하다 보니 사람이 싫어졌다. 나는 없고 명함밖에 없었다. 그 명함 속의 인물로 하루하루를 보냈다. 누군가 "5년 뒤에도 그 모습 괜찮겠어?"라고 했을 때 정신이 번쩍 들었다. 그래서 선택한 내 삶을 지금 살고 있다. 뚜렷한 그림도 없었다. 자신도 없었다. 그냥 한번 살아보고 싶다, 그 마음만 있었다. 남편을 설득하기 위한 변명이나 이유는 있었지만 가장 확실했던 이유는 '살고 싶었다.'

오늘 아침

그때나 지금이나 내 삶에 변한 건 별로 없다. 하지만 2년 전의 아침과 오늘 아침의 의미는 전혀 다르다. 남편의 일을 돕던 때, 내 일을 하던 때 모두 내 의지는 전혀 없이 흘러가는 대로 그 자리에 있기만 했다. 물론 학창시절도 그랬다. 주어진 대로 눈을 뜨고 부엌에서 가게로, 사무실로 발걸음만 옮기면 됐다. 마음이나 생각 같은 건 별로 중요하지 않았다. 몸과 마음이 따로 논다는 말은 그럴 때 쓰는 것 같기도 했다. 아침에 눈을 뜨는 게 무서웠던 날도 많다. 알람 소리를 듣고도 모른척하고 싶었다.

  하지만 지금은 알람보다 먼저 눈이 뜨이는 날이 많다. 남들은 쉬는 휴일, 수업을 들으며 가장 아름다운 순간 악마에게 영혼을 내놓던 파우스트의 기쁨을 느껴보기도 한다. 누가 시킨 것도 아니고, 돈이 나오는 일도 아니지만 지금 내 삶은 분명히 다르다. 학교 다닐 때보다 더 많은 책을 보면서도 힘들다는 날보다 시간이 부족해 아쉽다는 생각을 더 많이 하는 나를 보다 보면 겨우 일어나 학교에 가는 아이가 안쓰럽기도 하다.

내일 아침

> 중요한 것은 다른 사람들의 기대에 맞추는 것이 아니라 우리 자신
> 의 가치와 정열에 부합하는 목적을 선택하는 것이다. 스스로 선택
> 한 일에서 의미와 즐거움을 느끼는 투자은행가는 어쩌다가 실수
> 로 수도승이 된 사람보다 더 영적이고 충만한 삶을 살 수 있다.
>
> _탈 벤 샤하르, 『해피어』

  일에서 떠났다고 좋아진 건 별로 없다. 우선 돈이 끊겼고, 불안했던 대로 확신이 없어 흔들리기도 한다. 하지만 내 선택에 후회해 본 적은 없다. 얼마 지나지 않아 후회하게 될지도 모르지만 아직은 아니다. 해보니 알겠다. 세상이 시키는 대로 살았던 그 시간이 얼마나 의미 없었

는지. 내가 선택했고 내가 즐거워하는 일을 한다는 것이 얼마나 행복한 것인지. 『해피어』의 구절처럼 더 행복한 삶을 살아내는 중이다.

> 아무도 알아주지 않는 일을 매일 하는 것. 그것이 곧 고독이다. 고독에 지면 세상으로 다시 돌아오게 된다. 꿈은 사라지고, 평범한 곳으로 다시 되돌아온다. 고독을 견디는 자만이 위대해진다.
>
> _ 구본형, 『깊은 인생』

혼자 가는 길이라 외로워질 때도 있다. 어쩌면 이러다 제풀에 지쳐 포기할지도 모른다. 고독에 져서 세상으로 돌아갈지도 모른다. 그래도 내가 살아보고 싶은 삶을 원 없이 해본 뒤라면 어떤 삶을 만나도 기꺼이 받아들여 살아낼 수 있을 거라 생각한다. 그래서 지금의 하루를 더 열심히 누리는 중이다.

(다행인 것은 이제 내일 아침이 기대된다는 것이다.)

내 몸이 성하다

마을이 가까울수록

나무는 흠집이 많다.

내 몸이 너무 성하다.

_ 윤동주, 「서시」

　시를 시로 이해하지 못하는 나는 말뜻을 그대로 해석했다. 마을이
가까울수록 나무가 흠집이 많다는데 내 몸이 너무 성하다면 마을과 아
주 멀리 있다는 의미다. 세상에 때 묻지 않은 순수함이라 말할 수도 있
겠지만 오히려 너무 내 안에 갇혀있는 어리석은 모습이 아닐까?

　능력이 된다면 조용한 마을에서 나오지 않고 혼자 살고 싶다. 누구
비위 맞추고 배려해 주고 그런 거 없이 그냥 혼자 살고 싶다. 먹고 싶

을 때 먹고, 자고 싶을 때 자고, 기분 좋으면 웃고, 울고 싶으면 울고. 본능적으로 살아보고 싶다. 이런 마음이 든다는 건 지금 내 현실이 그렇지 못하다는 의미다.

문제는 인간관계다

인간관계가 유독 힘든 성격이다. 고집도 세면서 남 눈치도 많이 보는 편이고, 배려라는 것도 너무 과하게 하다 보니 아무런 배려를 해주지 못하는…. 답답한 성격이다. 남한테 신세 지는 거 싫어하고 남한테 얻어먹는 것도 부담스럽고 내가 사자니 형편은 마땅치 않고 내가 가르침을 받는 거보다 주는 게 좋은데 또 그 능력도 없다. 이런 건 집 밖에서 남들과의 관계고.

제일 어려운 건 가족들과의 관계다. 가족들과의 관계가 어렵다. 분명히 행복한 집을 만들어주는 게 꿈인데 그 꿈을 가장 많이 깨는 건 나였다. 그게 꿈이다 보니 머릿속엔 다양한 지식이 들어있다. 하지만 내 말과 행동은 하지 말아야 할 말과 행동을 하고 있다. '사랑을 주어라, 스킨십을 해라, 부드러운 말을 해라.' 이렇게 배웠지만 이것만큼 어려운 게 없었다. 스킨십은 싫어하니 패스하고, '사랑해. 힘들었지? 속상했겠다' 이런 말은 오글거려 패스한다. 나만의 사랑을 주는 방법은 잔소리와 간섭이었다. 그랬더니 소통도 안 되고 서로 불편한 사이가 되어간다. 여기에 남편과 아이 셋을 챙기기 위해 빛도 안 나는 일을 하다 보면 나는 없어진다. 나를 존중한다는 느낌보다 오히려 집사, 가정부가 된 느낌이 훨씬 많이 든다. 가족이 없다면 내 안에 있는 악마의 모습을 안 볼 수 있을까 하는 한심한 생각도 해본다.

나와 다른 그

학교 다닐 때는 좋은 친구 몇 명만 있으면 학교생활에 아무런 불편함이 없었다. 두루두루 섞이는 듯하면서도 그냥 친한 친구들과만 지냈다. 그랬더니 새침데기라는 별명이 항상 따라다녔다. 그 말이 골고루 지내지 못했다, 친한 친구 말고는 쌀쌀맞게 대했다는 뜻이라는 걸 지금에서야 안다. 대학을 가고 일을 하면서 많이 변했다. 속에 없는 말도 상황에 따라서는 할 수 있게 되었다. 객관적으로 생각하면 참 의미 없는 말인데 상대는 기분 좋아 하고 분위기는 괜찮아진다. 물론 성격상 맞지 않다 보니 그런 자리가 힘든 건 지금도 마찬가지다.

남편은 사람도 좋아하고 술도 좋아한다. 남편은 여러 사람과 만나는 자리에 꼭 나를 데리고 다녔다. 그런 자리는 참 싫었다. 아니 너무 힘들었다. 공통의 대화도 없고 주제가 없는 대화가 대부분인 그런 자리가 의미 없게 느껴졌다. 그럴 바엔 혼자 집에서 쉬는 게 낫다는 게 내 의견이었지만 대부분 무시당했다. 10살 이상은 많은 사람 틈에 앉혀놓고 그 자리가 끝날 때까지 일어날 생각을 안 했다. 그때의 바람은 나와 안 놀아줘도 되니 그냥 혼자 갔으면 하는 거였다. 하지만 이렇게 몇 년을 따라다니고 내 일을 시작하니 훨씬 수월했다. 모르는 사람들과 만남이 대부분이고 어색한 분위기를 없애고 부드러운 분위기로 만들어 클로징까지 가야 하는 게 내 일이었으니까.

세 종류 인간

『해변의 카프카』에는 15세에 가출을 하는 다무라 카프카 군이 나온다. 다무라 카프카는 가출해서 평소 가보고 싶었던 고무라 도서관에서 시간을 보낸다. 도서관에서 일하던 소년은 다무라 카프카에게 와서 이야기 하나를 들려준다.

"먼 옛날의 신화 세계에는 세 종류의 인간이 있었어. 옛날에는 세계가, 남자와 여자가 오늘날같이 따로따로 떨어져 있지 않고, 남자와 남자가 또는 남자와 여자가, 그 밖에도 여자와 여자가 한 몸으로 등이 맞붙어 있어서 마주 보지는 못하고, 서로 등이 딱 붙은 채 살아가는 세 종류의 인간으로 이루어져 있었다는 거야. 그러니까 애당초 인간은 오늘날과는 달리, 두 사람이 한 몸으로 붙어있게 만들어졌었다는 거지. 그래도 모두 만족하고 아무 탈 없이 살아가고 있었다는 거야. 그런데 하느님이 칼을 써서 그 모든 사람을 반쪽씩 두 사람으로 갈라놓았어. 모든 사람을 두 조각 내버렸다는 거지. 그 결과로 오늘날의 사람들은 모두 하느님의 칼에 맞아 생긴 일직선으로 된 흔적이 등에 남아 있다는 이야기야. 그래서 요행히 제대로 자기 짝을 찾게 되면 해피엔딩의 사랑이 되지만, 영영 찾지 못하거나 찾았다 싶어 결합했는데 아니면 다시 영원한 이별이 된다는 그럴듯한 얘기지. 그 결과 세상에는 남자와 여자만이 있게 되어서, 사람들은 원래 한 몸으로 붙어있던 반쪽을 찾아 우왕좌왕하면서 인생을 보내게 되었대. 한마디로 인간이 혼자 살아가는 것은 무척 힘들다는 거야."

플라톤의『향연』중 아리스토파네스의 이야기다.

신화 속 이야기처럼 사람은 내 안에 갇혀 혼자 살아갈 수는 없다. 성한 나무로 상처 없이 살아갈 수 있다면 모르겠지만 우리는 이미 틀렸다. 이 세상에 태어난 이상 맞춰 살아가야 한다면 내 안의 틀에서 나와야 한다. 사람은 사람과 있을 때 행복을 느낀다고 한다. 항상 혼자 있고 싶다고 입버릇처럼 말하는 나도 좋은 사람들과 시간을 보내는 것이 행복하고 그 힘으로 나머지 시간을 견뎌내기도 한다. 생존을 위해서라는 말도 있고 행복을 위해서라는 말도 있지만, 결론은 같다. 사람들 속에 들어가기 위해 나의 틀을 깨야 한다. 마음을 열어야 한다.

작은 사회라는 가족 안에서만 봐도 내 생각과 같은 사람은 없다. 영원한 내 짝이라 착각해서 같이 사는 남편도 생각이 다르다. 내 속에서 나온 아이가 셋이나 돼도 결정적일 땐 같은 생각을 하는 아이는 없다. 가족이라고 내 고집 내세워 봤자 얻어지는 건 '왕따'라는 꼬리표밖에 없다. 충돌이 있고 나면 항상 생각한다. '내가 남편이라면.' '내가 16살이라면.' 사실 한 번만 생각하면 금방 답이 나온다. 그들의 말이 맞다. 하지만 엄마 자존심에 금방 순응하지 못하고 화를 낸다. 세네카에 의하면 화는 인간의 본성이 아니란다. 그래서 그런지 화를 내고 나면 마음이 불편한 것도, 딸과의 소통이 막혀 답답한 것도 나밖에 없다. 그러니 손해 보기 싫어서라도 내 틀을 깨야 한다.

흠집 없는 사람은 없다

우리는 다양한 관계를 만들며 살아간다. 하지만 그 속에 있다 보면 답답한 사람이 꼭 있다. 자기만의 세계에 갇혀 다른 사람들과 소통이 안되는 사람. 무슨 말을 해도 자기 생각으로 마무리를 맺는다. 이런 사람이 꼰대다. 나이가 많아서 꼰대가 아니라 자기 생각만을 고집하는 사람, 다른 사람 생각은 들으려고도 안 하는 사람이 꼰대다. 몇 번 그러다 보면 그 사람에겐 일상의 대화 말고는 대화 시도조차 하지 않게 된다. 책 읽는 사람 중에 무서운 사람이 '책 한 권 보고 모든 걸 알았다'라고 하는 사람이란다. 분명 많은 책을 읽었는데 생각이 갇혀있는 사람이 너무 많다. 책도 읽고 공부도 했으니 다 안다고 생각하고 다른 의견은 들으려고도 하지 않는다.

'책을 읽고 공부를 하는 건 세상과 소통하기 위함이다.' 수업 중 알게된 말이다. 이 말을 듣고 너무 공감되었고 책 읽을 핑계가 더 생겨 반갑기도 했다. 관계에 힘들던 내가 책을 읽으면 그게 해결된다니 얼마나 좋은 일인지. 사람 때문에 힘들 때 책을 펼쳐 드는 것도 이 때문이다. 젊은 꼰대도 제법 많다. 다른 의견이 있다는 가능성을 생각지도 않고 자신이 아는 게 맞다고 믿어버리는 사람들이 그렇다. 얼마 지나지않아 아니라는 걸 깨닫고 다른 생각이 있다는 가능성을 인정하면 해결될 일이다. 타인과의 대화 속에서 '틀렸다'가 아니라 '그럴 수도 있겠네' 하는 생각이 든다면 나는 잘 지내고 있는 것이다.

책에
나를 비추다

- 이형준 -

책은 거울이다. 마음을 비추는 거울.
책을 펼쳐보면 그 안에는 내가 있다.
내가 미처 알지 못했던 나.
거울 속 초라하고 두려움에 빠진 나를 봤다.
그게 내 모습임을 인정하고 나니 마음이 가벼워졌다.

| 참고한 책 |

리처드 바크, 『갈매기의 꿈』, 송은실 옮김, 소담출판사, 1990.

지바 마사야, 『공부의 철학』, 박제이 옮김, 책세상, 2018.

니시무라 아키라, 『퇴근 후 3시간』, 김혜숙 옮김, 해바라기, 1998.

할 엘로드, 『미라클 모닝』, 김현수 옮김, 한빛비즈, 2016.

프리드리히 니체, 『인간적인 너무나 인간적인』, 김미기 옮김, 책세상, 2001.

팀 페리스, 『타이탄의 도구들』, 박선령·정지현 옮김, 토네이도, 2017.

라이언 홀리데이, 『돌파력』, 안종설 옮김, 심플라이프, 2017.

프랭크 베트거, 『실패에서 성공으로』, 최염순 옮김, 씨앗을 뿌리는 사람, 2005.

오그 만디노, 『위대한 상인의 비밀』, 홍성태 옮김, 문진출판사, 2000.

기시미 이치로·고가 후미타케, 『미움받을 용기』, 전경아 옮김, 인플루엔셜, 2013.

채사장, 『우리는 언젠가 만난다』, 웨일북, 2017.

내 안의 비상하는
갈매기를 찾아서

두 번의 만남

전 세계적으로 4천만 부 이상 팔린 리처드 바크의 우화, 『갈매기의 꿈』을 읽지 않은 사람은 아마 거의 없을 것이다. 나 또한 초등학교 저학년 때 이 책을 접했고, 조나단이라는 갈매기가 자신의 무리를 떠나 비행을 추구하며 자신의 목표를 성취하는 모습에 가슴이 뛰었다.

그런데 2부에서 조나단은 치앙마이라는 원로 갈매기를 만난 후 갑자기 시공을 초월하여 순간이동을 하게 된다. 갑자기 『갈매기의 꿈』은 판타지처럼 느껴졌고, 무슨 이런 말도 안 되는 소리를 하느냐며 책을 닫았던 기억이 어렴풋이 난다.

기억 속에서 잊힌 이 책은 가장 괴롭고 힘든 순간 다시 찾아와 유년 시절에는 미처 알지 못했던 많은 것들을 알려주었다.

『갈매기의 꿈』은 조나단 리빙스턴 시걸이라는 갈매기 사史의 위대한 존재를 다루고 있다. 대부분의 갈매기는 고기잡이배를 쫓아 쉽게 먹이를 구하며 그저 생존에 집착한다. 반면 조나단은 비행을 삶의 목표이자 이상향으로 삼고 끊임없이 수행을 추구하는 독특한 존재로 묘사된다.

나는 것이 전부인 아이

조나단 리빙스턴 시걸, 그에게는 나는 것이 전부였고, 성취해야 할 목표였다. 그저 사는 것만으로는 충분치 않은 공허함이 있었다. 비행은 공허함을 채우는 유일한 방법이었다. 더 멀리, 더 빠르게 날고 싶어 하는 조나단은 부모의 반대에도 굴하지 않고 창공으로 날아오른다.

도전은 쉽지 않았다. 고속 비행 연습 과정에서 갈매기의 태생적 한계를 넘지 못하고 바다로 곤두박질친다. 그리고 고통 속에서 자신의 마음으로부터 들려오는 어떤 목소리를 듣는다.

"이제 그만해. 조나단. 평범한 갈매기처럼 살아."

괴로움에 지친 조나단은 그 소리에 굴복한다. 그렇게 모든 것을 포기하려는 바로 그 순간, 스스로가 한계를 만들고 있음을 깨닫는다.

그는 매와 같이 짧게 날개를 펼쳐야 더 빠른 속도로 날 수 있다는 것을 알게 되며 갈매기 역사상 최초로 곡예비행을 펼쳐 보인다. 그 과정에서 갈매기의 삶을 초월한 진정한 삶의 목적을 발견한다. 조나단은 그 깨달음을 갈매기 무리에게 알려줄 생각에 기뻤다. 하지만 그들은 조나단을 반기지 않는다. 그의 행동은 갈매기족의 존엄과 전통을 해치는 무책임한 행동으로 격하되며, 결국 무리에서 추방당한다.

가상세계가 전부인 아이

졸업하고 나서 서른 살 때까지 첫 직장에서 연중무휴 12시간 이상의 고된 근로시간을 버텼다. 그 바쁜 와중에도 틈만 나면 게임과 판타지소설을 찾았다. 그것들은 유일한 휴식처이자 마약과도 같은 존재였다. 그 속에서 현실을 잊고 가상의 세계를 살아갈 수 있었다.

평생 동안 삶에 책임을 지고 살아본 적이 없었다. 무언가 힘든 일이 있으면 도망가는 게 우선이었고, 어려운 결정이 있을 때는 주변 사람들의 의견을 듣고 그것을 맹목적으로 좇았다. 운이 좋아 결과가 잘 나오면 그것에 만족했고, 혹시라도 잘못되면 내게 조언을 해준 사람에게 화살을 돌렸다. 그렇게 삶의 책임을 회피하는 태도는 결국 날 막다른 곳으로 몰아갔다.

어느 토요일, 오랜만에 얻은 달콤한 휴일이었다. 그 황금 같은 시간에 피시방에서 한나절 내내 게임을 했다. 하루 종일 게임을 하고 나와 해 지는 노을을 바라봤을 때, 죽음과도 같은 허무함을 느꼈다. 문득 '이렇게 계속 살아가도 되는 걸까?' 하는 의문이 들었다.

그 의문은 날 끊임없이 절벽으로 몰아세웠다. 그리고 더 이상 물러설 수 없는 곳까지 밀려났을 때, 책을 만나게 되었다. 독서는 나를 둘러싸고 있는 좁은 세상이 다가 아니라는 사실을 알게 해주었다. 타인에게 기대는 삶은 진정한 삶이 아니라는 것도 알게 되었다. 스스로가 삶에 대한 책임을 져야 하고, 자신의 행동을 바꿈으로써 모든 것이 바뀐다는 것을 깨달았다.

독서를 통해 삶의 가치관을 재정립할 수 있었다. 무엇이 옳고 그른지, 어떤 삶의 방식이 나와 맞는 것일지를 고민하게 되었다. 나는 그것을 주변 사람들에게도 알려주고 싶었다. 하지만 사람들은 자신의 변화에는 관심이 없었다. 나에게는 그들의 마음을 바꾸는 것이 불가능했다.

사람들의 시선을 신경 쓰지 않기로, 스스로를 위해 시간을 투자하기로 결심했다. 자신을 다스리기에도 부족한 사람이었고, 그 순간에는 주변 사람들이 나의 성취를 방해하는 방해물처럼 느껴졌다. 다시 방황하기 시작했다.

홀로 떨어진 아이

조나단은 추방 후 무리에서 떨어져 홀로 지내게 된다. 하지만 그를 슬프게 하는 것은 고독함이 아니었다. 자신을 쫓아낸 형제들이 그들의 앞에 기다리고 있는 비상의 빛나는 기쁨을 믿지 않는 것이었다.

세상을 방황하던 그는 자신과 같은 목적을 추구하는 새로운 무리를 만나게 된다. 그들은 조나단을 백만 마리 중 한 마리로 선택된 희귀한 갈매기로 여긴다. 그의 깨달음을 궁금해하고, 자신들과 함께 수행하길 원한다. 조나단은 새로운 친구들과 함께 그들의 보금자리로 향하고, 그곳에서 육체의 한계까지 자신을 단련한다.

　그리고 조나단은 치앙마이라는 원로 갈매기를 만난다. 그를 통해 자신의 목표로 향하는 길을 가로막고 있는 것은 스스로의 신념임을 알게 된다. 결국 그 신념을 부수고 자신의 한계를 초월하여 시공을 넘나들 수 있는 전능한 비행능력을 얻게 된다.

새로운 변화를 선택한 아이

세상에는 변화를 거부하는 사람들이 있다. 내가 그랬다. 하지만 어느 순간 생존이 전부가 아니라고 여겼고 또 다른 세상을 꿈꾸게 되었다. 어쩌다 결혼을 했고 어느 날 우리 부부에게 새로운 가족이 찾아왔음을 알았다. 기쁜 마음도 잠시였다. 초조해지기 시작했다. 아이가 태어나면 더 이상 다른 선택을 할 수 없을 것 같았다. 나의 초조함을 느꼈는지, 아내가 물었고 나는 대답했다.

　"더 늦으면 내가 원하는 삶을 살 수 없을 것 같아. 힘들겠지만, 내 길을 찾아보고 싶어."

　서툴고 불안한 눈빛을 마주하며 아내는 말했다.

　"당신이 어떤 삶을 살고 싶은지 알고 있어. 그런 내가 어떻게 말릴 수 있겠어. 분명 잘할 수 있을 거야. 우리 가족을 굶길 만큼 책임감 없는 사람이 아니잖아. 최선을 다해서 해보고, 잘 안 되면 또 다른 길을 찾아보자."

　갈매기의 꿈은 변화를 위해 스스로 한계 짓는 안전지대를 벗어나야 할 때가 있음을 알려주었다. 난 안정된 직장을 나와 세상을 변화시키고자 하는 꿈을 현실로 이루기 위해 새로운 도전을 시작했다. 나와 같은 생각을 가진 사람들을 찾아 세상으로 나왔다.

새로운 만남

치앙마이는 조나단에게 끊임없이 사랑을 베풀라는 말을 남기고 사라진다. 조나단은 그의 말을 좇아 지난날 자신을 추방했던 그 해변으로 돌아간다. 그는 그 해변에서 비행을 연습하다 무리에게서 가혹한 대우를 받은 어린 플래처 린드를 만난다.

조나단은 날고 싶은 플래처 린드와 어린 갈매기의 무리를 거두고, 비행을 가르치기 시작한다. 갈매기의 무리는 그를 경외시키기도 하고, 두려워하기도 한다. 어느 날 플래처가 불의의 사고로 절벽에 부딪힌다. 그 사고로 정신을 잃은 플래처를 조나단이 깨우는데, 갈매기 무리는 그 모습을 보고 그를 마술을 쓰는 악마로 여기고 죽이려고 한다.

조나단은 전능한 비행능력으로 플래처와 함께 그 자리를 피한다. 분노한 플래처에게 그는 오히려 그들을 사랑하고 이해해 주어야 한다고 말한다. 그들의 증오와 악을 사랑으로 돌보아 그들 각자에게 깃들어 있는 선을 볼 수 있게 도와주어야 한다고 말한다. 그리고 자신은 특별한 존재가 아니고 평범한 갈매기라고 말하면서, 스스로 움직이고 알아내서 이해해야 한다는 말과 함께 그를 따르는 무리를 홀연히 떠난다.

남은 플래처는 그를 스승으로 모시길 원하는 제자들을 만난다. 처음 조나단을 스승으로 모셨을 때 들었던 "수평 비행부터 시작해 보자"는 말을 하며, 조나단이 결코 특별한 존재가 아니었음을 깨닫는다. 한계란 없다는 말이 무슨 뜻인지를 알게 되며 비로소 세상을 사랑으로 바라보게 된다.

먼 길

나의 길은 조나단이나 플래처와 다를지도 모른다. 해피엔딩이 아닐 수도 있다. 하지만 괜찮다. 이전의 상황보다 나쁠 수는 없기 때문이다.

삶의 의미를 찾지 못해 방황했던 그때의 기억이 아직도 생생하게 떠오른다. 모든 변화는 결핍과 열등감에서 시작한다. 그전의 나는 스스로를 가치 있게 여기지 않았다. 좀 더 소중하게 생각했다면 어땠을까? 누구도 자신이 중요한 사람이라는 것을 알려주지 않았다. 안전지대에 머무르는 소극적 삶은 죽은 삶이었다. 이것은 최악이었고 지금 어떤 상황이 오든 그것보다는 나을 것이다.

> "뼈와 깃털만 남아 있어도 상관없어요, 어머니. 저는 단지 창공에서 제가 할 수 있는 일은 무엇이고, 할 수 없는 것은 무엇인지 알고 싶어요. 저는 단지 알고 싶을 뿐입니다."

나에게도 치앙마이와 플래처가 있을 것이다. 같은 생각을 가진 사람이 나 혼자는 아닐 테니까.

시작하기에
시작된다

나를 위한 세 시간

> 공부는 곧 자기 파괴다.
>
> _ 지바 마사야, 『공부의 철학』

처음 이 문장을 봤을 때 그 의미를 쉽게 이해할 수 없었다. 공부를 하면 분명 지식이 쌓일 텐데, 왜 자기가 파괴된다고 하는 걸까?

책을 읽기 시작한 동기는 단순했다. 일을 잘하고 싶었다. 너무나도 많은 일들이 어깨를 짓눌러 허리를 펼 수 없었다. 주말마다 친구와 만나 술을 기울이며 일하기 싫다고, 회사를 때려치우고 싶다고 하소연을 주구장창 늘어놓았다. 그러던 어느 날 이끌리듯 들어간 중고서점에서 내 사고를 변화시킨 첫 번째 책을 만났다.

> 하루 3시간이면 평일만으로도 일주일에 15시간이 생긴다. 1년에
> 근무하는 주를 약 50주로 계산하면, 샐러리맨 인생 40년 동안에
> 는 3만 시간이라는 엄청난 시간이 탄생한다. 이 시간을 날마다 반
> 복되는 일상 속에서 의식하지 않은 채 보내느냐, 그렇지 않으면
> 꼼꼼하게 스케줄을 짜서 주도적으로 보내느냐에 따라 인생은 크
> 게 차이가 날 수밖에 없다.
>
> _ 니시무라 아키라, 『퇴근 후 3시간』

저자는 자신을 위해 매일 세 시간을 쓸 수 있다면, 이전과는 전혀 다른 사람이 될 수 있다고 한다. 그는 바쁜 일정에도 불구하고 해외여행을 목표로 외국어를 매년 한 개씩 습득한다. 또한 베스트셀러 작가이기도 하다. 처음 책을 쓰기 시작할 때는 일 년 동안 1권을 간신히 썼다고 한다. 그런데 이듬해는 1년에 3권, 그 다음 해는 7권, 놀랍게도 그다음 해는 10권을 출판했다는 것이다.

문득 궁금해졌다. 나에게도 그와 똑같은 24시간이 주어진다. 그런데 왜 아무런 성과도 내지 못하고 매년 똑같은 일상이 반복될까? 막연하게 시간이 지나면 잘할 수 있을 줄 알았다. 하지만 현실은 그렇지 않았다. 책에는 분명 내가 모르는 무언가가 있었다. 그때부터 시간관리라는 영역을 좀 더 깊이 공부하고 싶어졌고, 더 많은 자기계발서를 읽게 되었다.

미라클 모닝

닥치는 대로 책을 읽었다. 책을 읽을 때는 뭔가 해야겠다는 마음이 해일처럼 일어났지만 정작 책을 덮고 나면 아무것도 기억나지 않았다. 깨끗하게 잊어버렸다. 50권도 넘는 자기계발서를 읽어도 마찬가지였다. 벽에 부딪힌 기분이었다.

　그럼에도 불구하고 독서 외에는 별다른 해법을 찾을 수 없었기에 쉬지 않고 책을 읽어갔다. 꾸준히 책을 읽다 보니 점점 독서가 즐거워졌다. 책은 주변에서 만날 수 없는 특별한 사람들과 만나게 해주었다. 그러다 운명적인 책을 만났다. 그 책에는 이런 문장이 있었다.

　수면 시간이 아니라 내 의지가 아침의 컨디션을 결정한다.

_ 할 엘로드, 『미라클 모닝』

　저자는 아침에 일어났을 때의 컨디션은 수면의 양에 좌우되지 않는다고 주장한다. 그보다는 일어났을 때 컨디션이 어떨 것이라고 스스로에게 한 '암시'에 더 큰 영향을 받는다는 것이다. 5시간을 자든, 6시간을 자든, 7시간을 자든, 오직 자기 전에 떠오른 생각이 중요하다고 말한다.

　자기 전 '세상에, 여섯 시간밖에 못 잔다고? 여덟 시간은 자야 피로가 풀리는데, 아침에 정말 피곤하겠군'이라고 생각한다면 아침이 올 때 이런 생각이 들게 된다. '세상에, 여섯 시간밖에 못 잤어. 너무 피곤해!' 반대로, 자기 전 '오늘 밤 나에게 여섯 시간이라는 충분한 잠을 주셔서 감사합니다'라는 암시를 한다면? 그 어느 때보다도 좋은 컨디션으로 일어날 수 있다는 것이다.

당시에는 책을 읽으며 '무슨 이런 허무맹랑한 소리가 다 있지?'라고 생각했다. 보통 때였으면 '좋은 책이군'이라는 생각에 그치고 다음 책을 폈을 것이다. 그런데 저자의 스토리가 워낙 설득력이 있었고 쉽게 실행할 수 있는 방법들을 제시했기에 처음으로 책에 있는 내용을 한번 시도해 보기로 했다. 잠이 오진 않았지만 일찍 침대에 누웠다. 그리고 매일 일어나던 7시 30분이 아닌, 6시로 알람을 맞추고 내일은 컨디션이 좋을 것이라고 암시를 하며 잠에 빠져들었다.

놀랍게도, 알람이 울리자마자 눈이 뜨였다. 졸린 눈을 비비며 『미라클 모닝』에 있는 모닝 루틴을 따라 했다. 명상을 하고 독서도 하고 부끄럽지만 화장실에서 긍정 확언도 외쳐보았다. 그런 뒤 주섬주섬 운동복을 차려입고 집 뒤에 있는 아미산으로 길을 나섰다. 산의 초입을 조금 걷다 보니 별안간 후회가 밀려들었다. 내가 왜 새벽 댓바람부터 이러고 있지? 힘들다. 짜증난다. 내려가고 싶다!

다시 태어난 하루

이왕 올라온 거 끝까지 가보자고 생각했다. 운동과는 거리가 멀었던 내겐 오르막길이 끝나지 않을 것처럼 느껴졌다. 악착같이 걸어 정상에 도착했다. '이 시간에 태양을 본 것이 얼마 만이지? 내 의지로 산을 올라오다니!' 감동은 잠시였고, 이내 집으로 발걸음을 옮겼다.

신발 바닥에 닿는 까끌까끌한 돌의 감촉을 느끼며 길을 따라 내려가다 문득 하늘을 올려다보았다. 나뭇잎 사이로 햇살이 비치고 있었다. 눈이 부셨다. 등산로 옆 바다에는 햇살이 파도에 부딪혀 반짝거리며 빛나고 있었다. 그 길을 몇 번이고 지나왔을 터였다. 그런데 마치 처음 보는 풍경처럼 느껴졌다.

다시 태어난 기분이었다. 이전에 봤던 책들은 단순히 책일 뿐이었다. 그런데 책을 보고 나서 바로 그 내용을 실천하고 나니 그것은 바로 나 자신이 되었다. 그날 이후 마음속에 하나의 믿음이 생겼다. 실천하겠다는 결심이 비로소 나를 변화시킬 수 있다.

삶을 바꾸는 문장

단순히 독서를 한다고 삶이 변하지는 않는다. 책의 문장이 머릿속에 입력되고 그것이 행동으로 옮겨져 숙성되어야 비로소 변화가 일어난다. 기존에 갖고 있던 제한된 사고를 깨고 새로운 나로 다시 태어나야 한다.

변하기로 결심하지만 달라지지 못할 때 주로 하는 말이 있다. '나는 원래 그래. 어쩔 수 없어.' 일반적으로 우리는 성격에 따라 행동한다고 생각한다. 타고난 기질이 있고, 그것은 바꿀 수 없다는 고정관념이다. 그러나 실제로는 반대다. 우리는 행동을 바탕으로 성격을 형성한다. 습관은 행동이 굳어 만들어진 후천적인 것이다. 행동을 변화시키고 꾸준히 실천하면 새로운 가치관을 형성할 수 있게 된다.

시작하기에 시작된다. 모든 것의 시작은 위험하다. 그러나 무엇을 막론하고, 시작하지 않으면 아무것도 시작되지 않는다.

_프리드리히 니체, 『인간적인 너무나 인간적인』

  책을 손에 들고 읽으며 온전히 마음을 쏟아보라. 문장은 우리의 삶을 바꿀 힘을 갖고 있다. 그 문장을 마음속 깊이 받아들이고 실천할 때 우리는 삶에 새로운 힘을 보탤 수 있게 된다.

인생의 비밀은
클리셰에 숨어있다

하룻밤의 성공을 믿는 것

> 인생의 비밀은 '클리셰'*라는 단어 뒤에 숨어있다.
>
> _ 팀 페리스, 『타이탄의 도구들』

브라질의 성공한 기업가 벨 페시는 꿈을 이루지 못하는 첫 번째 원인을 '하룻밤의 성공을 믿는 것'이라고 말한다. 많은 사람들이 알고 있는 이야기다. IT 개발자는 모바일 앱을 만들어 팔아 짧은 시간에 많은 돈을 벌었다. 이야기가 맞는 것 같지만 그게 다가 아니다. 좀 더 살펴

---

*클리셰(Cliché): 상투어, 진부한 표현, 반복되는 격언

보면 그 사람은 이미 30개의 앱을 개발했고, 그 주제에 대해 석사과정을 마친 박사다. 그리고 20년 동안 그 주제를 연구해 왔다. 사람들은 그것이 하룻밤의 성공이라고 생각할 수 있지만, 하룻밤의 성공 이야기는 살면서 그 순간까지 해낸 모든 일의 결과다.

대부분의 사람들은 편한 삶을 추구한다. 힘든 시간들을 버텨 무언가를 해내는 것보다는 쉽게 결과를 얻고 싶어 한다. 나도 그랬다. 딱히 무언가를 간절하게 원해본 적이 없었다. 사는 대로 살았다. 공부 잘하는 사람은 타고날 때부터 잘하는 거고 돈을 잘 버는 사람은 재수가 좋든지 금수저든지 나와 다른 이유가 있을 거라고만 생각했다. 무언가를 얻기 위해 힘들게 노력하는 것이 바보처럼 느껴졌다. 이렇게 살다 보면 언젠가 갑작스러운 깨달음이 와서 내가 바뀔 줄 알았다.

두 가지 선택

대학을 졸업할 때쯤 아버지께서 하시던 사업이 잘 안 되기 시작했다. 아버지는 내게 회사 일을 조금 도와달라며 부르셨다. 처음에는 알바를 하듯 가벼운 마음으로 들어갔다. 그런데 회사가 어렵다 보니 직원들이 자꾸 그만두었고 남은 사람들이 그 자리를 메꿔야 했다. 점점 마음이 무거워졌다. 회사에 점점 더 많은 시간을 투자했고, 빠른 진급도 하게 되었다. 하지만 승진이 실력에 비해 너무 빨랐기에 어느새 일은 감당할 수 없는 지경이 되었다.

옛말에 자리가 사람을 만든다는 말이 있다. 하지만 경험한 바에 의

하면 감당할 수 없는 자리는 지옥이 된다. 사람을 다스릴 수 없는 사람이 윗자리에 올라서면 밑에서 일하는 사람만큼 위에서 일을 시키는 사람도 힘들기 마련이다. 나는 '누군가 슈퍼맨처럼 나타나 회사를 구해주었으면 좋겠다'고 생각했다.

그렇게 아등바등 힘겹게 버텨가고 있었다. 새로 벌리던 입찰사업이 법적 문제가 생겼다. 경찰조사를 받긴 했지만 별 문제가 없을 줄 알았다. 설 전날 재판이 있었고, 우리는 아버지가 없는 명절을 보내야 했다. 더 문제는 그 다음 날부터 회사에 대표자가 나올 수 없는 상황이었다. 누군가는 최종 의사결정권자의 빈자리를 메꿔야 했다. 그 누군가가 바로 나였다. 하지만 감당하기에 너무 벅찬 자리였다. 어떻게 해야 할지, 도저히 방법이 보이지 않았다. 잠이 오지 않았다. 나 때문에 회사가 망할 것만 같았다. 책임져야 할 순간에도 의사결정을 끊임없이 미뤘다.

나는 내게 찾아온 고난을 그저 고통으로만 생각했다. 왜 내게 이런 고통이 찾아오는 걸까. 이런 상황에 나를 끌어들인 아버지를 원망했다. 제일 받기 힘든 전화는 바로 돈 달라는 전화였다. 거래처에서 오는 대금독촉전화가 너무나도 힘에 부쳤다. 고객사에서 오는 클레임 전화도 괴로웠다. 피하려고만 했다. 차라리 죽는 게 편할 것 같다는 생각을 했을 때, 책을 만나게 되었다. 이유가 무엇이든, 우리에게는 두 가지 선택지가 있다. 하나는 이렇게 살면서 계속 불행해하는 것이고, 다른 하나는 거울 앞에 서서 자신의 모습을 진지하게 보는 것이다. 책은 나에게 거울이 되어주었다. 변명과 합리화로 포장하던 나의 비열한 위선을 직면하게 만들었다.

따귀를 날리는 문장

인생은 예상치 못한 장애물로 가득 차 있다. 하지만 그 무엇도 우리가 가진 나름대로의 행동방식과 기질을 방해할 수는 없다. 우리는 상황을 자신에게 맞게 받아들이고 적응할 능력을 갖고 있다. 마음을 상황에 적응시킬 수 있으며, 행동을 가로막는 장애물을 자신의 목적에 맞게 변화시킬 수 있다. 장애물이 행동을 추동한다. 길을 가로막는 장애물이 길이 된다.

_ 라이언 홀리데이,『돌파력』

라이언 홀리데이의 문장은 나에게 따귀를 날렸다. 고난은 나를 성장시키기 위해 오는 거라고, 정신을 똑바로 차리고 그 고난을 노려보라고 말했다. 나에게는 무언가 돌파구가 필요했다. 그 돌파구는 바로 평범한 노력을 매일 하는 것이었다.

영업이라는 일은 결국 한 가지, 오직 한 가지로 귀착됩니다. 그것은 바로 사람들을 만나는 일입니다. 밖에 나가서 하루에 네다섯 명의 사람들에게 자신의 이야기를 정직하게 할 수 있는 평범한 사람이라면, 그 사람은 영업에서 성공할 수밖에 없습니다.

_ 프랭크 베트거,『실패에서 성공으로』

이 문장은 나를 의자에서 일어나게 했다. 매번 피해왔던 고객사의

클레임 전화를 똑바로 받기 시작했다. 매출 목표를 세웠고, 매출 데이터를 분석해서 우량 고객사를 별도로 관리하고 신규 거래처를 뚫기 위해서 매일 영업을 나가기 시작했다. 한 달 중 24일 이상 전국을 떠돌아다녔다. 그렇게 5개월을 꾸준히 다니다 보니 6월에 4억이던 매출이 11월에 11억이 되었다. 끊임없이 하향 곡선을 그리던 수익그래프는 반등하기 시작했다.

성공의 클리셰

성공의 비밀은 간단하다. 매일 해야 할 일을 조금씩 꾸준히 누적해 나가는 것이다. 운동을 하겠다고 결심을 하고 헬스장에 간다고 생각해 보자. 헬스장에 가서 운동을 하고, 집에 돌아와서 거울 속의 자신을 보면 아무런 변화가 없을 것이다. 다음 날에 헬스장에 갔다 와서 거울을 다시 봐도 아무것도 변하지 않았을 것이다. 명백하게 바뀐 게 없고, 가늠할 수도 없다. 그래서 아무런 효과가 없다고 여기고 포기하게 된다.

하지만 그 행동의 끝에 무언가가 있다고 믿는다면 어떻게 될까? 우리에게 믿음이 생긴다면 그 행위에 헌신하게 된다. 물론 망칠 수도 있다. 어떤 날은 치킨에 맥주를 먹을 수도 있고, 하루나 이틀 운동을 건너뛸 수도 있다. 그러나 계속해서 끈질기게 하다 보면 정확히 며칠이 걸릴지 모르지만 몸이 좋아지기 시작할 것이다. 이것은 사건에 대한 게 아니다. 강렬함에 대한 것도 아니다. 바로 끈기에 관한 것이다.

1년에 두 번, 치과만 간다면 이가 썩어버릴 것이다. 우리는 매일 2분

동안 양치질을 해야 한다. 하루에 세 번씩 2분 동안 양치질을 한다는 게 무슨 의미일까? 아무것도 아니다. 매일 하루에 세 번씩 2분 동안 하지 않는 한 말이다. 이건 지속성이다. 헬스장에서 9시간 운동을 하는 것은 몸을 좋게 만들지 않는다. 매일 20분씩 하는 운동이 몸을 좋게 만들어준다.

문제는 우리가 인생을 강렬함으로 대한다는 것이다. 우리는 변화하기 위해 큰돈을 들여 유명 강연자의 강연에 가기도 한다. 그것은 치과에 가는 것과 같다. 강연은 우리에게 중요한 것을 상기시키거나 시간을 단축시키는 방법을 알려주기도 하고, 새로운 교훈을 줄 수도 있다. 그러나 단조롭고 작고 지루하며 매일 하는 연습인 양치질 같은 것들이 가장 중요하다.

> 실패한 사람과 성공한 사람 사이에는 단 한 가지의 차이가 있을 뿐이다. 습관의 차이가 그것이다. 좋은 습관은 모든 성공의 열쇠이며, 나쁜 습관은 실패를 향해 열려진 창문과 같다.
>
> _오그 만디노, 『위대한 상인의 비밀』

이제는 알고 있다. 인생에는 갑작스러운 깨달음도, 갑자기 나타나 우리를 구해줄 슈퍼맨도 없다. 매일 조금씩 꾸준히 무언가를 하다 보면 어느 순간 알게 된다. 우리 자신이 바로 간절히 기다려온 슈퍼맨이라는 것을. 누구도 내 인생을 대신 살아줄 수 없다. 랄프 왈도 에머슨의 말처럼, 신은 겁쟁이를 통해서는 결코 아무런 일도 하지 않는다.

나를
뒤흔드는 타인

주관적인 세계

"인간은 누구나 스스로 의미를 부여한 주관적인 세계에 살고 있
지. 객관적인 세계에 사는 것이 아니라네. 자네가 보는 세계와 내
가 보는 세계는 달라. 누구와도 공유할 수 없는 세계일 테지."
_ 기시미 이치로·고가 후미타케, 『미움받을 용기』

아버지는 내 결혼을 반대했다. 우리는 사내커플이었다. 자수성가하
여 32년째 중소기업 CEO로 살아온 아버지에게 나는 이해 불가능한
존재였을 것이다. 매번 책임지지 않고 그만두는 직원들에게 염증을
느낀 아버지는 아들을 졸업하자마자 회사로 데려와 중책을 맡겼다.

처음에는 아들이 미덥지 못했지만 열심히 일해 3년쯤 되니 조금씩 성과를 내는 것 같았다. 그런데 이 녀석이 덜컥 네 살이나 많은 부하직원과 썸을 타다 못해 결혼한다고 하는 것이 아닌가. 사장의 입장에서도, 아버지의 입장에서도 많이 답답했을 것이다. 게다가 쥐여사는 것 같고 회사에서도 여자친구한테 기죽어 있으니 참으로 울화통이 터질 지경이었다. 아버지는 마음속으로 어머니 같은 순종적이고 마음씨 좋은 여자를 만났으면 좋겠다고 생각했다. 그것이 아들을 위하는 길이라고 여겼다.

나는 이 사람이 아니면 안 된다고 생각했다. 아버지에게 장문의 문자를 보냈다. 이 사람과 결혼하겠다고, 제 행복을 위해 허락해 달라고. 기대했던 것은 '네가 그렇게까지 말하니 너를 믿고 결혼을 축복해 주겠다' 같은 메시지였지만, 현실은 기대와 달랐다.

'앞으로 너를 아들로 생각하지 않겠다. 결혼을 반대하진 않지만 허락한 것도 아니다. 결혼 후 10년 동안 잘 지낸다면 다시 생각해 보마.'

나와 다른 사람

아내를 처음 만난 것은 여직원의 결혼식장이었다. 같은 회사에서 일하면서도 서먹서먹한 그런 사이였다. 마침 그녀는 운전을 할 수 없는 상황이었고 가는 길이 비슷했기에 그녀를 태워주기로 했다. 차 안에서 이야기를 하다 10년 동안 사귄 남자친구와 헤어진 이야기를 듣게 되었다. 나 또한 실연의 상처를 갖고 있던 터라 자연스럽게 이야기를 주고받게 되었다.

　같은 상처를 가진 사람들은 쉽게 친해지는 법, 그녀에 대해 더 알고
싶어졌다. 그러다 비밀연애가 시작되었다. 물론 비밀은 오래가지 않
았다. 사실을 알게 된 어머니는 나이 차이를 걱정하셨지만 그녀는 성
실한 직원이었고 워낙 어른들에게 싹싹하기에 곧 마음을 여셨다. 문
제는 아버지였다. 당시 아내의 성격이 워낙 강했기에, 유약한 나와는
맞지 않다고 생각했던 것 같다. 하나뿐인 아들이 연상녀에게 쥐여사
는 게 싫었을지도 모른다.

가치관의 충돌

> 그러므로 만남이란 놀라운 사건이다. 너와 나의 만남은 단순히 사
> 람과 사람의 만남을 넘어선다. 그것은 차라리 세계와 세계의 충
> 돌에 가깝다. 너를 안다는 것은 나의 둥근 원 안으로 너의 원이
> 침투해 들어오는 것을 감내하는 것이며, 너의 세계의 파도가 내
> 세계의 해안을 잠식하는 것을 견뎌내야 하는 것이다.
>
> ＿채사장, 『우리는 언젠가 만난다』

　아내와 나는 삶의 배경이 많이 다르다. 삼남매의 장녀로 자란 그녀
는 책임감이 강했고, 부모의 기대를 많이 받고 자랐다. 그녀는 대학 졸
업과 동시에 고향을 떠나 대도시로 향했다. 어린 나이에 홀로서기를

시작하며 독립적이고 도전적인 삶을 살았다. 반대로 나는 가부장적인 아버지 아래에서 자라 내 주장을 잘 하지 못하는 유약하고 순종적인 삶을 살았다. 아내는 그런 나를 많이 답답하게 생각했다. 의사결정을 못 하고 사람들에게 치이는 남자친구이자 상사를 둔 것이다.

아내가 내게 기대한 것은 독립적인 의사결정이었다. 반대로 나는 아내가 좀 더 조직사회에서 자신의 감정을 숨기고 사람들의 기대에 맞추기를 바랐다. 서로에게 거는 기대가 달랐기에 갈등도 많았다. 이런 갈등을 풀어준 것은 책이었다. 내가 책을 좋아한다는 사실이 아내에게 믿음을 주었던 것 같다. 아내는 내가 읽는 책을 궁금해했고 나는 책의 내용을 아내에게 들려주었다.

그렇게 우리는 책을 통해 서로를 이해하기 시작했다. 다른 성장 배경을 갖고 살아온 우리는 서로 다른 언어를 쓰고 있었고, 표면적인 말로는 결코 서로를 이해할 수 없었다. 그래서 책을 매개로 삼기로 했다. 관계에 대한 책으로 집 앞 놀이터에 앉아 독서토론을 했다. 우리가 갖고 있는 짧은 생각으로 서로에게 몹쓸 말을 던질 때와는 달리, 책에 담긴 문장을 바탕으로 대화를 나눌 때는 서로 자신의 마음 깊이 갖고 있던 생각들을 꺼내 보여줄 수 있었다.

아내에게 하고 싶은 말이 있을 때 관련 있는 텍스트를 꺼내서 들려주었다. 그리고 이런저런 이야기를 하면서 넌지시 하고 싶은 이야기를 건넸다. 이런 방법은 그녀가 자신의 행동에 대해 돌아볼 수 있는 시간을 만들어주었다. 나 또한 갈등을 피하고자 비겁하게 전하지 않았던 내 말들이 상대에게 얼마나 큰 상처를 주는지 알 수 있게 되었다.

그렇게 우리는 책을 통해 다름을 이해할 수 있었고 조금씩 서로의 세계로 다가갈 수 있었다.

결국은 선택이다

아버지의 반대에도 불구하고 우리는 결혼했다. 결혼사진에서 모든 사람들이 기쁘고 즐거운 표정을 짓고 있는데, 홀로 찌푸린 표정으로 하객 사이에 서있는 아버지를 볼 때마다 그때의 생각이 문득문득 떠오른다. 결혼한 지 2년째, 예쁜 딸아이를 낳고 오손도손 살고 있는 우리 부부의 모습이 얄미울지, 혹은 대견할지…. 1년도 채 되지 않아 이혼할 거라고 생각하셨을지도 모른다.

아내는 매년 어버이날, 생일, 크리스마스 때마다 시댁에 편지를 쓴다. 물론 답장은 없었다. 그런데 올해는 달랐다. 아버지의 생신 때 올린 편지에 장문의 문자로 답장이 왔다. 새벽에 문자를 보고 눈물 흘리던 아내의 흐느끼는 목소리가 귓가에 아른거린다. 3년이라는 긴 시간 동안 메아리 없는 산에 홀로 소리쳤던 지난 세월이 보상받는 기분이 들었으리라.

아내는 나와 결혼하기 위해 정말 자신의 모든 것을 버렸다. 상견례를 거부하는 시아버지와 이를 자존심 상해 하는 친정 식구들의 반응을 견디는 것은 자존심이 강한 아내에게는 정말 힘든 경험이었다. 네 살이나 어린 데다 사장 아들인 남자와 결혼하는 것도 감내하기 쉽지 않았다. '신랑이 아깝다'는 주위의 반응도 견디기 힘들었을 것이다. 그럼에도 불구하고 그녀는 미덥지 못한 나를 선택해 주었다. 그녀 덕에 나 또한 인생에서 처음으로 아버지의 결정에 반대하게 되었다. 하늘같은 아버지를 거역하고 내가 결정한 것을 밀어붙였던 그 경험은 정말 힘들었다. 그렇지만 내게 정말로 중요한 것이 무엇인지 알게 해주는 의미 있는 사건이었다. 아버지의 결정에 따르고 부모님이 원하는 사람을 만났다면, 아내와 같은 멋진 여자를 만나지는 못했으리라.

흔들리며 가는 길

아내와 나는 다른 인생을 살았다. 그래서 생각이 달랐다. 다르다는 것이 갈등을 가져왔다.

아버지와 나 사이에는 세월이라는 건널 수 없는 강이 있었다. 세대가 달랐다. 그 차이가 충돌을 불러왔다.

두 번의 갈등과 충돌을 통해 알게 된 것이 있다. 세상은 뜻대로 되지 않는다는 것이다. 또한 서로의 생각을 나눌 수 있는 의지가 있다면 갈등과 충돌쯤은 얼마든지 해결 가능하다는 것이다.

인생은 혼자 가는 길이 아니다. 혼자라면 자신의 계획과 실행에 따라 한 치의 오차도 없이 돌아갈 것이다. 하지만 실제 세상에는 나의 세계 전체를 뒤흔드는 타인이 있다. 그래서 언제나 예상치 못한 방향으로 흐른다.

가끔 이런 생각을 해본다. 세상에는 왜 서로 다른 존재들이 있는 것일까? 내가 얻은 답은 타인과의 만남으로 자신의 세계를 조금씩 넓히는 것이 우리가 맛볼 수 있는 즐거움이라는 것이다. 혼자만의 세계에서 한 치 오차도 없이 돌아가는 삶은 재미없다. 타인이라는 변수가 있고 그들을 통해 세상을 다르게 볼 수 있을 때 사는 재미가 생긴다. 그렇기에 삶은 흔들리며 가는 길이라 믿는다.

책이 다시
말을 걸어왔다

- 정수란 -

우리는 아무 이유 없이 세상에 던져진 존재다.
던져졌으니 그냥 살아가는 것이 아니라, 이왕 태어났으니
한 번뿐인 소중한 삶을 내 마음이 이끄는 대로 살아보고 싶었다.
허공을 계속해서 맴도는 듯한 답답함과 '변하고 싶다'는
간절한 욕망으로 꿈틀대는 방황의 마흔 살, 책이 다시 말을 걸어왔다.

| 참고한 책 |

레프 톨스토이, 『이반 일리치의 죽음』, 이강은 옮김, 창비, 2012.
프란츠 카프카, 『변신·시골의사』, 전영애 옮김, 민음사, 1998.
장주, 『장자』, 김갑수 옮김, 글항아리, 2015.
F. 스콧 피츠제럴드, 『위대한 개츠비』, 김욱동 옮김, 민음사, 2004.
레프 톨스토이, 『안나 카레니나』, 연진희 옮김, 민음사, 2009.
마르쿠스 아우렐리우스, 『명상록』, 천병희 옮김, 도서출판 숲, 2005.
사마천, 『사기』, 김원중 옮김, 민음사, 2015.
보후밀 흐라발, 『너무 시끄러운 고독』, 이창실 옮김, 문학동네, 2016.

삶의 모든 노력은
죽음으로 귀결된다

나 이대로 정말 괜찮은 걸까

트리나 폴러스의 『꽃들에게 희망을』에는 두 부류의 애벌레가 나온다. 꼭대기에 무엇이 있는지도 모르면서 남들보다 더 높이 더 빨리 기둥을 오르려 하는 애벌레가 있는가 하면, 자신이 무엇이 될 수 있는지를 깨닫고 극한의 고통과 죽음을 불사하면서까지 나비로 다시 태어나는 애벌레가 있다.

주변을 돌아보니 더 높이, 더 빨리 기둥을 오르려 하는 사람들뿐이었다. 우리의 삶은 거대한 애벌레 기둥과 별반 다르지 않다. 경쟁에서 이겨야 돋보일 수 있다는 것, 그들보다 앞서야 나아갈 수 있다는 것, 삶은 치열한 경쟁의 나날이고 남들보다 뒤처질까 봐 언제나 고군분투하며 살아가고 있다. 꼭대기에 무엇이 있는지도 모르고 불빛을 향해 날아드는 불나방처럼 죽을 듯 기어오르는 것, 그것이 우리 삶의 무대이다.

쓸쓸했고 또한 절망했다. 그리고 다가온 질문.

'나 이대로 정말 괜찮은 걸까?'

그 질문은 잔잔한 물결이 아니라 거대한 폭풍처럼 밀려왔다. 직장생활 15년. 정년이 보장된 안정된 직장에서의 삶은 손색이 없어 보였다. 하지만 나는 깨닫고 있었다. 어제와 다름없는 일상이 관성에 따라 흘러가고 있고 왜 달리는지조차 모른 채 남들과 같은 속도로 죽을힘을 다해 허망한 기둥을 올라가고 있음을.

혼돈의 시간이었다. 아플 수도 없는 마흔이라고 했던가. 나답지 못한 삶을 살고 있다는 자각으로 온몸이 말을 걸어왔다. 막막했고 우울했다. 이대로 있다가는 일상을 채우는 부산한 소음과 부유하는 먼지들 속에서 나 또한 세상 속에서 있는 듯 없는 듯 물거품처럼 사라져버릴 것만 같았다. 끝, 죽음이란 걸 처음 생각했다. 그러한 생각들은 내 일상에 점차 뿌리를 내리고 있었다. 뿌리는 이내 줄기를 밀어 올렸고 삶에 그늘을 드러냈다. 하던 일을 계속하기에도, 새로운 일을 시도하기에도 두렵기만 한 어정쩡한 시간 속에 서 있었다. 이렇게 발버둥 치며 일상을 소모하고 살아도 되는 것일까. 허공 속에 부유하는 먼지처럼 사라질 존재라는 자각은 삶의 큰 지각 변동을 암시했다. 삶의 심부름에 따라 이 모든 노력이 죽음으로 귀결된다는 사실은 내 삶의 방향을 완전히 바꿔놓았다.

참을 수 없는 평범함에 말을 걸다

최승자 시인의 '동의하지 않아도 봄은 온다'라는 시구처럼 동의한 적 없지만 삶은 흘러흘러 여기까지 왔다. 지나온 삶을 생각해 보면 정말 열심히만 살았다.

내가 원해서 한 일이 별로 없었다. 사회적 알람에 맞춰 그때그때 해야 할 일을 하면서 그저 남들만큼 살아왔다. 어느 날 아침 들여다본 한 장의 사진은 잔잔하게 흐르던 삶이라는 호수에 큰 파도를 일으켰다. 사진 속에는 새벽 운동을 나온 여성이 역주행하던 차량에 치여 마치 고깃덩어리처럼 도로 한가운데 누워있었다. 저만치 주인으로부터 이탈되어 널브러져 있는 운동화와 함께 그녀는 삶으로부터 이탈되었다. 불과 한 시간 전까지만 해도 힘찬 하루를 다지며 운동화 끈을 동여매던 그녀의 삶은 대체 무엇이었을까.

이 모든 게 얼마나 잔인하고, 인생이, 산다는 것이 어떤 의미가 있는가라는 생각을 처음 하게 되었다.

그러면서도 마치 죽음이 그녀에게만 일어난 특별한 사건일 뿐 나와는 전혀 무관한 일인 듯 당장 눈앞에 해야 할 일들과 욕망에 충실하며 이런저런 고민을 하는 나라는 사람이 어떤 존재인지 혼란스러웠다. 조금 전까지 숨 쉬고, 웃고, 걷던 한 생명체가 고깃덩어리처럼 죽어 누워있던 모습.

그녀에게 일어난 일은 지금 당장이라도 누구에게나 일어날 수 있는 일이었다.

"그럼 이제 네가 원하는 것이 무엇이냐? 사는 것? 어떻게 사는 것을 원하는 것이냐? 법정에서 '재판이 시작되겠습니다' 하고 외치는 법관으로서 삶이 네가 원하는 것이냐?" …

죽음, 그래 죽음이다. 그런데 저 사람들은 아무도 모르고 알려고 하지도 않고 불쌍히 여기지도 않는구나. 그저 즐겁게 놀기나 하는구나. 다 마찬가지다. 저들도 모두 죽을 것이다.

바보들 같으니. 내가 먼저 가고 너희들은 좀 나중일지 몰라도 죽음을 피할 수는 없다.

그런데도 저렇게 즐거울까!

_톨스토이, 『이반 일리치의 죽음』

주인공 이반 일리치는 죽음 앞에서 인간 존재에 대한 본질적인 질문을 던진다. 어느 날 아침 들여다본 한 장의 사진은 어디를 향해서, 왜 달리는지조차 모르며 열심히만 뛰어왔던 삶의 속도에 브레이크를 걸었다. 삶이 언제라도 끝날 수 있다는 자각, 매 순간 죽음과 마주 선 인간의 삶이라면 '나는 이대로 괜찮은 걸까'라는 삶에 대한 진지한 고민으로 이어졌다.

참을 수 없는 평범함에 말을 건 순간이었다.

잃어버린 마음을 찾아서

> 사람들은 닭과 개를 잃어버리면 찾을 줄을 알면서도 마음을 잃어
> 버리고는 찾을 줄 모른다. 학문하는 방법은 다른 데 있는 것이 아
> 니라, 자신의 잃어버린 마음을 찾는 것일 뿐이다.
>
> _『맹자』

인디언들은 말을 타고 가다 이따금씩 말에서 내려 자기가 달려온 쪽
을 한참 동안 바라보고선 다시 달린다고 한다. 말이 지쳐서 쉬게 하려
는 것도 자기가 쉬려는 것도 아니다. 그들이 멈춘 이유는 단 하나, 너
무 빨리 달려 자기의 영혼이 미처 뒤따라오지 못했을까 봐 영혼을 기
다리는 것이라고 한다. 영혼이 돌아올 때를 기다리는 인디언의 모습
에서 그동안 단 한 번도 돌아보지 않았던 지나간 시간들 속의 나를 떠
올려보았다. 아내로서, 엄마로서, 직장인으로서 열심히 달려왔다. 바
쁘게 열심히만 살다 보니 정작 '나'라는 존재가 삶에서 빠져있었다. 그
들의 세상 속에 섞여있었을 뿐 나의 세계, 나의 이야기는 지금껏 없었
던 것이다. 그렇다. 그동안 나를 휘감았던 혼란스러운 감정은 잃어버
린 '나'에 대한 자각이었다.

나는 어디로 가고 있는 것일까.

돌연한 출발

기차를 타고 달리고 있었다. 기차는 일정하고도 안정된 속도로 계속 달렸다. 얼마쯤 달려왔을까. 문득 고개를 들어 유리창에 비친 내 얼굴을 바라보았다. 기쁨도 설렘도 없는 무표정한 얼굴. 15년간 달려오면서 처음으로 진지하게 나를 들여다본 순간이었다. 그리고 이내 대단한 착각을 하고 살았음을 깨달았다. 기차가 달리면 나도 달리고 있다고 생각한 것이다. 정신을 차려보니 처음 출발한 그 자리에 나는 그대로 서있었다. 갑자기 15년 전 내가 복제되어 있는 것 같은 싸늘하고도 오싹한 감정에 휩싸였다. 그때와 똑같은 고민을 달팽이 집처럼 짊어진 채로. 얼마나 지났을까, 기차가 다시 출발하기 위해 요란스럽게 경적을 울린다. 너도나도 이번 기차를 타지 않으면 홀로 남겨질 것이라고 승차를 재촉했다. 나는 기차가 나아가는 방향을 저만치 내다보았다. 기차는 이미 예정된 종착점이 있었고 종착역에서는 내 의지와 상관없이 반드시 내려야만 한다. 나는 어디로 갈 것인가. 대단한 능력도 재능도 없다. 두려웠고 방황했다. 이미 정해진 방향으로 안정된 속도를 유지할까 끊임없이 저울질했다.

　얼마나 지났을까. 문득 저만치서 삶을 제대로 살지 못했다는 죄책감으로 눈길을 과거로만 자꾸 돌리는 연약한 한 인간의 모습이 흐릿하게 다가왔다.

　　나는 내 말을 마구간에서 끌어내 오라고 명했다. 하인이 대문에

　　서 가로막으며 물었다.

"어딜 가시나이까? 주인 나리."

"모른다." 내가 대답했다.

"그냥 여기를 떠난다. 그냥 여기를 떠난다. 그냥 여기를 떠나 내쳐
간다.

그래야만 나의 목표에 다다를 수 있노라."

"그렇다면 나리의 목표를 아시고 계시는 거지요?" 그가 물었다.

"그렇다. 〈여기를 떠난다〉고 했으렸다, 그것이 나의 목표이니라."

다행스러운 것은 이야말로 다시 없이 정말 굉장한 여행이란 것이다.

_ 프란츠 카프카, 「돌연한 출발」

　어느 날 문득 먼 곳에서 북소리가 울려왔다. 아주 가냘프게. 그 소리를 듣고 있는 동안, 지금의 삶에서 벗어나야만 할 것 같은 생각이 들었다. 이대로 있다가는 속절없이 나이만 들어 삶이 금방 끝나버릴 것만 같았다. 지금이 아니면 안 될 것 같은 절박함을 느꼈고 온몸으로 느낄 수 있는 생의 시간과 공간 속으로 나를 데리고 가고 싶었다. 양식도, 외로움을 견뎌낼 완벽한 마음의 준비도 되지 않았지만 일단 떠나야 제대로 숨을 쉴 수 있을 것 같았다.

회사 대신 도서관으로 출근하다

마흔 살, 지금까지 살아온 대로 삶을 흘려만 보낼 수 없는 시점이란 걸 직감했다. 지극히 평범했던 보통의 인간에게 바람이 일었다. 진짜 나

로 살고 싶다는 존재에 대한 열망의 바람이.

일상과 꿈 사이에서 끊임없이 저울질하며 방황했다.

마흔 문턱을 코앞에 두고 꿈인 듯 갈망인 듯 정체를 알 수 없는 바람의 형체로 인해 나는 적잖이 당황했다. 두근거림을 애써 외면하며 안정된 일상의 궤도로 나를 힘껏 잡아당겨도 보았다. 하지만 힘없이 늘어난 용수철 인형처럼 비틀거렸고 너무 시끄러운 고독으로 인해 지쳐만 갔다. 그러다 불현듯 마음의 두근거림을 애써 외면하려고만 하는지 나 자신에게 화가 났다.

'왜 지금은 안 된다고만 생각하지? 무엇이 두려운 거야? 남들보다 뒤처질까 봐? 대체 뭣 때문에 이렇게까지 고민하고 우울해 해야 하지?'

그리고 스스로에게 되물었다. 생의 마지막 날, '지금까지 삶이 떠밀려 왔음을' 아프게 인식하며 그 '언젠가'의 무게를 감당할 수 있을까.

'우리는 저마다 다른 것에 중독되어 있다. 나는 존재하는 것에 중독되고 말았다'는 페르난두 페소아의 말이 귓전에 계속해서 맴돌았다.

나는 간절히 변하고 싶었고 남들이 뭐라 하든 마음의 소리를 더 이상 외면하지 않기로 했다. 지금이 아니면 안 될 것 같은 먼 북소리를 향해 위대한 멈춤을 선택했다. 니체도 말하지 않았던가. 춤추는 별을 잉태하려면 자기 안에 혼돈과 광기를 지녀야 한다고. 불편함을 감당할 용기, 불안함을 그대로 품을 용기, 그것이 나를 나로서 존재하게 함을 비로소 깨닫는 순간이었다.

'내가 혼자인 건 오로지 생각들로 조밀하게 채워진 고독 속에 살기 위해서다. 어찌 보면 나는 영원과 무한을 추구하는 돈키호테다. 영원과 무한도 나 같은 사람들을 당해낼 재간이 없을 테지.'

_ 보후밀 흐라발, 『너무 시끄러운 고독』

스페인어로 투우사와 마지막 결전을 앞두고 소가 잠시 쉬는 곳을 뜻하는 퀘렌시아(Querencia)라는 말이 있다. 최근에는 바쁜 일상에 지친 현대인들에게 나만의 피난처, 안식처를 의미한다. 삶이 지치고 힘이 들 때, 나다운 삶이 과연 무엇인가에 대해 회의가 들 때면 나는 책 속으로 들어간다. 해야 할 일들로 촘촘하게 짜인 일상 속에 놓여있는 것이 아니라 내 마음이 원하는 곳, 나만의 안식처로 조용히 나를 데려가 숨을 고르며 삶의 용기와 기운을 되찾곤 한다. 책은 나만의 퀘렌시아인 것이다.

그렇게 나는 휴직을 감행했고 회사 대신 도서관으로 출근했다. 오로지 책을 통한 사고의 확장과 깨달음을 위해 자발적 고독을 스스로 선택한 것이다. 책의 세상 속으로 유영하다 보면 온 세상과 내가 연결되어 있다는 경이로움을 느꼈다. 그것은 진정 살아있는 느낌이었다.

독서에 관하여

'무용無用'의 쓸모 있음

어느 주말 딸과 함께 도서관에 갔다. 옆 테이블에 앉은 모녀가 티격태격하길래 귀를 쫑긋 세워 그들의 대화를 엿들었다. 내용인즉, 만화를 보는 아이에게 쓸데없이 무슨 만화책이냐며 대신 역사책을 건네주고 읽으라고 실랑이를 벌이고 있었다. 아이가 싫다고 하니 그럴 거면 차라리 읽지 말라며 책을 뺏어버린다. 아직도 이런 엄마가 있다니! 내심 놀랐지만 우리 주변에 흔히 있는 일이라 씁쓸했다.

책에 대한 선입견 중 하나는 '만화는 나쁘다'라는 것이다. 아이가 책을 좋아하지만 만화책만 읽어댄다고 걱정하는 엄마들이 많은데 이것은 만화는 아무것도 배울 것이 없고 공부에 쓸모가 없다는 생각에서 비롯된 것이다.

『삼국지』를 읽지 않은 사람과는 얼굴을 마주하지 말며, 『삼국지』를 세 번 이상 읽지 않은 사람과는 인생을 논하지 말라.' 이 말은 불멸의 고전인 『삼국지』의 영향력이 어느 정도인지 가늠해 준다. 나는 성인이 되기까지 『삼국지』를 완독하지 못했다. 막상 읽으려 하면 그 방대한 분량에 기가 꺾였고 막막했다. 어려운 한문투 문장과 천여 명에 이르는 인물들이 뒤죽박죽 섞여 크게 흥미를 느끼지 못한 것도 한몫했다. 그렇게 읽다 만 『삼국지』를 만화로 완독했다. 자그마치 74권을 며칠 밤을 새워가며 읽었다. 만화 『삼국지』는 천여 명에 이르는 인물들의 살아 움직이는 듯한 생동감 넘치는 묘사와 그림이 눈과 마음을 사로잡았다. 너무 재미있어서 손에서 책을 놓을 수가 없었다. 후에 나는 시중에 나와있는 『삼국지』 10권을 엿새 만에 쉽게 완독할 수 있었다.

장자가 산속을 걷다가

큰 나무를 보았는데 가지와 잎이 매우 무성했다.

그 옆에 목수가 있는데도 베려 하지 않았다.

장자가 그 까닭을 물으니

아무 짝에도 소용이 없기 때문이라고 하였다.

시원한 나무 그늘 아래에서 장자가 말했다.

이 나무는 쓸모가 없기 때문에 타고난 수명을 다 누리는구나.

_「산목편山木篇」, 『장자』

장자가 말한 무용지용無用之用 즉, '쓸모없음의 쓸모 있음'에 대한 우화이다.

　나는 만화를 읽는다는 것 자체가 나쁘다고 생각하지 않는다. 자극적인 즐거움만 줄 뿐이라면 좋은 책이라 할 수 없겠지만 만화를 읽고 어떤 질문과 생각거리가 생겨난다면 그것은 의미 있는 독서이다.

　문학평론가 김현은 소년 시절 어머니에게 하라는 공부는 하지 않고 소설책만 읽고 있다며 꾸지람을 자주 들었다. 머리 좋은 자식이 의사·판사·검사가 되기 위한 공부를 하지 않고 '아무짝에도 쓸모없는' 문학을 공부하고 있어서였다. 문학을 공부해 비평가가 된 김현은 어머니에게 이렇게 말했다고 한다. "문학은 써먹는 것이 아닙니다. 그러나 역설적이게도 문학은 써먹지 못하는 것을 써먹고 있습니다. 문학을 함으로써 출세도 큰돈을 벌지도 못합니다. 그러나 그것은 바로 그러한 점 때문에 인간을 억압하지 않습니다. 인간에게 유용한 것은 대체로 그것이 유용하다는 것 때문에 인간을 억압합니다. 문학은 유용한 것이 아니기 때문에 인간을 억압하지 않습니다."

　독서를 하면서 '이 책이 나에게 어떤 의미가 있는가' 하는 질문을 잊지 않는 것은 중요하다. 지식을 쌓게 한다, 지적 호기심을 자극한다, 생각거리를 던져준다 등 여러 가지 답이 있을 테지만 어떤 책을 읽고 거기에서 무엇을 얻을 수 있을지, 삶에 어떤 의미를 가져다줄지는 아무도 모른다. 시간이 지나고 나서 그때 그 책이 자신에게 이러한 의미가 있었음을 깨닫게 되는 것이다. 처음부터 만화책과 소설책은 쓸모가 없다는 선입견으로 지적 호기심을 가로막지 않는 것이 무엇보다 중요하다.

결과의 무의미함을 과정의 충실함으로

우리의 삶은 언제나 무용한 반복처럼 느껴진다.

알베르 카뮈는 자신의 철학적 에세이『시지프 신화』에서 신의 저주로 영원히 바위를 산꼭대기로 밀어 올려야만 하는 시시포스를 빗대 자신의 운명을 거스르려 하는 인간의 숭고함을 주장했다.

우리는 반복되는 삶을 견뎌야 하고 하루를 견뎌낸 대가로 또 하루를 부여받는다. 낮에는 일터에서 영혼을 털리고 밤에는 그림자를 판 사나이처럼 방황한다. 산꼭대기로 밀어 올리면 굴러 떨어지는 바위를 다시 밀어 올려야 하는 무의미한 일을 매일 반복해야 하는 시시포스의 삶은 우리의 모습이기도 하다. 다행인 것은 삶이 어떤 형태를 취하든 시시포스처럼 그대로 직시하고 자기 삶을 주체적으로 '선택' 할 수 있다는 것이다. 시시포스는 자신의 운명을 형벌로 보지 않는다. 그것을 묵묵히 받아들이고 결과의 무의미함을 과정의 충실함으로 전환시킨다. 반복되는 무용의 삶을 포기하지 않고 직시함으로써 '낡은 일상의 반복으로부터 떠나' 매일 새로운 시시포스가 되는 것이다.

그래서 카뮈는 '살아가는 것, 그 자체가 중요하다'라고 말한다. 그것은 톨스토이의 위대한 소설『안나 카레니나』에서 주인공 레빈이 마지막에 깨달은 삶의 의미와 비슷하다.

'난 여전히 마부 이반에게 화를 내겠지. 여전히 논쟁을 벌이고, 여전히 내 생각을 부적절하게 표현할 거야. 나의 지성소와 다른 사람들 사이에는 심지어 아내와의 사이에도 여전히 벽이 존재할 거야. … 하지만 나에게 일어날 수 있는 그 모든 일에 상관없이, 이제 나의 삶은, 삶의 매 순간은 이전처럼 무의미하지 않을 뿐 아니라 선의 명백한 의미를 지니고 있어. 나에게는 그것을 삶의 매 순간 속에 불어넣을 힘이 있어!'

_ 톨스토이, 『안나 카레니나』

책을 읽는다고 당장 밥이 나오는 것도 아니고, 어떤 유혹에도 흔들리지 않는 대단한 성인이 되는 것도 아니다. 그렇다면 이 무용無用의 독서를 왜 하는 것일까?

독서는 인생을 즐길 줄 아는 태도와 습관을 길러준다. 불완전하고 위태로운 존재로 세상에 태어나 하나하나 불완전함을 그대로 직시하며 간극을 채워나가는 것. 그렇게 삶과 세상을 이해하며 전인적인 존재가 되어가는 과정이 독서인 것이다.

나는 여전히 남편과 아이에게 잔소리를 쏟아내는 확성기가 되기도 하고 남들과 다른 속도에 두려워하며 흔들리고 방황도 한다. 그럼에도 매 순간이 이전처럼 무의미하지 않다는 것, 삶을 스스로 선택하고 그 속에 의미를 불어넣을 힘을 가지고 있다는 것, 그것이 지금까지 책을 읽으면서 깨달은 독서의 힘이다.

날은 저물고 갈 길은 멀다

사마천의 『사기』 「오자서열전伍子胥列傳」에는 다음과 같은 이야기가 나온다.

오자서는 초나라에 6대째 충성을 바친 가문 출신이었다. 초나라 평왕은 태자 건과 혼인시키려던 진나라 공주를 가로채 자신의 왕비로 삼은 뒤, 태자 건을 송나라로 내쫓고 태자의 사부였던 오자서의 부친 오사와 오자서의 형 오상마저 처형했다.

간신히 목숨을 건진 오자서는 오랜 시간 동안 온갖 고초와 풍파를 겪으면서 오로지 평왕에게 복수할 날만을 기다렸다. 마침내 오나라 오왕 합려의 부름을 받아 외교 고문의 자리에 오른 오자서는 그토록 바라던 초나라 정복에 성공했다. 그러나 초나라 평왕은 이미 죽고 진나라 공주가 낳은 소왕이 즉위한 상태였다.

오자서는 평왕의 무덤을 파헤치고 시체를 꺼내 300번이나 매질했다. 이를 본 초나라 대부 신포서가 "그대의 복수는 너무 심하지 않은가" 하고 나무랐다. 그때 오자서가 말했다.

"해는 지고 길은 멀기 때문에 갈팡질팡 걸어가며 앞뒤를 분간할 겨를이 없었다."

이 고사에서 나온 말이 바로 '일모도원日暮途遠'이다. 날은 저물고 갈 길은 멀다는 뜻으로, 늙고 쇠약한데 앞으로 해야 할 일은 많음을 이르는 말이다.

지난 시간들은 화살처럼 지나갔고 삶은 언제든 끝날 수 있음을 알게 되었다. 이제 나로 살고 싶은 간절한 열망을 품었다. 그러니 조급해졌다. 해야 할 일을 마무리 지어야 했던 오자서의 심정이 이런 것이 아니었나 하는 생각이 든다. 아무리 복수하고 싶다고 해도 시체를 300번이나 매질하는 것은 과하다 싶을 만큼 인간적으로 보이지 않았지만 오자서의 심정은 알 것 같았다.

방법이 아닌 그의 간절한 마음을 말이다.

책과 자발적 사랑에 빠지다

서머싯 몸의 소설 『면도날』에서 주인공 래리는 삶의 의미를 찾기 위해 인도와 유럽을 여행하며 만난 사람들에 대해 이렇게 말한다.

> "그동안 저한테 가장 많은 영향을 미쳤던 사람들은 거의 모두 우연히 만난 사람들이었죠. 하지만 돌이켜보면 결국 피할 수 없는 운명이었던 것 같아요. 마치 내가 그들을 필요로 할 때까지 그 자리에서 기다리고 있었던 것처럼 말이죠"

나에게는 책과의 만남이 그랬다. 8년 동안 숨 쉬듯 나에게 스며들었던 책들은 우연히 만난 책들이었다. 순수하게 개인적인 지적 흥미와 즐거움 때문에 시작했던 독서라 힘들거나 지루하다는 느낌조차 없었고 삶의 의미를 찾기 위해 더 열정적으로 책을 읽었다. 내가 그들을 필요로 할 시점에 항상 거기에 책들이 있었다. 돌이켜보면 결국 피할 수 없는 운명이었던 것 같다.

책을 읽을 때면 이상한 나라의 앨리스처럼 마법의 굴속으로 한없이 떨어지는 기분이다. 세상의 모든 소음이 차단되고 책에 든 세상 속으로 빨려 들어가 시공간을 초월해 삶을 여행한다. 마음이 태양 볕에 녹아내리는 치즈 덩어리처럼 풀어지는 순간 법정 스님이 내리치는 죽비로 정신을 바짝 차리기도 하고 중국으로 날아가 위화의 소설 속 주인공 푸구이 노인을 만나 '인생'에 대해 대화를 나누며 삶을 위로받기도 한다. 책을 통해 '내가 누군지, 어디를 향해가고 있는지, 어떻게 살 것인지'에 대해 조금씩 알게 되었다.

삶에 '가능성'을 선물하다

중국 동부지역에 '모소'라는 대나무가 있다. 농부들은 씨앗을 뿌리고 매일같이 정성을 다하지만 대나무는 씨앗을 심은 지 4년이 지나도 불과 3cm 밖에 자라지 못한다. '4년은 결코 짧은 시간이 아닌데 작은 나무조차 되지 못하다니…. 이대로 성장이 멈춰버린 걸까?' 때문에 농부들은 그것을 캐내고 다른 것을 심고 싶은 유혹을 몇 번이나 받게 된다. 육안으로 보기에도 자라지 않는 것 같고 허송세월을 보내는 것 아닌가 불안한 생각이 엄습한다.

그러나 4년 동안 단 3cm의 성장에 불과했던 모소 대나무는 5년 후부터 폭발적인 성장을 하게 된다. 한번 싹이 트면 죽순은 하루에 30cm씩 무서운 속도로 자라 6주 만에 15미터까지 자라기도 한다. 6주 만에 놀라운 일이 일어난 것 같지만 지난 4년 동안 모소 대나무는 땅속에서 수백 제곱미터에 이르는 뿌리를 뻗치고 있었던 것이다.

4년간 뿌리를 내리는 인내의 시간, 올라가고 싶은 욕구를 밑으로만 뻗은 인고의 시간, 그 시간이 지나자 언제 그랬냐는 듯 폭발적으로 성장해서 6주 만에 울창한 숲을 만들어내는 대나무처럼, 독서는 하루아침에 삶을 획기적으로 변화시키는 것이 아니다. 그것은 땅에 심은 씨앗과 같다. 처음에는 아무 변화가 없는 듯하지만 온 마음으로 시간과 정성을 쏟아 읽어나가다 보면 어느덧 뿌리 깊은 거대한 나무로 성장해 있는 것이다.

책을 읽다 보면 몇 년의 독서, 몇 권의 독서로 인생이 획기적으로 변했다고 하는 사람들을 만나곤 한다. 어떤 대단한 책을 읽었기에 책을 쓰는 작가가 되고 인생이 변했다고 호언장담하는 것일까. 그들의 책을 읽으면서 독서에 회의를 품은 적도 있었고 나도 그들처럼 되고 싶은 욕망으로 들끓어 오른 적도 있었다. 그럴 때마다 나는 생각한다. 왜 책을 읽고 있는지에 대해.

대단한 무엇이 되고 싶어서 독서를 시작한 것이 아니다. 지금 여기에 깨어있기 위해, 살아있다는 그 경이로움을 느끼기 위해 나는 책을 읽고 글을 써왔다.

'아무도 이기지 않았지만 누구에게도 지지 않았다'는 한 소설가의 고백처럼 내가 어떤 삶을 살고 싶은지에 대해, 꼭 무엇이 되지 않아도 좋을 지금 이 순간을 살아도 괜찮다는 위안과 확신을 책을 통해 받았다. 책을 읽으면 내 안에 씨앗 하나가 심어진다. 무슨 꽃을 피게 할지, 어떤 향기를 내게 할지 당장 알 수는 없지만 내 안에 꿈틀대는 태동을 느낄 수 있다. 그럴 때면 살아있다는 단순한 놀라움과 존재한다는 황홀함에 흠뻑 취하게 된다.

영혼의 떨림을 만나다

"내 영혼아, 죄를 범하라. 스스로에게 죄를 범하고 폭력을 가하라. 그러나 네가 그렇게 행동한다면 나중에 너 자신을 존중하고 존경할 시간은 없을 것이다. 누구에게나 인생은 한 번, 단 한 번뿐이므로. 네 인생은 이제 거의 끝나가는데 너는 살면서 스스로를 돌아보지 않았고, 행복할 때도 마치 다른 사람의 영혼인 듯 취급했다…. 자기 영혼의 떨림을 따르지 않는 사람은 불행할 수밖에 없다."

_ 마르쿠스 아우렐리우스, 『명상록』

 내가 숨 쉬듯 책을 읽었던 이유, 삶의 일부로서 책과 늘 함께하는 이유는 무언가를 배우면서 진정한 '나'를 느꼈기 때문이다. 변하고 싶다는 간절한 열망, 그 영혼의 떨림 속에서 '어떻게 살아갈 것인가'에 대한 가장 적합한 명제를 책 속에서 발견하곤 한다. 잃어버린 마음을 되찾고 삶의 의미를 채우기에 책만큼 확실한 것이 또 있을까? 로마 황제 마르쿠스 아우렐리우스의 고백처럼 자기 영혼의 떨림을 따르지 않고 자신의 가련함을 슬퍼하지 않는 것보다 더 불행한 일은 없을 것이다.

독서는 자신을 들여다보는 일이다. 어제와 다름없는 메마른 건초더미의 삶이 아니라 생기와 향을 내뿜으며 꽃처럼 새롭게 피어나는 것, 자신의 심연을 들여다보고 진정한 나를 알아가는 것, 잃어버린 자신의 마음을 성찰하고 그 과정을 통해 새로운 나를 발견하는 과정이 독서인 것이다.

스페인 카탈루냐 지방에서 태어난 파블로 카살스는 '현악기의 왕'으로 일컬어지며, 현대의 첼로 연주법을 만들어낸 세계적인 첼리스트이다. 그가 95세 때 한 기자가 질문했다.

"선생님께서는 역사상 가장 위대한 첼리스트로 손꼽히고 있는데, 아직도 하루에 6시간씩 연습을 하시는 이유가 무엇입니까?"

그는 이렇게 대답했다.

"지금도 매일 조금씩 실력이 나아지고 있기 때문이라네."

인생은 수많은 기다림으로 이루어진다. 미래라는 불확실성으로 가득 찬 시간이 현재의 우리에게 중요한 의미가 있다면 그것은 미래가 준비해 놓은 아름답고 경이로운 것들에 대한 기다림 때문일 것이다. 우리를 설레게 하는 많은 기다림 중에서도 책을 읽고 멋지게 변화된 자신에 대한 기다림만큼 더 고귀하고 아름다운 기다림이 또 있을까.

나는 가끔 상상한다. 헨리 데이비드 소로가 자발적 고독을 선택하여 월든 숲으로 들어간 것처럼, 신화학자 조지프 캠벨이 숲속 작은 오두막에 살면서 5년간 독서를 한 것처럼, 책으로 둘러싸인 공간에서 나와 마주하고 고독을 벗 삼아 책을 읽고 글을 쓴다면 나는 얼마나 많이 성장할까. 생각만 해도 짜릿한 전율이 흐른다. '곁에 있어도 나는 네가 그립다'는 시의 한 구절처럼 책을 읽고 변화될, 내일의 내가 눈부시게 그립다.

초록 불빛을 등대 삼아

그는 이 푸른 잔디밭을 향해 머나먼 길을 달려왔고, 그의 꿈은 너무 가까이 있어 금방이라도 손을 뻗으면 닿을 것만 같았을 것이다. 그 꿈이 이미 자신의 뒤쪽에, 공화국의 어두운 벌판이 밤 아래 두루마리처럼 펼쳐져 있는 도시 너머 광막하고 어두운 어떤 곳에 가 있다는 사실을 미처 알아차리지 못했던 것이다.

개츠비는 그 초록색 불빛을, 해마다 우리 눈앞에서 뒤쪽으로 물러가고 있는 극도의 희열을 간직한 미래를 믿었다. 그것은 우리를 피해 갔지만 별로 문제 될 것이 없다. 내일 우리는 좀 더 빨리 달릴 것이고 좀 더 멀리 팔을 뻗을 것이다. …

그리고 어느 맑게 갠 날 아침에….

그리하여 우리는 조류를 거스르는 배처럼 끊임없이 과거로 떠밀려 가면서도 앞으로 앞으로 계속 나아가는 것이다.

_F. 스콧 피츠제럴드, 『위대한 개츠비』

절대 닿을 수 없을 것 같은 느낌, 아득히 먼 미래에 닿을 듯 말 듯한 꿈, '초록 불빛'. 스콧 피츠제럴드는 『위대한 개츠비』에서 초록 불빛을

'작고 까마득한'이라고 표현했다. 보이지 않는 까마득한 터널 속을 걷고 있는 느낌이 들 때면 나는 초록 불빛을 생각한다. 주위의 속도에 조급해하지 않고 내가 원하는 방향으로 나만의 속도로 조금씩 걷다 보면 닿을 것이라는 부푼 희망, 우리를 계속 걷게 하는 힘은 '저 먼 곳의 초록 불빛'이 아닐까.

> 책의 세계는 넓은 바다와 같고
> 그 속에 무궁무진한 보물이 숨겨져 있다.
> 나는 그 바닷가에서 조개껍질 하나를 주운 아이와 같다.

위의 글은 아이작 뉴턴의 말을 책의 세계로 각색해본 것이다. 지금껏 나에게 스며들었던 책들은 저 넓은 '지知의 바다'에서 조개껍질 하나를 주운 아이와 같다고 할 수 있다. 넓고 깊은 바다 속에 무궁무진한 보물이 숨겨져 있다는 경이로움으로 오늘도 책장을 펼쳐 든다. 삶에 대한 두려움과 회의에도 불구하고 심폐소생술을 가하며 빛을 내는 마법적인 요소가 가득한 책들, 인간 존재를 위한 가능성에 빛을 주는 책들이 있어 삶은 충분히 아름답다. 우리의 미래가 막연한 기다림과 두려움의 대상이 아니라 영혼의 떨림과 기대로 가득 찬 순간들이라는 것, 그것이 꿈꾸는 책들의 세상 속에서 내가 발견한 독서의 기쁨이다.

살아있는 한 배우고 익혀야 할 것들이 나날이 늘어가는 코르누코피아,* 이 풍요의 뿔 앞에서 나의 독서는 죽는 날까지 멈출 수 없을 것이다.

그 하룻밤

그 책 한 권

그 한 줄로

혁명이 가능해질지도 모른다.

_ 니체

---

* 코르누코피아(Cornucopia): 그리스 신화에서 제우스의 유모였던 요정 아말테이아가 가지고 있었던 뿔을 상징한다. 그 뿔은 가지고 있는 사람이 원하는 모든 것으로 가득 채워진다.

나 데리고
사는 법

- 하주은 -

어릴 때부터 무언가를 고치고 싶었다.
이 세상은 마음에 들지 않는 것투성이였다.
어느 순간 알았다. 가장 힘든 것은 나란 것을.
때로는 그 자체로 함께 갈 줄도 알아야 한다는 것을.
여전히 나를 데리고 사는 법을 익혀가는 중이다.

| 참고한 책 |

론 마라스코·브라이언 셔프, 『슬픔의 위안』, 김설인 옮김, 현암사, 2010.
펄벅, 『대지』, 안정효 옮김, 문예출판사, 1985.
토머스 하디, 『테스』, 정종화 옮김, 민음사, 2009.
이지수, 『쥐구멍에 숨고 싶은 날』, 키즈엠, 2016.
버지니아 울프, 『자기만의 방』, 이미애 옮김, 민음사, 2006.
가스통 바슐라르, 『공간의 시학』, 곽광수 옮김, 동문선, 2003.
칼릴 지브란, 『예언자』, 류시화 옮김, 무소의뿔, 2018.
신형철, 『정확한 사랑의 실험』, 마음산책, 2014,
            『몰락의 에티카』, 문학동네, 2008.
박범신, 『당신』, 문학동네, 2015.
마르쿠스 키케로, 『노년에 관하여』, 오흥식 옮김, 궁리, 2002.
기형도, 『입 속의 검은 입』, 문학과지성사, 2000.
공자, 『논어』, 김형찬 옮김, 홍익출판사, 2016.

내 마음속
갈매나무 한 그루

슬픔의 낭떠러지

사라졌다! 어느 날 아빠가.

열 살이 되던 3월 3일. 늘 같은 아침이었다. 5일마다 열리는 장날이었다. 아빠는 아침 일찍 일어나 늘 하던 일들을 처리하고, 아침밥을 먹고, 옷을 차려입고 시장엘 갔다. 이장이라 면사무소도 가고 사람들도 만나느라 언제나 바빴다.

대청마루에 앉아있는 나에게 큰 눈을 웃어 보이며 손을 흔들었다. 그것이 끝이었다. 아무런 흔적도 없이 아빠는 사라져버렸다. 분명한 것은 자발적으로 떠났다는 사실이다.

사람이 슬픔을 오롯이 느낄 때는 언제일까? 아마도 상실의 때가 아닐까? 그 상실이 죽음이든, 이별이든, 사라짐이든.

나는 말을 잃었다. 사람들의 위로에 냉소로 대응했다. 끝없이 혼자만의 슬픔 속으로 파고들었다. 아빠가 남겨두고 간 일들을 처리해야만 하는 엄마가 불쌍해서 보기 싫었다. 늘 화가 나있었다. 처음엔 아빠가 보고 싶었고, 다음엔 두려웠고, 그 다음엔 분노했고, 그러고는 냉정해졌다.

인생을 살면서 우리는 몇 번의 낭떠러지를 만날까? 이 낭떠러지를 피해서 도망가면 거기에 또 낭떠러지가 있다.

그것이 내 인생에서 가장 큰 슬픔일 줄 알았다. 가장 큰 분노일 줄 알았다. 그러나 그건 시작이었다. 아무도 슬픔은 두려움이라고 말해주지 않았다. 슬픔은 곧 고통이라고 말해주지 않았다. 낭떠러지 앞에 또 낭떠러지가 있었다. 겨우 올라오면 또 다른 낭떠러지, 아니면 태산이 버티고 있었다.

그러나 다행스럽게도 시간은 멈추지 않았고, 나는 자랐다. 나의 나이도, 마음도 자라간다는 사실은 참으로 행복한 일이다. 점차 낭떠러지를 더 잘 기어 올라왔고, 낭떠러지에서 떨어지지 않는 법을 익혔다.

비극의 명랑성

우리는 혼자가 아니라는 것을 알기 위해 책을 읽는다.

_C. S. 루이스

그랬다. 나는 책 속에서 진한 위로를 받았다. 내 십 대를 버티게 한 것은 펄 벅의『대지』와 토머스 하디『테스』였다. 비극이 희극보다 위로가 된다는 사실을 알았다. 나보다 큰 슬픔을 가진 이들이, 혹은 유사한 고통을 가진 자들이 이 세상에 존재한다는 사실은 세상을 살아갈 수 있는 동력이 되었다. 현실 속에서 거뜬히 슬픔과 맞닥뜨리며 한판 승부를 내보자며 덤빌 수 있었다.

'오란'과 '테스'는 아빠를 찾아다니느라 자주 나를 홀로 두는 엄마의 공백을 채워주었다. 그녀들은 알 테니까! 내가 말하는 외로움이 뭔지. 늘 심한 노동으로 바쁜 엄마의 분주함이 주는 소외감을 가볍게 했다. 가장 가까운 자가 주는 소외가 얼마나 냉혹한지 그녀들은 알 테니까.

나는 늘 혼자였지만 혼자이지 않았다. 책과 뒹굴며 점점 더 명랑을 되찾았다. 인간은 어떠한 낭떠러지의 순간에도 유머를 찾을 수 있다는 빅터 프랭클(『죽음의 수용소에서』)의 말은 분명 사실이다.

> 빛과 어둠이 너무나 고르게 평형을 이루어, 낮의 압박과 밤의 긴장이 서로 중화되고 그래서 절대적 정신의 자유가 허용되는 정확한 저녁 순간을 그녀는 간발의 차이로 알고 있었다. 살아있다는 불운이 최소한의 차원으로 축소되는 순간이 바로 이런 시각이었다. 그녀에게 어둠은 무서움의 대상이 아니었다. 그녀의 머릿속에 있는 오직 한 가지 생각은 인간을—집단으로 뭉치면 그렇게 무서우면서도 하나의 단위 속에서는 그렇게 보잘것없고 불쌍하기까지 한, 세상이라 불리는 냉랭한 집합체를—어떻게 피하는가 하는 것

같았다.

_토머스 하디,『테스』

겁탈을 당하고 임신까지 하게 된 테스. 세상의 모든 정죄를 피해 어스름한 이런 시간에만 밖을 나올 수밖에 없던 그녀. 살아있는 것이 불운인 그녀는 그 속에서 답을 찾는다. 도덕이라는 도깨비 떼는 결국 실체가 아니라 현상이며, 자신이 만들어낸 창조물일 뿐이라고. 그 으스름 속의 걸음은 테스에게 다시금 세상을 향해 나아가는 용기를 내게 하였다.

아버지가 떠난 이후로 빚쟁이들은 날마다 우리 집 마당을 장악했다. 조롱과 수군거림과 질타에 집으로 갈 수가 없었다. 강둑을 걷고 또 걸었다. 어둠은 내게 더 이상 무서운 것이 아니었다. 나도, 테스도 그걸 알고 있었다. 어둠보다 집이, 빚쟁이들이 더 무서웠으므로….

테스와 함께 거닐던 그 길에서 나는 또 오란을 만났다.『대지』의 왕룽을 보며 어린 나이에 참으로 화가 났었다. 반면, 왕룽에게 못생기고 발이 크다고 온갖 구박을 받으면서도 집안의 대소사를 잘 해내고, 꾸역꾸역 아무 말 없이 힘든 노동을 감당하는 오란의 모습에 나의 엄마가 오버랩되었다.

오란을 통해 나는 여자의 강인함을 알게 되었다. 그동안 아빠에게, 남편에게 의지하여 주체적 인간으로 살지 못한 우리의 모습을 발견했다. 아빠 없이, 남편 없이는 무엇 하나 못 한다는 사실이 미치도록 힘들었다. 오란은 그렇지 않았다. 담담히, 묵묵히 밭을 일구고, 해야 할 일들을 찾아 해나갔다. 그녀는 왕릉이 없어도 잘 살 수 있는, 여자이기 이전에 인간이었다.

아빠가 사라지고, 아빠가 하던 농사일을 하는 엄마가 이해되지 않았었다. 화가 났다. 그건 엄마가 해야 할 일이 아니잖아! 예전처럼 엄마가 학교 다녀온 나를 앉혀두고 긴 치마를 예쁘게 차려입고 떡볶이를 해주길 바랐다. 비오는 날, 학교 앞에 우산을 들고 오길 바랐다. 그러나 나는 오란을 통해 알게 되었다. 그런 것만이 여자의 삶이 아니란 것을.

진실 여과기를 버려라

론 마라스코는 『슬픔의 위안』에서 '진실 여과기'에 대한 이야기를 한다. 진실 여과기는 언짢은 것들이 자신에게 파고들지 못하게 하는 내적 메커니즘을 뜻한다. 즉 우리는 나쁜 것을 피하기로 마음먹고 진실을 멀리하기 위해 일종의 진실 여과기를 만들어낸다는 것이다.

그런데 이 여과기는 슬픔뿐만 아니라 기쁨 또한 함께 걸러내 버린다. 자라 보고 놀란 가슴 솥뚜껑 보고 놀라 아무것도 못하는 꼴이다. 마치 '기우'에 얽힌 기나라 사람의 이야기처럼, 하늘이 무너질까 땅이 꺼질까 걱정을 하느라 밥도 못 먹는 모습이 꼭 이야기 속에만 있을까?

이 메커니즘은 악마의 접근을 막기 위해 작동할 수 있지만 언제나 제자리를 지키려는 경향성을 가지고 있다. 침체되는 것이다. 늪이다.

슬픔은 마치 지뢰밭과 같아서 한번 밟으면 연쇄적이다. 거기서 나오려고 단단히 정면 승부를 하지 않으면 쉬이 나오기 힘들다. 슬픔 속에 갇혀 있으면 엘리엇이 '형식'이라고 부른 온갖 것들이 모루*처럼 우리에게 떨어진다. 별것 아닌 모든 말, 물건, 상황, 사람을 내 슬픔의 '객관적 상관물'로 만들어버려 폭발의 원료로 삼는다. 주위의 단순한 실수, 단순한 안부 인사조차도, 우연히 일어난 모든 상황도 내 슬픔과 연관하여 더욱 슬픔의 늪 속으로 스스로 빠져버린다.

　세상에 존재하는 대부분은 나의 슬픔과 아무 상관이 없다. 그저 언제나 그랬을 뿐이고, 거기 있었을 뿐이다.

누구나 갈매나무 하나쯤

백석의 시 「남신의주 유동 박시봉방」 속 갈매나무 한 그루가 내 마음속에도 자라고 있다.

　어느 사이에 나는 아내도 없고, 또, / 아내와 같이 살던 집도 없어지고,

　그리고 살뜰한 부모며 동생들과도 멀리 떨어져서, /

　그 어느 바람 세인 쓸쓸한 거리 끝에 헤매이었다.

　… 나는 이 습내 나는 춥고, 누긋한 방에서, /

　낮이나 밤이나 나는 나 혼자도 너무 많은 것같이 생각하며, /

　딜옹배기에 북덕불이라도 담겨 오면, /

---

* 모루: 대장장이가 쇠를 단련할 때 쓰는 도구. 의식하지 않을 때 갑자기 떨어진다.

이것을 안고 손을 쥐며 내 우에 뜻없이 글자를 쓰기도 하며,/

또 문밖에 나가디두 않구 자리에 누워서,

… 그 드물다는 굳고 정한 갈매나무라는 나무를 생각하는 것이

었다.

인생이란 함께 사는 것 같지만 또한 혼자이다. 사람은 철저히 혼자가 될 때 비로소 자기 자신과 마주하게 된다. 어른이 된다는 것은, 외로움을 견뎌내는 것이다. 인간이란 누구나 마음속에 갈매나무 하나쯤을 지니고 그를 생각하며 외로움을 이겨가는 것이 아닐까!

마라스코는 『슬픔의 위안』에서 부모가 죽었을 때 극한의 고통 속에서 비로소 자유로워진다고 했다. '떨어져 나옴', 그것은 외로운 것이다. '강제적 떼어냄', 그것은 참혹한 것이다. 그러나 동시에 주어지는 간헐적 기쁨이 있다. 슬픔의 공간 밖에도 하나의 세계가, 심지어 기쁨이 있음을 스스로 깨달아야 한다.

어느 날, 아빠는 돌아왔다. 마치 아무 일도 없었던 것처럼.

아빠는 판도라의 상자다. 열면 내게 좋은 것인지, 아닌지 알 수 없다. 그럼에도 불구하고, 내게 왔음이 지금은 그저 좋다.

하늘 바람이
춤추는 곳

숨구멍

급체를 했다. 조금만 신경을 써도 자주 체하는 편이라 항상 집에는 여러 가지 소화제 종류가 상비되어 있다. 대개는 소화제를 먹고 잠을 청하면 나아지는데 이번엔 소화제를 몇 개나 먹고 운동을 하고 등을 두드려도 도대체 나아지질 않았다. 점점 더 심해지더니 어지럽기도 하고, 명치가 꽉 막힌 듯 허리도 펴지 못하고, 등도 아파왔다.

　도저히 참을 수가 없어 응급실을 갈까 하다가 피곤한 남편을 차마 못 깨워 손을 따보기로 했다. 손끝을 바늘로 찌르니 붉은 피가 몽글몽글 맺혔다. 손으로 질끈 누르니 작은 구멍에서 일직선으로 핏물이 솟구쳤다.

　열 손가락에 난 구멍. 바늘이 들어간 흔적이 남아있다. 이 작은 구멍

몇 개가 어찌 그토록 답답하던 명치를 시원케 했을까! 무슨 관련이 있어서 이렇게 시원해졌을까! 작은 구멍을 내려다보며 참 신기한 생각이 들었다. 이토록 유기적으로 잘 짜인 인체가 새삼 놀랍다.

인생에도 이런 숨구멍 하나 있으면 살아가는 이 순간순간이, 좀 더 가벼워지지 않을까?

나만의 토포필리아

토포필리아는 장소를 뜻하는 희랍어 토포스(Topos)와 사랑이라는 의미의 필리아(Philia)가 합쳐진 복합어이다. 이는 인문지리학자 이푸 투안이 조형해 낸 개념이다.

이푸 투안에 의하면 공간(space)과 장소(place)는 다른 개념이다. 공간은 영역이 구체적이지 않고 나한테 아무 의미가 없다. 그러나 장소는 영역이 정해져 있고, 특별한 의미가 있다. 그 장소는 기억에 남아있으며, 우리에게 행복감을 주고, 오래 있고 싶은 곳이다. 빨간 머리 앤에겐 자작나무 숲이나 초록 지붕의 집이었을 것이다.(사실 앤은 모든 공간을 장소화 하는 능력을 가진 긍정의 아이콘이긴 하다.)

철학자 바슐라르는 『공간의 시학』에서 '집'을 바로 토포필리아로 여긴 것 같다. 그는 집을 '행복한 몽상의 장소'라고 하였다. 집은 우리의 생각, 추억, 꿈을 한데 통합하는 가장 큰 힘을 가지고 있다고 말이다.

그러나 정말 그럴까? 정말 현대인에게 집이란 그런 장소일까? 앤과 같이 집이 우리에게도 그런 설레는 장소인가 물어본다.

당신에게 '집'은 '집구석'인가? '토포필리아'인가?

자기만의 방

버지니아 울프는『자기만의 방』에서 '여자가 글을 쓰려면 돈과 자기 방이 있어야 한다'고 말했다. 그녀의 책을 읽다 이 문장에서 눈을 떼지 못했다. 한참이나 문장을 뚫어져라 보았다. 그리고 눈물이 났다.

그랬다. 정말 그랬다. 나는 언제나 글이 쓰고 싶었다. 결혼을 하기 전에도, 결혼을 하고 난 후에도 말이다.

핑계일까! 그래도 핑계를 대보자면 결혼 전에는 대학 등록금을 마련하고 생활비를 벌기에 급급했던 이십 대를 보냈다. 글을 쓰는 일이란 사치같이 느껴졌다.

결혼을 한 후에는 글과는 먼 시간을 보냈다. 나의 계획과는 다르게 결혼을 하고 곧바로 아이가 찾아왔다. 우리 집 어디에도 나만의 '장소'는 없었다. 내가 편히 쉬며 생각하며 책을 보고 글을 쓸 수 있는 장소는 없었다. 늘 아이를 업고 책을 보고, 부엌일을 하다 공부를 하느라 밥 먹는 식탁이 내 책상이고 유일한 내 공간이었다. 책을 보다 누가 부르면 얼른 일어날 수 있는 그런 곳이 나의 자리가 되었다.

버지니아 울프에게 망치로 맞은 느낌이었다. 그랬다. 이십 대의 내가 그토록 슬펐던 건 돈이 없었기 때문이다. 그래서 사소한 것 하나를 사는 것도 많은 고민을 해야 하는 내가 힘겨웠다. 삼십 대의 내가 이토록 슬픈 건 나의 방이 없기 때문이다. 예전보다 훨씬 넓은 방에 살았지만 그 공간 속에 나만의 토포필리아는 없었다.

최근에 방을 하나 만들었다. 돈을 많이 가진 건 아니지만 내 방을 하나 만들고, 내 방에 앉아 글을 쓰는 사치(?)를 즐길만한 경제적 여유가 생겼다. 나이가 들어간다는 것은 이런 점에서 매우 행복한 일이다. 예전에 가능하지 않던 것들을 현실로 만들 수 있다는 것은 큰 위로를 선사했다.

나는 그 방에서 이제 글을 쓴다. 그 방에서 큰아이는 공부를 한다. 작은아이는 숙제를 한다. 한 번씩 남편도 와서 차를 마신다. 조용히 각자가 하고 싶은 것을 한다. 이곳에선 어떤 가사 노동도 눈에 들어오지 않는다. 누구의 엄마, 누구의 아내, 누구의 며느리가 아니라 오롯이 '나'로 존재한다. 행복한 몽상의 장소이고, 숨구멍이며, 치료의 장소이자 소생의 장소가 되었다.

당신의 쥐구멍은?

"쥐구멍에라도 숨고 싶다."

우리 속담 중 이런 말이 있다. 누구나 한 번쯤 '쥐구멍에 숨고 싶은 날'이 있었을 것이다.

아이들이 읽는 그림책 중에 『쥐구멍에 숨고 싶은 날』이라는 책이 있다. 이 책은 여러 인물들이 어떤 경우에 쥐구멍에 숨고 싶은지를 아주 잘 보여주고 있다. 보미는 좋아하는 우진이 앞에서 넘어져 쥐구멍으로 도망오고, 은지는 줄다리기를 하다가 엄청 크게 방귀를 뀌는 바람에 쥐구멍으로 도망을 온다. 영철이는 달리기를 엄청 잘한다고 잘난 척했는데 꼴찌를 해서 부끄럽고, 지훈이는 자기소개를 하는데 염소 목소리처럼 떨려 쥐구멍으로 도망을 온다. 심지어 멋진 우진이마저 보미를 좋아하냐고 놀리는 아이들 때문에 쥐구멍으로 들어온다.

사생활을 완전 침해당한 생쥐 아저씨는 열이 받아 씩씩거리지만 아이들은 그 속에서 저마다의 이야기를 꺼낸다. 나만 부끄러운 줄, 나만 창피한 줄 알았는데 마음속에 하나씩 부끄러운 비밀을 숨기고 있다. 옹기종기 모여 이야기를 나누면서 마음이 회복된 아이들은 손에 손을 잡고 당당히, 스스로 쥐구멍을 나간다.

'도피의 장소'가 '회복의 장소'로 변하여 아이들에게 용기를 낼 수 있게 했다. 이 회복의 장소가 다름이 아닌, 이푸 투안이 말한 것처럼 '집'이 될 수만 있다면 요즘의 엄마들이 고민하는 가정 문제, 자녀 문제, 사회 문제도 많은 부분 사라지지 않을까!

그런데 집이 집 역할을 못 해서, 본연의 토포필리아가 되지 못하고 또 하나의 직장, 또 하나의 가면을 쓰게 하는 곳이 되어버린 것이 현실이다.

집의 중요성

집이 토포필리아가 되려면 어떻게 해야 할까?

자기만의 방이 있어야 한다. 당장 방 하나를 더 만들라는 말이 아니다.(그럴 돈이 있다면 사실 그게 좋긴 하다.)

가족에게 자기만의 토포필리아를 허용해야 한다. 가족이라고 해서 모든 걸 알고, 모든 걸 공유하고, 모든 걸 간섭해선 안 된다. 결국은 자식도, 아내도, 남편도 타인임을 인정하고 존중해야 한다. 가깝다고 해서 함부로 내가 너인 것처럼, 네가 나인 것처럼 해서는 안 된다.

언젠가 인기 드라마에서 유행한 말이 있었다. "내 안에 너 있다."

착각하지 마라! 절대 그렇지 않다. 절대 네가 아는 나는 너 안에 없다. 네가 보고 싶은 내가 있겠지.

> 함께 있되 거리를 두라. 그래서 하늘 바람이 그대들 사이에서 춤추게 하라! 함께 노래하고 춤추며 즐거워하되 서로는 혼자 있게 하라. 마치 현악기의 줄들이 하나의 음악을 울리지만 줄은 서로 따로이듯이.
>
> _ 칼릴 지브란,『예언자』

참으로 명쾌한 답이다. '함께'와 '혼자'를 자유롭게 할 수 있음이 사랑을 성숙하게 만들고, 성숙한 행복을 가지는 데에 있어 훨씬 더 유리하단 이야기를 하는 것이다.

또 집을 숨구멍이 되게 하자. 우리는 가족이라는 연대 속에서 무한히 따뜻함을 느낀다.

> 내 사랑은 그대를 감싸며 건물을 하나 짓고 있네.
>
> _ E. E. 커밍스

가족은 우리를 따뜻하게 감싸주는 건물이다. 튼튼한 성채이다. 그 속에서 우리는 무한한 편안함을 느낀다. 위로가 되는 연대는 사람들이 인식하는 것보다 훨씬 더 신체적 안전이나 편안함을 준다.

오늘도 세상 속에서 부끄러움과 처절함과 낙담과 실패로 지친 몸을 이끌고 숨어든 쥐구멍 같은 집에 들어왔는가? 습관적이든, 의무적이든 들어간 쥐구멍이 하늘 바람이 춤추는 아름다운 토포필리아가 될 것을 기대하며. 가고 싶은 '집'이 되길 기대하며.

사랑은
결여를 품고

나는 결여다

'나도 너를 사랑해'라고 말하게 되려면 어떤 일이 벌어져야 하는 가. 아들 샘과 함께 즐거운 시간을 보내던 중 자신이 잠시 한눈을 판 사이에 얼음이 깨지면서 샘이 물에 빠져야 하고, 샘을 구하기 위해 얼음을 깨느라 그의 손뼈가 다 바스러져야 하며, 혼수상태의 아들이 깨어나기를 세 시간 동안 기다리면서 그동안 자신에게 한 번도 구체적인 실감으로 다가오지 않았던 죽음이 어떤 것인지를 절감해야 하고, 그리하여, 강철 주먹 같다고 여긴 자신의 사랑이 얼마나 연약한 것인지를 발견해야 한다. … 우리는 이렇게 자신의 결여를 깨달을 때의 그 절박함으로 누군가를 부른다. 이 세상에서 한 사람이 다른 한 사람을 향해 할 수 있는 가장 간절한 말, '나도 너를 사랑해'라는 말의 속뜻은 바로 이것이다. '나는 결여다.'

_ 신형철, 『정확한 사랑의 실험』

박범신의 소설 『당신』을 읽으며 얼마나 울었는지 모른다. 책장을 넘길 수가 없었다. 실컷 울고 다시 책을 들고, 또 실컷 울고 다시 책을 들기를 반복했다. 책 속에 나의 결여가 보였다. 어린 날의 결여, 부모와의 결여, 자식과의 결여, 연인과의 결여가 모두 오버랩되었다. 덕분에 '사랑한다'는 말에 담긴 무게와 의미에 대해 골몰하게 되었다.

그것은 사랑이었다

소설의 시작은 그로테스크하다. 한밤중 죽은 남편의 시체를 일흔의 그녀가 집 마당에 끙끙거리며 묻는다. 그가 사랑한 매화나무 흰 그늘 속에 묻는다. 그러고는 다락방에 올라간다. 다락방에서 찾아낸 것은 오래된 남편의 편지다. 편지를 읽으며 남편의 상처를 들여다본다.

어린 시절에 친구로 만나 치매가 걸려 기억을 잃기 전까지 오로지 그녀밖에 몰랐던 남편이었다. 남편과 결혼 전 그녀는 이미 아이가 있었다. 첫사랑에게서 얻은 딸이었다. 그런 딸도 자기 아이처럼 사랑하며 예뻐해 준 남편이었다. 정부에 끌려가 고문을 받고 죽은 첫사랑을 잊지 못하고 집까지 나간 그녀를 끝까지 기다려준 남편이었다.

자신을 그토록 사랑하는 남편을 두고 그녀는 방황했다. 사랑받던 어린 시절, 갑자기 죽어버린 엄마, 그로 인해 사라져버린 아버지. 그것은 그녀 가슴 깊은 곳에 자리한 메울 수 없는 결여였다. 갑자기 혼자가 된 그녀에게 온 첫사랑은 마치 어린 날의 결여에 대한 보상과도 같았다. 그런 첫사랑을 잃은 그녀는 버텨낼 힘이 없었다. 남편과의 삶에 그녀는 충실하지 못했고 그런 그녀를 남편은 묵묵히 품어주었다.

남편이 치매에 걸렸을 때도 그녀는 아무 생각이 없었다. 그랬던 그녀가 남편의 거친 욕설을 들으며, 평생 해주지 않던 밥을 해주며, 그의 배설물을 치우며, 그의 몸을 씻기며, 밤잠을 설치며 깨닫게 된다. 남편을 사랑하고 있었음을.

병이 든 남편은 더 행복해 보였다. 평생을 솔직한 적 없던 남편이 한없이 솔직해졌다. 그때그때 자신의 감정을 고스란히 다 드러냈다. 좋으면 좋은 대로, 화나면 화나는 대로. 그것을 받아내며 그녀는 행복을 느꼈다.

한번은 기억을 잃어가는 남편이 온 동네 양품점을 다 뒤져 세일러복 같은 원피스며 챙 넓은 모자를 구해왔다. 그녀를 마당에 앉혀두고, 미용사라도 된 것처럼 그녀의 머리를 소녀처럼 단발로 잘랐다. 양품점에서 구해온 것들을 그녀에게 다 입혀 처음 만난 날의 그녀로 돌려놓았다. 그녀는 남편의 우스꽝스러운 연출을 가만히 따라주었다.

그러면서 그녀는 사랑은 받는 것이 아니라 주는 것임을 깨닫는다. 치매에 걸린 남편은 결여였다. 허점투성이였고 자신을 괴롭히는 야차였다. 그녀는 남편의 결여를 느꼈고 그것을 품고 있었다. 사랑이 '단지 기쁨과 슬픔을 나누는 게 아니라 생명 자체를 함께하는 거라는 사실을 배운' 것이다.

사랑이 실패하는 이유

내가 고등학교 1학년 때, 할머니는 기억을 잃어갔다. 할머니의 가장 큰 변화는 엄마에 대한 집착이었다. 며느리들 중 가장 싫어했고, 입만 열면 욕을 했던 막내며느리. 이상하게도 그 며느리를 찾고 또 찾았다. 엄마가 없으면 할머니는 아무것도 못 했다.

할머니는 부지런하셨다. 허름한 시골집을 얼마나 닦고 닦았던지 할머니집 대청마루는 언제나 반들반들했다. 그런 할머니가 기억을 잃어가면서 엄마를 졸졸 따라다녔다. 엄마가 없으면 밥도 먹지 못했다. '남편'과 '아빠'와 '막내아들' 자리까지 감당해야 한 엄마는 너무나 바빴다. 아침에 그날 먹을 밥과 반찬을 준비해 놓고 일터로 나가야만 했다.

아무리 먹어도 배가 고픈 할머니는 어느 날, 마당에 아궁이를 만들었다. 돌을 주워 와 쌓고 거기다 허름한 냄비를 걸었다. 나무를 주워 와 불을 지펴 밥을 했다. 생쌀이 반은 됨직한 밥을 냄비째 들고 손으로 퍼먹었다. 또 어떤 가을날엔 직접 논까지 가서 채 익지도 않은 벼이삭을 끊어와 일일이 껍질을 벗겨 밥을 지었다. 할머니 손에선 피가 났다.

그렇게 변한 할머니인데 나와 엄마는 잊지 않았다. 할머니 집에 가면 언제나 감춰두었던 먹을 걸 꺼내 내게 주었다. 썩은 과일, 썩은 떡, 썩어서 무엇인지 형체를 알아보기 힘든 음식물들을 나는 할머니 앞에서 먹는척해야 했다.

　그걸 보고 엄마는 화를 냈다. 제발 먹을 것 갖다 주면 제때 먹으라고, 제발 좀 마당에 불 피우지 말라고. 잃어가는 기억에 대고 이것이 밥솥이고, 밥솥 안에는 밥이 있다는 걸 가르치고 또 가르쳤다. 엄마는 할머니를 혼자 두는 걸 불안해했지만 어쩔 수 없이 또 나가야만 했다. 결국 할머니는 집에 불을 냈다. 부엌이 새까맣게 탔다. 큰아버지는 할머니를 요양원에 보냈다. 그때부터 우리는 할머니를 거의 보지 않고 살았다.

　돌아가시던 날, 할머니는 아무도 알아보지 못했다. 마지막 1년을 옆에 있었던 큰엄마도, 큰집 언니 오빠들도 못 알아보았다. 단 두 명, 엄마와 나를 찾고는 먼 곳으로 가셨다.

　　사랑이 실패한 것은 내가 타자를 몰랐기 때문이 아니라 나 자신
　　을 몰랐기 때문이다.

　　　　　　　　　　　　　　　　　_ 신형철, 『몰락의 에티카』

　할머니의 삶은 결여였다. 무능력한 남편, 찌든 가난, 아무리 열심히 살아도 헤어날 수 없는 수레바퀴 아래의 삶. 그 결여를 탈출하는 방법을 알지 못했다. 그러다 보니 모든 문제의 원인을 남에게서 찾았다. 가장 약하고, 가장 가까이 있는 막내며느리에게 고스란히 상처를 주고 갔다. 너 한 명쯤은 내 결여를 좀 알아달라는 부르짖음이었을까?

　엄마의 삶도 다르지 않았다. 매서운 시집살이, 고단한 노동, 남편이 없는 절벽 같은 외로움. 그 결여가 주는 인생의 무게가 한없이 컸다.

결여가 있다는 사실조차 모른 채 서로 싸우고, 미워하고, 이를 앙다문 세월이었다. 어쩌면 그게 가장 손쉬웠는지도 모른다.

사랑은 결여를 품고

아이를 가르치다 보면 절벽 같은 아이를 만나곤 한다. 뭘 해도 무반응인 아이, 죽일 듯이 덤벼드는 아이, 이글거리는 짐승의 눈을 가진 아이, 영혼은 없이 몸만 가진 아이. 그런 아이를 만날 때면 어디서 그런 미움이 올라오나 싶게 화가 난다.

그러던 어느 날 아이의 글을 보게 되었다.

> 아틀라스는 벌로 인해 지구라는 '짐'을 지고 있었다. 그는 지구를 들고 있는 것이 너무 힘들고 외로웠다.
>
> 나도 그런 짐이 있다. 바로 가족이다. 가족은 서로 의지하고 믿고 같이 살아가야 하는 사람들인데, 왜 나에겐 가족이 이렇게 힘들게 되었을까. 집에 들어가면 들리는 소리는 설염으로 아픈 동생의 울음소리와 일에 찌든 엄마의 한숨소리가 전부다. 내 딴에는 그걸 풀려고 집안일도 도와보지만 돌아오는 소리는 아무것도 없다. '내가 완전히 귀를 막아버리면 어쩌지?' 이런 생각에 거실에 또다시 나와보곤 한다.

아이의 고민, 상처, 거대한 우주를 짊어진 아틀라스 같은 힘겨움. 아이의 결여를 알아차린 순간, 그 아이의 결여에 나의 결여가 오버랩되는 순간, 아이를 미워할 힘이 순식간에 사라졌다.

어떤 삽화는 골짜기 속 깊은 자궁에서 신생아처럼 빠져나오고, 어떤 장면은 괄괄하게 둘러쳐진 암릉에 부딪쳤다가 튕겨 나오고, 또 어떤 기억들은 먼 바다 부드레한 허리춤에서 화인처럼 솟아나왔다. 하나하나 마주보기 두려운 기억들이었다.

_ 박범신, 『당신』

우리는 결여 덩어리다. 삶은 아픔의 생채기들로 가득하다. 그토록 강해 보이던 그가 사실 결여였다는 것, 그것을 우리는 잊고 산다. 누군가를 사랑한다는 것은 그의 결여를 발견하고 품어주는 것임을 이제야 알겠다.

노년을 기다리는
우리의 자세

늙는다는 것

스무 살의 나는 어서 나이가 들고 싶었다. 살아야 할 날들이 많다는 것
은 아직도 받아야 할 상처가 많다는 의미다. 그러한 절망이 무더기 무
더기 쏟아지는 시절이었다. '시간으로도 풍경에 편입되지 않는 기억이
있다'는 말이 옳았다. 피한다고 상처들이 떠나는 것은 아니다. 살아가
는 것이 고통이었다.

시간이 흐른다는 것이 좋았다. 혹시 더 많은 시간이 지나 일흔쯤 되
면, 여든쯤 되면 그 기억들이 오히려 내게 '앞서 이루어놓은 풍부한 기
억'이 되어 노년의 결실이 되지 않을까, 생각했다.

과거가 쌓이고 쌓여 나의 현재가 되고, 또 그 현재가 쌓여서 '나'라는
정체성을 치열하게 만들어가며 어서 빨리 일하지 않아도 되는 노년이

되고 싶었다. 어쩌면 살아보지 못한 날에 대한 알 수 없는 동경일지도 모른다.

나와는 달리 대부분의 사람들은 노년이 불행하다고 생각하는 듯하다. 일을 할 수 없게 되고, 몸이 약해지고, 거의 모든 쾌락을 빼앗기고, 죽음으로부터 멀지 않기 때문이다.

로마의 철학자 키케로는 『노년에 관하여』라는 책에서 같은 이유를 다르게 해석한다. 인생은 결국 해석이다. 불행하다고 느껴지는 그 이유를 키케로의 눈으로 바라보니 노년은 기대로 다가왔다.

노년의 중요한 무기 네 가지

덕스러운 노인은 나이가 든다고 저절로 되는 것이 아니다. 젊은 시절은 없다가 나이가 든 어느 순간에 갑자기 생기는 것도 아니다. 각 시기에서 훌륭히 보낸 인생 최상의 상태가 노년에 친절함을 곁들인 위엄으로 나타난다.

그럼 노년이 불행한 이유를 하나하나 제거해 볼까! 노년을 오히려 행복하게 만드는 무기를 구체적으로 풀어보자.

1. 신중함

『늑대』에서 시인 나이비우스는 질문한다.

"말하라! 어떻게 그리도 빨리 너희 젊은이들은 그렇게 위대한 너희들의 나라를 잃었는가?"

이에 대한 대답,

"신참내기 웅변가들, 바보 같은 젊은이들이 앞에 나섰다."

성급하고 판단력을 잃어버린 젊은이들 탓에 나라를 잃었다는 것이다. 실제로 성급함은 많은 시행착오를 가져온다. 젊은이의 상징이 열정이라면 그로 인해 뒤따르는 것이 성급함으로 인한 고난이다. 그런 점에서 젊음은 좋아 보이기는 하지만 훌륭하다고 말하기는 어렵다.

성급함은 피어나는 시기에 속하며 신중함은 늙어가는 시기에 속한다. 오랜 세월을 견뎌온 사람들은 함부로 나서는 것이 뒤탈을 가져옴을 안다. 삶에 신중해진다. 노년의 모습이 그렇다. 열정이라는 이름으로 날뛰는 젊음을 신중함으로 조련하는 것이 노년이다. 아버지 어머니의 걱정은 자식에 대한 사랑을 넘어 이런 신중함에 기초하고 있다. 그런 점에서 신중함은 노년의 중요한 무기다.

2. 의무로부터의 자유

노년이 거부되는 이유는 몸이 약해지기 때문이다. 몸이 약해지면 일을 할 수 없다. 당연히 일에서 해방된다. 일을 할 수 없다는 것이 돈을 벌 수 없다는 점으로만 인식된다면 그것은 불행일 수 있다. 하지만 일을 하지 않아도 된다는 자유의 측면이 강조된다면 몸의 쇠약함을 부정적으로 볼 이유가 없다.

부모들은 어떻게든 자식을 부양하려 한다. 여기에 자신의 노후도 생각해야 한다. 젊은이들이 열심히 돈을 벌려는 것은 성공을 위한 열정과 함께 미래에 대한 대비라는 부담 때문이기도 하다. 나이가 들면 이런 의무로부터 자유로워진다. 자식들 다 내보내고 나면 자신의 몸 하나 건사할 정도면 충분하다.

　최근 『돌아보니 삶은 아름다웠더라』를 펴낸 안경자 할머니의 고백이 인상 깊었다. 노년이 되어 가장 좋은 것은 소나무에도 꽃이 핀다는 것을 알게 되었다는 것이다. 젊은 날에는 아등바등 내 삶 살아내랴, 아이 키워내랴, 시간을 쪼개어 사느라 보지 못한 것을 보게 되었다는 것이다. 자연이 얼마나 아름다운지, 무엇을 오래도록 쳐다볼 겨를이 없었지만 나이가 들면서 자연적인 소요유逍遙遊가 되는 것이다.

　국가가 요구하는 의무, 가정이 요구하는 의무, 사회가 요구하는 의무…. 그 모든 의무에서 벗어나 한가로이 자연을 벗 삼을 수 있는 그 여유는 얼마나 부러운 일인가!

3. 욕망으로부터의 자유

　최근에 놀이동산을 간 적이 있다. 아이들과 젊은이들이 쉬지 않고 깔깔대며 신나게 놀이기구를 타는 모습을 바라보았다. 몇 개만 탔는데도 다음 날 온몸이 쑤시고 아팠다. 웃음과 활기의 도가니 속에서 더 이상 즐거움을 느끼지 못한다는 것이 불현듯 서글퍼졌다. 우리는 문득문득 일상 속에서 이러한 감정을 반복적으로 느끼며 늙어갈 것이다.

　그러나 키케로는 말한다. 욕망과 야망, 열망과의 전쟁이 끝난 후, 술과 음식, 성에 대한 욕망을 사라지게 한 노년에 대해 무한한 감사를 느낀다고. 욕망이 있다는 것은 하고 싶은 것이 있음이다. 하고 싶은 것이 있다는 것은 멋진 일이지만 그것이 이루어지지 않을 때 고통이 찾아온다. 욕망으로부터 자유로워진 노년은 이런 고통으로부터 해방된 시기이다. 이 또한 좋은 일이 아닌가.

4. 더 이상 두렵지 않은 용기

노년이 되면 죽음이 멀지 않다. 그런데 이것이 과연 불행한 이유가 되는 것인가! 오히려 더 강력한 무기가 아닌가.

"인생이 얼마 남지 않았을 때 사람은 가장 자유로워진다."

영화 〈버킷리스트〉의 대사는 노년의 용기를 잘 보여준다. 젊음은 현재를 걱정하고 미래를 대비한다. 노년은 긴 미래를 기대할 수 없기에 크게 준비할 것이 없다. 살날이 얼마 남지 않았으니 못 할 것이 없어진다.

죽음은 오랜 항해를 마친 뒤 항구에 들어서는 기분, 긴 여행을 마치고 그리던 편안한 집으로 들어서는 기분, 그것을 받아들일 수 있는 힘이 노년이라고 키케로는 말한다.

노년이 가진 네 가지 무기들은 공짜로 주어지지 않는 경우가 많다. 세상에 공짜가 어디 있겠는가? 안타깝게도 우리의 현실 속에서는 꼰대의 모습을 보이는 노년들이 훨씬 더 많다.

꼰대들의 세상

감당하기 벅찬 날들은 이미 다 지나갔다. … 그러나 부러지지 않고 죽어가는 날렵한 가지들은 추악하다.

부러진 사람은 존경받는다. 하다못해 측은한 마음이라도 받는다. 그러나 끝까지 부러지지 않는 사람은 미움을 받기 마련이다.

언젠가 남편 없이 두 아이와 시누네 아이까지 데리고 안동 하회 마을에 간 적이 있었다. 할머니, 할아버지 관광객이 단체로 오셨다. 주차장에 차를 세워두고 그곳에서 운영하는 버스를 타고 마을까지 가야 했다. 사람들이 긴 줄을 서서 기다렸다. 걸음을 자박자박 걷는 세 살짜리 조카, 다섯 살짜리 딸, 열 살 아들을 데리고 나도 줄을 섰다.

버스는 만원이었다. 어린아이들이 서서 갈 수가 없을 것 같아 기다린 버스를 보내고 그 다음 버스를 기다렸다. 줄의 선두에 서 있으면 앉아 갈 수가 있을 것 같았다. 얼마 되지 않는 거리였지만 아이들이 서서 가다가 다칠까 봐 걱정이 되었다.

다음 버스를 기다렸다. 그런데 갑자기 할머니 몇몇이 새치기를 해서 우리 앞에 서버렸다. 그리고는 친구분들을 부르셨다. 하는 수 없이 우리는 그 버스를 보내고 또다시 기다렸다. 이번에는 애들에게 단단히 타일러 위험하니 얼른 버스에 올라앉으라고 했다.

제일 먼저 버스에 올랐다. 어린 두 아이를 앉히고 아들과 나는 섰다. 할머니, 할아버지들이 우르르 버스에 올랐다. 그런데 한 할머니가 우리에게 다가와 야단을 치셨다.

"너는 어른이 탔는데 왜 안 일어나니? 버르장머리 없이. 당장 일어나!"

딸은 그 말에 너무 놀라 벌떡 일어났다. 언니가 일어서니 어린 조카도 따라 일어섰다. 할머니는 당당하게 자리에 앉았다. 세 아이는 나에게 매달려 곡예하듯 서있었다. 위험한 순간들을 몇 번이나 넘기고서 버스는 도착했다.

뒤에서 목소리가 들려왔다.

"저러니 늙은이 소리를 듣는겨~. 늙으면 곱게 늙어야지. 서있을 힘도 없으문서 왜 놀려는 댕겨~."

그 할머니의 말에 내 속이 후련했다. 상한 마음이 그 말에 조금 위로가 되었다.

살아온 도덕이 그래서 그렇게밖에 할 수 없었으리라 생각한다. 그러나 그렇게 모든 걸 나의 지난 상처와, 살아온 세월 운운하며 현재의 잘못을 용인하고 합리화하는 태도는 꼰대라는 인상을 줄 수도 있다. 키케로가 말하는 '친절함을 곁들인 위엄'을 품은 노년은 거저 주어지는 것이 아니다.

일상에서 우리는 여러 형태의 꼰대들을 만난다. 참으로 꼰대들이 살기 편한 세상 같기도 하다. 그러나 젊다는 우리 역시 꼰대에서 자유롭지 못하다.

우리도 공자처럼

나는 열다섯에 학문에 뜻을 두었고, 서른에 홀로 섰으며, 마흔 살에 미혹됨이 없게 되었고, 쉰 살에 하늘의 뜻을 알게 되었으며, 예

순 살에 듣는 대로 이해했고, 일흔 살에 마음 가는 대로 해도 법
도에 어긋나지 않았다.

_ 공자, 『논어』

  나이가 든다는 것은 순간순간 우리를 서글프게 한다. 거울을 보다
어느 날 갑자기 발견한 주름에도, 늘어가는 흰머리에도, 예전 같지 않
은 체력에도, 젊은이들의 외면에도, 불행한 감정이 스멀스멀 올라온
다. 그러나 위로가 되는 것은 늙음은 어느 누구에게나 찾아오는 보편
적 고통이다.

  정현종 시인은 「방문객」이라는 시에서 '사람이 온다는 건/ 실은 어마
어마한 일'이라고 말했다. 그것은 그 사람의 '과거와 현재와 미래가 함
께 오기 때문'이다. 곧 '한 사람의 일생이 오는' 참으로 어마어마한 일
이다.

  우리는 그 일생이 어땠는지 모른다. 마음대로 판단하고, 야단치고,
관여할 자격이 어느 누구에게 있을 것인가! 그 마음이 어디에서 부서
졌었는지, 어디에서 갈피를 잡지 못해 흔들렸었는지 모를 일이다. 바
람만이 '더듬어볼 수 있을 마음'이다.

  누구도 쉽게 가늠하기 힘든 마음들이다. 현재의 모습만 보면 왜 저
러는지 도무지 이해되지 않는 사람들이 많다. 그러나 그 과거 어느 시
간을 더듬어보면 충분히 이해할 수도 있다.

  누구의 마음이나 시원히 어루만져주는 바람을 흉내 내는 환대의 마
음으로 젊은이는 노인의 일생을 가벼이 여기지 않고, 노인은 젊음의

부서지기 쉬운 그때의 마음을 헤아려보자. 그런 작은 걸음들이 합해지면 공자가 말한 법도에 어긋나지 아니함이 가능하지 않을까.

아직 일모도원日暮途遠하나 우리 서로 바람의 흉내나 한번 내보는 것이 어떨는지.

독서의 수신修身

- 홍순철 -

독서의 수신이 곧 나의 수신이다.
책 읽는 사람이 사람의 마음을 베지 않기를 바라며.

| 참고한 책 |

묵자, 『묵자』, 신동준 옮김, 인간사랑, 2014.
최인철, 『프레임』, 21세기북스, 2007.
황선하 외, 『가자, 아름다운 나라로』, 거암, 1987.
이청준, 『당신들의 천국』, 문학과지성사, 1996.

아름다운 나라의
영원한 부재

"책상을 '탁' 하고 치니 '억' 하고 죽었어요."

　박종철 고문치사 사건의 담당인 치안본부장은 터무니없는 보고로 국민을 기만하였다. 경찰이 쏜 최루탄 직격탄에 의식을 잃은 이한열과 그를 부축하던 친구 이종창의 오열에 우리는 분노하였다. 우리 가슴을 뜨겁게 한 사건이 연이어 발생한 해, 대한민국의 1987년! 요즘 말로 '이게 나라냐?'며 많은 사람이 울분을 터뜨렸던, 내가 중학교 3학년이 되던 해.

　이런 사회적 영향이었을까? 빽빽이 꽂혀있는 아버지의 책장에서 그 얇은 시집이 눈에 띈 것은. 사람의 에너지는 관심 있는 곳으로 흐른다고 한다. 그렇다면 『가자, 아름다운 나라로』는 우연히 내 앞에 멈춰 선 것이 아니라, 필연적으로 눈에 띌 수밖에 없는 책이었다.

웃지 않는 사진 속 얼굴

전교 1등부터 50등까지 시험 성적순으로 학생들을 진열해 놓는 그런 학교에 다녔다. 중앙 현관에는 우리의 사진과 이름으로 등수를 매긴 게시판이 있었다. 본인의 사진이 몇 번째 걸려있는지 확인하는 날이 되면 굳은 얼굴의 친구들이 뿜어내는 긴장감이 중앙 현관을 가득 메우곤 했었다. 그날은 학교에서 웃지 못한다. 한 칸이라도 뒤로 떨어진 친구들은 물론이고 성적이 오른 애들도 눈치를 볼 수밖에 없는 분위기였다. 웃지 않는 사진 속의 얼굴과 지독히 닮은 얼굴로 살고 있던 그때의 우리는 한창 웃어야 할 16세의 나이였다.

당시 중학교 3학년의 신분으로 살아야 하는 대한민국 학생에게 '고입선발 고사'는 무척 중요했다. 인생 최초로 선택의 갈림길에 서고 당락의 경험을 해야 하는 위치에 놓인 신세들이었다. 비평준화 지역에서의 상급 학교 진학은 단순히 학년이 올라가는 차원으로만 생각할 수 없다. 학업 수준을 평가하고 이를 반영하기 위한 것이라지만 성적순으로 학교와 학생을 나누는 행위는 인간을 일류, 이류, 삼류의 서열로 구분하는 것이다. 이런 시스템에는 비교와 차별이 존재한다. 비교를 서로 다름을 알고자 하는 것이 아닌, 우등과 열등의 잣대로 인식하는 순간 차별이 생겨나며 차별은 어떤 형태든 폭력적으로 드러날 수밖에 없다.

국가가 무엇인지, 우리나라는 좋은 국가인지, 훌륭한 국가에서 살고 있는지 등의 거창한 아젠다를 논할 수준은 아니더라도 부당하고 불평등한 세상에 대한 반감은 있었던 것 같다. 사회 굴레와 압제에 굴복하지 않는 대학생 형들의 용기 있는 모습을 응원하고 부러워했던 걸 보면 말이다. 당시 내가 마주하고 있는 현실은 함부로 대항할 수 없는 거대한 권력이었으며 나의 의식은 그런 사회구조에 완전히 종속되어 있었다.

가자, 아름다운 나라로

우리는 아무리 애를 써도 자신을 둘러싼 세상을 완전히 알기 어렵고, 모든 일을 완벽하게 해낼 수도 없다. 미래를 위해 열심히 노력해도 그 결과가 언제나 내가 원하는 것이 아닐 확률이 높다. 이 세상은 내가 원하는 대로 흘러가지 않고, 마음먹은 대로 잘 되지도 않는다. 그럴 때마다 현실의 사회를 원망하고 더 좋은 세상이 오기를 간절히 꿈꾸기도 하였다. 1987년 대한민국에 일어났던 수많은 희생을 낳은 사건도 이와 다르지 않다고 본다.

> 가자./ 가자. 가자.//
>
> 철수가/ 도화지에/ 크레용으로 그린/ 아름다운 나라로./ 아름다운 나라로.//
>
> 그 나라에는 왕이 없다네./ 그 나라에는 차별이 없다네./
>
> 그 나라에는 거짓이 없다네./ 그 나라에는 미움이 없다네./
>
> 그 나라에는 전쟁이 없다네./ 그 나라에는/
>
> 뒤척이며 잠 못 이루는/ 뒤숭숭한 밤이 없다네.//

그 나라는/ 망아지와/ 생쥐의/ 가난한 꿈을/ 이슬로/ 빛는 곳.//

그 나라는/ 새근새근 잠자는/ 아가의/ 해맑은/ 넋이/ 예쁜 새가 되어/ 지저귀는 곳.//

그 나라는/ 오직/ 진실과/ 사랑과/ 믿음과/ 소망이/ 정오의 날빛 처럼/ 충만한 곳.//

_ 황선하, 「가자, 아름다운 나라로」 전문

『가자, 아름다운 나라로』는 네 분의 시인이 작품을 모으고 그중 황선하 시인의 시詩를 책 제목으로 하여 1987년 출간한 책이다. 황선하 시인은 간암으로 긴 투병 생활을 하였지만 죽음의 공포를 두려워하기보다 친해지는 쪽을 선택한 분으로 알려져 있다.

시간의 흐름 끝, 죽음 앞에 선 시인이 원했던 아름다운 나라의 모습은 현실에는 없을 세상이었던 것 같다. 철수라는 아이가 도화지에 크레용으로 그린 아름다운 나라! 그 나라는 누구나 원하지만, 어디에도 없는 세상 유토피아를 이야기한다. 약자의 삶과 현실은 얼마나 어려운가. 그런 사람들만이 절절히 외칠 수 있다. 권력이 남용되지 않는 나라, 차별도 없고 거짓도 없는 나라. 미움과 전쟁이 없는 나라로 가자고 말이다. 사회적 약자들도 꿈을 꿀 수 있으며 그 희망이 헛되지 않은 곳. 노력하면 온전히 그 꿈이 이루어지는 나라는 얼마나 아름다울까.

16세 소년에게 희망과 웃음을 알게 해준 『가자, 아름다운 나라로』를 발견한 그날은 사건이었다. 어마한 일이 벌어진 그해에 시집 한 권 발견한 것이 뭐 그리 대수로운 일이냐 하겠지만 저항할 힘도 용기도 없던 중학교 3학년 소년에게는 큰 사건임이 확실했다. 얼마나 즐겁고 힘이 났던지 지금도 생생한 것을 보면 말이다.

할 수 있는 게 없다

처한 상황과 마주한 현재에 만족할 때 우리는 다른 곳으로 갈 생각을 하지 않는다. 술자리에서도 지루하거나 먹을 안주가 없어지면 자리를 옮기자고 하고, 직장에서도 더는 비전을 느끼지 못할 때 떠나고 싶은 마음이 생긴다.

분명 힘들었던 학창시절 그때 어딘가 가고 싶었을 것이다. 오락실에도, 탁구장에도, 롤러장에도 가고 싶었지만 그러지 못했다. 학교에서 하지 말라는 것에 대해 불만을 표현하는 것은 반항으로 간주하고, 반항의 대가는 정학이나 퇴학으로 돌아옴을 잘 알고 있었다. 금기를 깰 용기는 없으면서 불평과 불만으로만 가득 차 있었던 그 시기.

> 한스는 몸을 내던진 채 울부짖고 싶은 충동을 느꼈다. 하지만 그 대신에 헛간에서 손도끼를 들고 나와서는 가냘픈 팔로 마구 휘둘렀다. 토끼 집이 산산조각으로 쪼개져 버렸다. 나무 조각들은 이리저리 튕겨 올랐고, 철못들은 삐걱하는 소리를 내며 휘어지고 말았다. … 한스는 닥치는 대로 손도끼를 휘둘러댔다.
>
> _ 헤르만 헤세, 『수레바퀴 아래서』

『수레바퀴 아래서』의 주인공 한스는 자신을 억압하는 가정과 학교에 울분을 터뜨린다. 부수고 던지고 손도끼를 휘두르는 파괴의 행위로 자기의 기분을 드러내는 것이다. 하지만 무슨 짓이냐고 호통 치는 아버지 앞에 더는 용기를 내지 못하고 만다.

"땔감을 만드는 거예요." 자신의 행동이 권위에 반항하는 것이 아니라는 것을 보여줘야 하는 현실에 빠르게 수긍한다. 권위적인 기성 사회를 향해 울분을 표출하거나 파괴하는 행위는 무모한 도전이라는 것을 한스도 잘 알고 있다.

그때 나도 그랬다. '가자, 가자, 가자. 아름다운 나라로'라고 교과서와 노트에 빽빽이 적어놓는 반항을 했던 기억이 생생하다. 한스보다는 훨씬 소극적인 행동이었지만 그렇게 하는 것만으로도 충분히 저항하고 있다는 마음의 위로를 얻었던 것 같았다.

할 수 있는 게 없는 관성의 법칙

친구들을 만나면 늘 하는 소리가 있다.

"웃을 일이 점점 없어진다. 정말."

누구나 비슷하게 산다며 서로에게 위로를 건네기도 하고 이 꼴을 만든 주범을 찾느라 열을 올리다 보면 정치인과 공무원은 언제나 술자리 단골 안주로 올라와 난도질을 당한다. 하지만 앞날을 위해서는 어렵고 힘들어도 잘 참아야 한다는 마무리는 언제나 같다. 한 친구는 '이 또한 지나가리니'라는 말을 입에 달고 산다. 뭐 어쩌겠는가, 어찌 되었든

이 나라에 사는 이상 방법이 없다는 푸념만이 우리가 할 수 있는 최선인 것을.

오랜 세월이 지나도 크게 달라진 게 없어 보인다. 여전히 미래의 나를 위해 현실의 고단함을 당연하게 생각해야 하는 나라에 살고 있다. 집으로 돌아오는 길에 갑자기 억울한 생각이 들었다. 30년 넘게 견뎌왔는데 달라진 것이 없다니.

길거리 쓰레기통을 냅다 걷어차 보았다. 앞뒤로 흔들리는 쓰레기통이 끽끽거리며 운다. 아무리 흔들고 울어도 1미터 내에서 벗어나지도 못하는 나를 닮은 쓰레기통이 안쓰러워 꼭 잡아주었다. 진동인지 나의 흐느낌인지 알 수 없었다.

유토피아의 역설

출발과 다른 유토피아

나는 여러분에게 약속하겠습니다….

그는 무엇보다 우선 이 섬을 원생들의 낙원으로 꾸며놓겠다고 약
속했다. 시책의 제일 목표를 새로운 병원 시설과 환자촌의 수용시
설 확충 및 요양 환경 개선 사업에 두겠다고 선언했다. 그리하여
이 섬을 동양 제일, 아니 세계 제일의 나환자 요양소로 꾸며 버림
받고 쫓겨온 사람들의 새로운 고향, 자랑스런 낙토로 만들어놓고
말겠다고 장담했다.

_ 이청준, 『당신들의 천국』

권력을 원하는 사람이나 이미 가진 자들은 쉽게 대중에게 장담한다. 절대 그 힘을 자신의 이익을 위해서 쓰지 않고 공동체의 발전과 안정을 위하겠다며 희망을 준다. 『당신들의 천국』에서도 소록도에 병원장으로 오는 이들은 하나같이 '이상사회'를 목표로 삼고 천국을 건설하겠다는 원대한 포부를 가지고 있다.

현재보다 나아지는 삶을 누가 마다할까? 이상사회를 만드는 일은 처음부터 실패하지는 않는다. 지배층과 피지배층이 힘을 합쳐 노력하는 초기에는 서로를 신뢰하고 배려하며 희생도 감수한다. 소록도의 주정수 원장이 열망한 낙토의 설립과정도 초기에는 그런 모습이었다.

하지만 현실은 그렇게 녹록하지 않다는 게 문제다. 이상사회를 꿈꾸며 만들어가는 과정에서 시련과 고난은 등장하기 마련이다. 실패한 결과에 서로를 탓하고 책임을 떠넘기려는 이기적인 행태를 보이기도 한다. 당연히 이런 상황에서는 함께 꿈꾸던 유토피아가 제대로 건설되기 어렵다. 변질하는 유토피아는 제대로 된 유토피아가 될 수 없다. 의심과 의혹을 가진 채 건설되는 낙원은 신뢰와 동지 의식을 상실하게 하고 공동체의 분열을 일으키게 한다. 그것이 반복되면 결국 변질한 유토피아는 상처로 앓게 되며 배신감으로 곪게 된다.

미다스의 손이 된 마술지팡이

"세상을 바꿀 수 있는 마술지팡이를 준다면 어떻게 하고 싶어요?"

초등학생들은 이렇게 말했다. "지구가 아프지 않도록 할 거예요",

"가난하고 불쌍한 사람들이 없는 세상으로 만들 거예요". 이외에도 '전쟁이 없는 세상', '환경오염이 없는 지구'를 만들겠다고 한다. 마음이 참으로 이쁜 아이들이다. 이번엔 중학교에 가서 똑같은 질문을 했다.

불과 얼마 전만 해도 인류애가 풍부한 이들이었지만 많이도 바뀌었다.

"여자친구 얼굴을 이쁘게 바꾸고 싶어요."

누군가의 입에서 이런 답이 나오자 웃음이 와 터진다. 그 후 남학생들은 세상 모든 여자의 얼굴과 몸매를 전부 이쁘고 날씬하게 바꾸겠다고 난리들이다. 여학생들도 이에 동참해 "내 얼굴을 주먹만 하게 바꾸고 눈, 코, 입을 세상에서 제일 이쁜 사람들 것으로 교체할 거예요"라며 깔깔거린다. 고등학생은 '누구나 원하는 대학에 가는 세상'을, 대학생은 '취업이 수월하게 될 수 있는 세상'을 꿈꾼다.

이제 갓 사회에 진출한 사회초년생들은 '내 집 장만과 결혼'이 어렵지 않은 세상으로 바꾸고 싶다고 했다. 모두 현실의 삶이 어렵고 힘든가 보다. 초등학생을 제외하곤 모두 자신에게 이익이 되는 것으로 능력을 사용하였다. 이토록 막강한 힘을 주었는데도 말이다.

열정과 침묵 사이

그는 섬을 다시 꾸미겠노라고 선언했다. 섬을 다시 꾸며서 이번에는 정말로 이 섬에 발을 딛고 사는 모든 사람이 이곳을 자기의 행복스러운 낙토로 믿게 해주겠노라고 힘 있게 다짐했다. 떠나가선

다시 또 돌아오고 싶은 그리운 고향을 만들어가자고 간곡한 설득
을 펴기도 했다. 환경도 개선하고 이 섬에 살고 있는 사람이면 누
구나 자기의 생활을 각자가 창의적으로 개발해 나갈 수 있도록
자활 대책을 연구하겠노라는 약속도 했다.

자신들의 이익과 직결되어 있을 때 힘을 가진 자들이 관대한 적은
거의 없었다. 그들의 소행은 언제나 단호하고 결연하다. 어떤 일이 있
어도 애초의 뜻이 변할 수 없다는 무언의 위세를 과시하기도 한다. 언
제나 타인의 생각 따위는 염두에 두지 않고 진행하는 그 오만한 결연
함과 성급하게 진행되는 제도의 개선들이 이를 입증한다.

하지만 대열 쪽에서는 그래도 여전히 반응이 없었다. 연설이 끝나
고 나도 대열은 미동도 없이 새 원장의 다음 거동만을 묵묵히 지
켜보고 있을 뿐이었다.

소록도에 새로 부임한 조백헌 원장의 '이 섬을 다시 꾸미겠다'라는
열띤 연설도 원생들에겐 과거의 아픔을 떠올리게 하는 반복에 지나지
않았다. 원장의 개인적인 성과와 공로를 남기기 위한 행보로밖에는
느껴지지 않는 것이다. 이러한 상황에서 그들이 보여줄 수 있는 건 어
떠한 대응도, 반응도 보이지 않는 행위다.
과거의 기억을 통해 현재의 희망을 생각할 수 없게 된 원생들이었
다. 그들이 선택한 자신들의 이익을 위한 수단은 바로, 지배층의 어

떤 제안에도 무관심으로 대하는 것이다. 한쪽에서는 '여러분을 위한 낙원'을 건설하자고 외치지만 다른 쪽에서는 '우리를 위한 낙원'이 아님을 알고 입을 닫아버렸다. 서로의 이익을 위해 각자가 결정한 제일 나은 방법으로 보이지만 전형적인 지배와 복종의 메커니즘이다.

당연한 힘의 이치

하루는 사자와 당나귀와 여우가 사이좋게 사냥을 하러 갔다.

뜻밖의 많은 사냥감이 있어 다들 기분이 좋았다.

사자는 먼저 당나귀를 시켜서 잡은 것을 나누게 했다.

당나귀가 똑같이 셋으로 나누어 사자에게 먼저 가지라고 하자

사자는 화를 내어 당장 당나귀를 잡아먹고 말았다.

그리고 나서 다시 여우에게 분배하라고 일렀다.

여우는 대부분을 사자의 몫으로 주고 자기는 조금만 차지했다.

그러자 사자는 지극히 흐뭇해하며 어째서 그렇게 나누었느냐 하고 물었다.

여우가 말했다. "당나귀가 가르쳐 주었습니다."

_ 이솝, 「사자의 몫」

이솝우화 「사자의 몫」에는 사자와 당나귀, 그리고 여우가 등장한다. 사자는 자신에게 주어진 강력한 힘을 이용해 더 많은 부를 차지하는

것을 당연시하고, 당나귀는 자신의 몫을 정당하게 요구했다가 비참한 결말을 맞이한다. 당나귀의 죽음을 지켜본 여우는 현실에 순응하고 타협하는 방법을 터득해 살아남게 된다.

> 뭐라고 해도 평의회가 환자들의 권익을 대표하여 그들의 의사를 병원 당국에 반영하는 일은 어디까지나 원장이 허용할 수 있는 통치 원칙 한계 안에 그칠 수밖에 없었다. ··· 평의회는 당연히 원장과의 극단적인 대치를 스스로 삼갈 수밖에 없는 처지였다. 원장의 아량과 관용의 한계 안에서 스스로 그와 맞서기를 꺼리는 것 또한 당연한 힘의 이치인 것이다.

강자와 약자의 선택

연말이 되면 워크숍에 참석할 일이 많아진다. 한번은 소속되어 있는 협회 워크숍에 정치인들이 참여한다고 공지를 해왔다. 매번 사람들이 많이 모여있는 곳을 찾아다니는 정치인들이니 협회원들도 그러려니 하는 분위기다. 그들은 사회적 약자들이 소외당하지 않는 세상이 되도록 최선을 다하겠다며 예외 없이 결의를 다지며 인사를 한다.

  협회 회원들과 한 시간 정도 간담회를 하기로 일정이 잡혀있었고, 그것 때문에 워크숍 일정을 여러 번 변경한 걸로 알고 있었는데 5분 남짓 머무르다 자리를 떠난다.

  정치인들의 생명은 당선이다. 당선을 위해서는 여러 사람을 만나는 전략이 이익이 된다. 이곳저곳 얼굴을 많이 비추는 것이 훨씬 유리한 것이다. 약속을 어기고 시간을 지키지 않는 것을 당연시해도—겉으로는 그렇지 않은 척하지만—그 행태를 우리는 받아들일 수밖에 없다. 그 선택이 약자인 우리에게 도움이 되기 때문이다. 원래 강자와 약자가 택할 수 있는 삶의 출발점과 범위는 공평하지 못하지 않은가.

책 속 유토피아

유토피아에는 '존재하지 않는 곳'과 '좋은 곳'이라는 두 가지 의미가 있다. 유토피아 건설을 외치는 지배자들은 대부분 그곳에 대해 '좋은 곳'이라는 의미만을 강조한다. 우리가 바라는 유토피아는 아마 '존재하지 않는 곳'에 대한 부질없는 희망일 가능성이 크다. 내가 아닌 다른 인물이 건설할 유토피아에 대한 기대와 혜택을 바랄 생각은 접는 것이 나을 듯하다. 『당신들의 천국』에서도 그랬고 현실에서도 마찬가지다. 의도를 지닌 유토피아의 건설은 성공하기가 어렵지 않던가. 애당초 유토피아는 책에만 존재했을지 모른다.

차라리 나만의 유토피아 건설이 훨씬 쉽고 가능성이 있어 보인다. 현실적으로 나의 유토피아를 꿈꾸자. 인간은 더 나은 세상을 끊임없이 추구하는 본성을 가진 존재이니 혹시 아는가? 뻔하지만 최선을 다해서 노력하고, 욕심 없는 삶을 위해 최선을 다해본다면 책 속 유토피아가 현실로 내려올지 말이다.

마음의 균형이
무너질 때

8시 20분!

"오빠! 나 먼저 간다." 아내가 출근한다. 특별한 일이 없는 이상 월급쟁이 아내는 프리랜서인 나보다 일찍 집을 나선다. 집에 남은 사람은 돌도 지나지 않은 아들과 초보 아빠인 나! 어설프게 씻기고 옷을 입혀 아들을 돌봐주는 큰엄마―보모라는 용어가 싫어서 우리 부부는 이렇게 부르기로 하였다―께 맡기러 간다. 5년을 그렇게 지냈다. 이젠 유치원에 가야 할 나이가 되었다. 아들의 손을 잡고 유치원 버스를 기다린다.

9시 30분!

"오늘은 출근을 안 하시나 봐요?" 아들을 태우러 온 붕붕 선생님―애들은 기사분을 이렇게 부른다―께 간혹 받는 질문이다. 항상 같은 시간에 아들 손을 잡고 서있는데도 매번 물어보지는 않는다. 출근 복장처럼 보이지 않는 옷을 입고 있는 날에만 하는 질문이다.

아들이 초등학교에 입학했지만 난 여전히 유치원 버스를 기다린다. 이번엔 딸의 손을 잡고. "오늘은 출근 안 하세요?" 붕붕 선생님에게 이런 질문을 듣지 않는 옷을 이제는 입고.

이름의 기대감

첫아이라서 그랬던 것 같다. 여러 명의 아이를 보살펴야 하는 어린이집보다는 한 명의 아이를 맡아 돌봐주는 보모를 더 안전하게 여겼다. 호칭을 고민하다 '큰엄마'라고 부르기로 했다. '큰엄마'라는 이름은 풍부한 경험과 강한 책임감을 가진 든든한 존재로 인식되었다. '이모'라는 친숙한 호칭도 후보에 올랐지만 '그냥 잘해주는 사람'이라는 이미지가 강해 최종적으로 선택을 하진 않았다.

행동이나 생각을 결정짓는 것 중 하나가 '이름'이라고 한다. 사람들은 자신이 붙인 이름이나 타인이 붙여준 이름으로 세상을 이해하고 판단하며 살 확률이 높다. '보모'라고 이름을 붙이는 것과 '큰엄마'라고 이름을 붙이는 것은 분명 질적으로 다른 행동을 유발한다. 가족 구성원과 고용인이 어떻게 같은 사고와 행위를 할 수 있겠는가?

사물에 이름을 붙이는 것은 애정과 관심이 있을 때 가능한 일이다. 이런 행위는 사물에 대한 존재를 인식하는 것이라 볼 수 있다. 또한, 그 사물에 존재 이유를 부여하는 것과 다름없다.

프랑스의 제품 디자이너 필립 스탁의 말을 보자.

사물은 우리가 이름을 붙여주고 그것을 인정해 줄 때만 존재한다. 사물에 이름을 붙이는 것은 그것만의 고유한 성격을 부여하는 의식이고 사물은 우리가 그 이름을 불러주고 알아줄 때 우리의 의식 속으로 들어오며, 따라서 우리의 관심을 받고 사랑의 의무를 일깨워준다.

이름을 불러주기 전과, 이름을 불러준 후는 분명히 다르다. 내가 이름을 불러준 것처럼 상대방에게도 이름을 불러달라고 요구할 수 있다. 그러다 보면 '나는 너에게 너는 나에게 잊혀지지 않는 하나의 의미가 되고 싶'은 사랑의 관계가 충만한 세상을 기대할 수 있을 듯하다.

이름의 변신

최인철의 『프레임』은 돈에다가 '공돈'이라고 이름을 붙이는 순간 그 돈이 쉽게 소비될 운명에 처한다고 하였다. 하찮은 이름으로 여겨지기 때문이다. 하지만 의미 있고 가치 있는 일에 돈을 지출해야 할 때 이 프레임은 따듯하고 선한 힘을 발휘하기도 한다.

어쩌다 호주머니에서 발견되는 돈은 기억에 없을 뿐이지 그냥 생겨난 것은 아니다. 하지만 대부분 쉽게 써버리고 마는데, 공돈이라는 이름의 프레임을 가지고 있기 때문이다.

예를 들어, 겨울옷을 꺼낼 때 우연히 공돈을 발견하는 기쁨을 위
해 식구들의 옷에 의도적으로 지폐 한 장을 넣어두는 것.

_ 최인철,『굿 라이프』

이제 이 돈은 '공돈'일까, '선물'일까? 세상을 바라보는 마음의 창을
프레임이라고 한다. '공돈'이라는 이름의 세상에서 '선물'로 불리는 세
상으로 돈의 창이 변했다. 이름을 바꾸었는데 관점이 달라진 것이다.
꼭 돈에만 적용되는 것은 아니다.

인생은 짧은 것일까 아니면 긴 것일까? 사람마다 느끼는 인생의 길
이는 물론 다르다. '한 번 사는 인생'을 어떻게 살 것인지 질문하는 것
과 '한 번 죽는 인생'에 어떻게 대비하며 살 것인지 묻는 것에 따라 선
택은 달라질 수 있다고 한다.

누군가가 인생이란 별거 없으니 먹고 마시고 즐기라고 이야기한다
면, 그는 '인생은 짧다'라는 생각을 하고 있을 가능성이 크다. 반대
로 누군가가 인생이란 소중한 것이니 읽고 쓰고 봉사하라고 조언
한다면, 그는 인생은 길다고 생각하고 있을 가능성이 높다.

_ 최인철,『굿 라이프』

'한 번 사는 인생'의 이름은 즐겁고 신나는 일을 선택할 확률을 주지
만 '한 번 죽는 인생'의 이름은 의미 있고 가치 있는 일을 선택하게 할
확률을 높인다고 한다. 사람들은 즐거움과 의미 중 하나만을 선택하

여 평생 살 수는 없다. 균형 있는 삶을 위해 '인생의 이름'을 한 번씩 바꿔보며 살 일인 것 같다.

이름의 고정관념

'아빠는 9시 30분에 출근을 안 하면 이상한가?' '아빠는 모두 정장 차림이어야 하나?'

9시 30분에 회사를 가지 않고 유치원 차량을 기다리면서도 선생님과 동네분들이 어떻게 생각하는지 관심을 두지 않았다. 그 시간에 운동복 차림이거나 반바지에 슬리퍼를 신고 있으면 괜한 오해를 받을 수 있을 거라는 생각도 못 했고 당연히 신경도 쓰지 않았다. 이 질문을 받기 전까지는 말이다.

"아빠! 아빤 뭐 하는 사람이에요?"

"그게 무슨 말이야?"

"선생님이 아빠 뭐 하는 사람인지 물어봤어요."

'아빠'는 보통사람들이 이해할 만한 출근 복장으로 일찍 회사에 가는 사회적 이미지를 가지고 있다. 우리 사회에 통용되는 적절한 이미지이다. 다른 사람들이 보고 판단하는 외모의 '사회적 이미지'는 자신의 모습에 대해 스스로 자각하고 느끼는 '자기 이미지'보다 강력하다. 대부분 사회인은 '용모단정 의관 정제'를 실천하며 타인이 허락하는 이미지에 맞춰 살아갈 수밖에 없다.

첫인상이 결정되는 데 필요한 시간은 고작 0.1초라고 한다. 이 짧은 시간에 형성된 인상이 일단 머릿속에 자리를 잡으면 이후의 정보를 판단하는 기준으로 사용되며, 한번 자리 잡은 첫인상을 고치기는 매우 힘들다고 한다. 찰나에 얻은 정보의 객관성과 신뢰성을 의심하기도 전에 우리는 선입견을 품게 되는 것이다.

고정관념을 가지고 세상을 바라보면 편견이 생긴다. 편견의 프레임은 매우 이기적이다. 사회가 규정해 놓은 세상에 타인을 종속시키려는 만용을 부리기도 한다. 다른 세상을 인정하지 않고 자신이 이름 붙인 세상에 스스로 덫을 만들어 자신이 갇히는 실수를 범하고 있는 줄 모른다.

프레임의 시점

아침에 깨어나서 보니 간밤에 마신 물은 해골에 괴어있던 썩은 물이었다. 원효는 해골 물을 마신 것을 알자 구역질이 나 견딜 수가 없었다. 여기서 원효는 큰 깨달음을 얻었다. 곧 해골에 고인 물을 마실 때는 시원했으나 그 물이 해골에 고여있었다는 것을 알고 난 뒤에는 구역질이 나는 것을 보고, 모든 것은 마음에 달려있다는 것을 깨달은 것이다.

원효와 의상과 관련된 너무나 유명한 이야기다. 무언가에 대한 평가는 우리 마음이 만들어낸 것임을 깨달은 원효 스님은 당나라의 유학길을 접고 경주로 돌아온다. 마음먹기에 모든 것이 달린 것이 아니라 바라보는 관점과 시각의 시점이 중요한 것이다.

같은 사물이나 사람을 보고도 우리는 각기 다른 평가를 한다. 사람들의 가치평가가 서로 다른 이유는 저마다 다른 모양과 색깔의 안경을 끼고 세상을 바라보기 때문이란다. 안경의 모양과 색깔만 다를 뿐 '프레임'이라는 마음의 안경을 통해 자기만의 세상을 구축하며 살아가는 방식에는 큰 차이가 없다는 말로 해석할 수 있다.

진실이 온전히 존재하는 세상은 없다. 진실이 필요한 사람에 의해서 편집되고 각색된다. 변한다는 것은 진실이 아니라는 것이다. 불변하는 것, 영원한 것은 없다. 단지 우리가 생각하는 것만이 변할 뿐이다. 우리의 생각과 행동을 결정짓는 주위 모든 것들을 다양한 시각의 프레임으로 바라볼 수 있어야 한다.

자꾸만 한쪽으로 치우칠 때 『프레임』이 나를 바로 잡아줄 것으로 믿는다.

독서의 수신修身

인간답게 사는 것

얼마 전 아내 얼굴이 심상치 않아 이유를 물었더니 파르르 떨리는 목소리로 이야기를 한다. "동혁이만 쏙 빼고 자기들끼리 논술 수업을 받는다네. 동혁이한테는 얘기하지 말라고 했단다. 어이가 없다, 정말."

아들과 함께 숲 체험을 하는 또래 모임이 있는데 다른 수업을 하기 위해서 새롭게 만든 그룹에 아들이 빠진 모양이다. "자기 애들과 비교해서 워낙에 동혁이가 뛰어나니까 빼고 싶었나 보다. 신경 쓰지 마." 아내에게 말은 그렇게 했지만 속상하고 괘씸한 생각이 들었다.

'진짜 실력 좋은 선생님 모셔서 경쟁할 상대가 아니란 걸 보여줘?' 순간적으로 든 생각이긴 하지만 자기 자녀와 경쟁자라 생각한 아들을 뺀 그 엄마들의 이기적인 모습과 전혀 다르지 않은 나를 발견할 수 있었